民国大师文库

（第二辑）

章炳麟国学讲演录

章炳麟◎著

章炳麟国学概论

章炳麟◎著

北京联合出版公司

Beijing United Publishing Co.,Ltd.

总目录

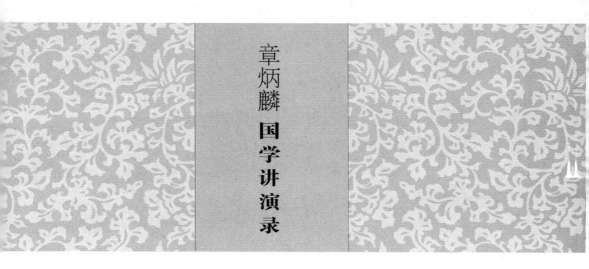

章炳麟

国学讲演录

目 录

小 学 略 说

小学二字，说解歧异。汉儒指文字之学为小学。《汉书·艺文志》："古者八岁入小学。"《周官·保氏》："掌养国子，教之六书、九数。六书者，象形、象事、象意、象声、转注、假借也。"而宋人往往以洒扫、应对、进退为小学。段玉裁深通音训，幼时读朱子《小学》，其文集中尝言："小学宜举全体，文字仅其一端。洒扫、应对、进退，未尝不可谓之小学。"案《大戴礼·保傅篇》："古者八岁出就外舍，学小艺焉，履小节焉；束发而就大学，学大艺焉，履大节焉。"小艺指文字而言，小节指洒扫、应对、进退而言；大艺即《诗》、《书》、《礼》、《乐》，大节乃大学之道也。由是言之，小学固宜该小艺、小节而称之。

保氏所教六书，即文字之学。九数则《汉书·律历志》所云："数者，一十百千万是也。"学习书数，宜于髫龀；至于射御，非体力稍强不能习。故《内则》言："十岁学书计，成童学射御。"《汉书·食货志》言："八岁入小学，学六甲、五方、书计之事。"《内则》亦言六岁教之数与方名，郑注以东西释方名，盖即地理学与文字学矣。而苏林之注《汉书》，谓方名者四方之名，此殊不足为训。童蒙稚呆，岂有不教本国文字，而反先学外国文字哉？故师古以臣瓒之说为是也。

汉人所谓六艺，与《周礼·保氏》不同。汉儒以六经为六艺，《保氏》以礼、乐、射、御、书、数为六艺。六经者，大艺也；礼、乐、射、御、书、数者，小艺也。语似分歧，实无二致。古人先识文字，后究大学之道。后代则垂髫而讽六经；篆籀古文，反以当时罕习，致白首而不能通。盖字体递变，后人于真楷中认点画，自不暇再修旧文也。

是正文字之小学，括形、声、义三者而其义始全。古代撰次文字之书，于周为《史籀篇》，秦汉为《仓颉篇》，后复有《急就章》出。童蒙所课，弗外乎此。周兴嗣之《千字文》，《隋书·经籍志》入小学类。古人对于文字，形、声、义三者，同一重视。宋人读音尚正，义亦不敢妄谈。明以后则不然。清初讲小学者，止知形而不知声、义，偏而不全，不过为篆刻用耳。迨乾嘉诸儒，始究心音读训诂，但又误以《说文》、《尔雅》为一类。段氏玉裁诋《汉志》入《尔雅》于《孝经》类，入《仓颉篇》于小学类，谓分类不当。殊不知字书有字必录，周秦之《史》、《仓》，后来之《说文》，无一不然。至《尔雅》乃运用文字之学。《尔雅》功用在解释经典，经典所无之字，《尔雅》自亦不具。是故字书为体，《尔雅》为用。譬之算术，凡可计数，无一不包。测天步历，特运用之一途耳。清人混称天算，其误与混《尔雅》、字书为一者相同。《尔雅》之后，有《方言》，有《广雅》，皆为训诂之书，文字亦多不具。故求文字之义，乃当参《尔雅》、《方言》；论音读，更须参韵书。如此，文字之学乃备。

乾嘉以后，人人知习小学，识字胜于明人。或谓讲《说文》即讲篆文，此实谬误。王壬秋主讲四川尊经书院，学生持《说文》指字叩音，王谓尔曹喻义已足，何必读音。王氏不明反语，故为是言。依是言之，《说文》一书，止可以教聋哑学生耳。

今人喜据钟鼎驳《说文》。此风起于同、光间，至今约六七十年。夫《说文》所录，古文三百余。古文原不止此，今洛阳出土之三体石经，古文多出《说文》之外。于是诡谲者流，以为求古文于《说文》，不如求之钟鼎。然钟鼎刻文，究为何体，始终不能确知。《积古斋钟鼎款识》释文，探究来历，不知所出，于是诿之曰昔人。自清递推而上，至宋之欧阳修

《集古录》。欧得铜器，不识其文，询之杨南仲、章友直（杨工篆书，嘉祐石经为杨之手笔；章则当时书学博士也）。杨、章止识《说文》之古文，其他固不识也。欧强之使识，乃不得不妄称以应之。《集古录》成，宋人踵起者多，要皆以意测度，难逭妄断之讥。须知文字之学，口耳相受，不可间断。设数百年来，字无人识，后人断无能识之理。譬如"天地玄黄"，非经先生口授，何能明其音读？先生受之于师，师又受之于师，如此数千年，口耳相受，故能认识。或有难识之字，字书具在。但明反切，即知其音。若未注反切，如何能识之哉？今之学外国文者，必先认识字母，再求拼音，断无不教而识之理。宋人妄指某形为某字者，不几如不识字母而诵外国文乎？

宋人、清人，讲释钟鼎，病根相同，病态不同。宋人之病，在望气而知，如观油画，但求形似，不问笔画。清人知其不然，乃皮傅六书，曲为分剖，此则倒果为因，可谓巨谬。夫古人先识字形，继求字义，后乃据六书以分析之，非先以六书分析，再识字形也。未识字形，先以六书分析，则一字为甲为乙，何所施而不可？不但形声、会意之字，可以随意妄断，即象形之字，亦不妨指鹿为马。盖象形之字，并不纤悉工似，不过粗具轮廓，或举其一端而已。如八字略象人形之侧，其他固不及也。若本不认识，强指为象别形，何不可哉？倒果为因，则甲以为乙，乙以为丙，聚讼纷纷，所得皆妄。如只摹其笔意，赏其姿态，而阙其所不知，一如欧人观华剧然，但赏音调，不问字句，此中亦自有乐地，何必为扣槃、扪烛之举哉！

宋人持望气而知之态度以讲钟鼎，清人则强以六书分析之。然则以钟鼎而驳《说文》，其失不止偏闰夺正而已。尝谓钟鼎款识，不得阑入小学；若与法帖图象，并列艺苑，斯为得耳。"四库书"列入艺术一类，甚见精卓。其可勉强归入小学类者，惟有研究汉碑之书，如洪氏《隶释》、《隶续》之类而已。文字之学，宜该形、声、义三者。专讲《说文》，尚嫌取形遗声；又何况邈不可知之钟鼎款识哉！盖文字之赖以传者，全在于形。论其根本，实先有义，后有声，然后有形，缘吾人先有意想，后有语言，最后乃有笔画也（文字为语言代表，语言为意想之代表）。故不求声、义而专讲字形，以资篆刻则可，谓通小学则不可。三者兼明，庶得谓之通小学耳。《说文》以形为主，《尔雅》、《方言》以义为主，《广韵》之类以声为主。今人与唐宋人读音不同，又不得不分别古今。治小学者，既知今音，又宜明了古音。大徐《说文》，常言某字非声，此不明五代音与古音不同故也。欲治小学，不可不知声音通转之理。段注《说文》，每字下有古音在第几部字样，此即示人以古今音读之不同。音理通，而义之转变乃明。大徐《说文》，每字下注明孙愐反切，此唐宋音，而非汉人声读。但由此以窥古音，亦初学之阶梯也。要之，形为字之官体，声、义为字之精神，必三者具而文字之学始具。

许君之言曰："惟初太极，道立于一。"一之为字，属指事。盖人类思想，由简单以至繁复，苦结绳之不足致治，乃有点画以作识记，则六书次第，以指事居首为最合，指事之次为象形。《说文》之界说曰："指事者，视而可识，察而见意，＝＝是也。""象形者，画成其物，随体诘屈，⊙Ɒ是也。"此皆独体之文，继后有形声、会意，则孳乳而为合体之字。故形声之界说曰："以事为名，取譬相成，江河是也。"会意之界说曰："比类合谊，以见指㧑，㠯信是也。"指事、象形在前，形声、会意在后，四者具而犹恐不足，则益之以转注，广之以假借，如是，则书契之道毕，宪象之理彰。

指事之异于象形者，形象一物，事赅众物。以＝＝为例，＝＝所晐者多，而日月则仅表一物。＝＝二字，视之察之，可知其在上在下。此指事之最易明白者，故许君举以为例。

指事之字，除＝＝外，计数之字，自一至十，古人皆以为指事。但央字从入从八，已属会意。四字象形，尚非指事，惟籀文作三，确系指事。

按：莽布六七八九作〡〢〣〤，或为最初之古文，极合于"察而见意"之例。若七九两篆，殊不能"察而见意"也。

六书中之指事，后人多不了然。段氏《说文注》言指事者极少。王箓友《释例》、《句读》，凡属指事之字，悉以为会意。要知两意相合，方得谓之会意。若一字而增损点画，于增损中见意义者，胥指事也。指事有独体、合体之别，二二一二，独体指事也。合体指事，例如下列诸字：

木，以木下一表根。木，以木上一表颠。木，象形兼指事，一以表天，下为鸟形，鸟飞上翔，不下来也，木，一以表地，上为鸟形，鸟飞从高，下至地也。此皆无形可象，故以一表之。又有屈曲其形以见意者，为夨象人形，侧其左曰夨，侧其右曰夨，交其两足则为夭，曲其右足则为尣。夨夨夭尣均从大而略变者也，均指事也。更如屈木之颠曰木，木之曲头，止不能上也。木中加一曰朱，赤心木也。赤心不可象，以一识之也。牟，牛鸣也，从牛，乙象其声气从口出。羋，羊鸣也，从羊，象气上出。系豕足曰豕，绊马足曰馽。凡此皆不别造字，即于木、牛、羊、豕、马本字之上，加以标帜者也。

指事有减省笔画以见意者。如夕，暮也，从月半见。歺，伐骨之残也，从半冎；冎，义为剔肉置骨，冎而得半，其残可知。木，木之余，断木之首以见意。八有相背之象。飞，上象鸟首，下为双翅，张其翅，以表飞翔之状，而迅疾之才，从飞而羽不见，疾飞则羽毛不能详审，故略去羽毛。今山水家画远鸟多作十字形，意亦同也。以上皆损笔见意之指事。又有以相反为指事者。如反正为乏，正乏即算术之正负，乏即负耳。反人为匕，相与比叙也。倒人为匕，变也，人死则化矣。反从为从，永为水长，派为分支，分支则水流长矣。屮象草出于地；倒屮为帀，周也，川楚间有阴沉木者，山崩木倒，枝叶入地而仍生，岭南榕树亦反倒入地而生，此皆可见蒙密周匝之意，推予谓之予；倒予谓之幻，以骗术诈惑人而取其财，斯为幻矣。止象人足，反止为屮，踏也。此皆以相反见意也。故指事有三例：一增一省一相反。今粤人减有字二画为冇，音如毛，意为无有，此俗字之属于指事者也。

指事不兼会意，而会意有兼指事。盖虽为会意，仍有指事之意在。⺥从二人相背，⺜从二臣相违，相背相违，亦有指事之意。两或颠倒而成⺘，悖也；两止相背而成⺙，足剌⺙也：亦兼指事之意。指事之例甚广，而段氏乃以为指事甚少，此亦未之思耳。但段氏犹知指事、会意，不容厕杂；而王筠友则直以指事为会意矣。要知会意之会，乃会合之会，非领会之会也。

造字之朔，象形居先，而指事更在象形之前。盖指事亦象形之类，惟象空阔之形，不若象形之表示个体耳。许君举日月二文为象形例，⊙象日中有黑子，☽象日形之半，此乃独体象形，⺶⺸⺹⺺⺻⺼之类均是。至合体象形：果，⊕象果实，下从木；菜，⺈象蹛莩，下从木；疆象阡陌之状，而小篆作畺；裘，古文作求，小篆加衣为裘，中象毛皮之形，皆合体象形也。母从女加－－为两乳形；兒从儿，象小儿头囟未合，亦合体象形也。自独体象形衍而为合体象形，亦有不得不然之势。否则无女之－－，无儿之囟，孰从而识其为母为儿乎？

象形之字，《说文》所录甚多，然犹不止此数，如钟鼎之⺠，即为《说文》所未录者（钟鼎文字，原不可妄说，但连环之⺠，可由上下文义而知其决然为环，经昔人谨慎考定，当可置信）。

造字之初，不过指事、象形两例。指事尚有状词、动词之别，而象形多为名词。综《说文》所录，象形、指事，不过二三百字。虽先民言语简单，恐亦非此二三百字所能达意。于是有以声为训之法，如：马兼武义；火兼毁义；水有平准之义，而以水代准（古音水准相近）；齐有集中之义，斋戒之斋，即假齐以行。夫书契之作，所以济结绳之穷。若一字数义，仍不能收分理别异之功，同一马也，或作马义，或作武义；同一水也，或作水义，或作准义：依是则饰伪萌生，治丝而益棼矣。于是形声、会意之作乃起。

形声之声，有与字义无关者，如江之工、河之可，不过取工、可二音，与江、河相近。此乃纯粹形声，与字义毫无关系者也。劦部之𤋳𤎡𤏲，皆有同心合力之意，则声而兼义矣。盖形声之字，大都以形为主，而声为客。而亦有以声为主者，《说文》中此类甚多，如某字从某，某亦声，此种字皆形声而兼会意者也。王荆公《字说》，凡形声悉认为会意，遂成古今之大谬。故理董文字，切不可迂曲诠释。一涉迂曲，未有不认形声为会意者。初造文字时，决不尔也。

许君举武、信为会意之例。夫人言为信，惟信乃得谓之人言，否则与鸡鸣犬吠何异？此易明者。止戈为武，解之者率本楚庄王禁暴戢兵之意，谓止人之戈。但《大雅》："履帝武敏。"《传》曰："武，迹也。"则足迹亦谓之武。按《牧誓》："不愆于六步、七步。""不愆于四伐、五伐。"步伐整齐，则军令森严，此则谓之武耳。余意止者步省，戈者伐省，取步伐之义，似较优长。但楚庄之说，亦不可废。若解止戈为不用干戈，则未免为不抵抗主义之信徒矣。

会意之字，《说文》所录甚少，五百四十部以形声字为最多。《说文》而后，字书所收，字日以多，自《玉篇》、《类篇》以至《正字通》、《康熙字典》，无不后来居上。《类篇》所收，有五万字。至《康熙字典》则俗体寖多于前矣。

后人造形声之字，尚无大谬，造会意则不免贻笑，若造象形、指事，必为通人所嗤。如"丢"，去上加一，示一去不返，即觉伧俗可笑。今人造牠、她二字，以牠为泛指一切，她则专指女人。实则自称曰我，称第三者曰他，区别已明，何必为此骈枝？依是而言，将书俄属男，写娥属女，而泛指之我，当别造一𢾜字以代之。若"我师败绩"、"伐我北鄙"等语，我悉改书为𢾜，不将笑绝冠缨耶？

转注之说，解者纷繁。或谓同部之字，笔画增损，而互为训释，斯为转注。实则未见其然。《说文》所载各字，皆隶属部首。亦有从部首省者：犛部有氂、有斄，氂与斄，非纯从犛，从犛省也；爨部有𤇾、有爨，但取爨之头而不全从爨也；画部有書，寱部有寐，有寤，有寱，書为画省，寤、寐、寱，皆非全部从寱。且氂，犛，牛尾也；斄，强曲毛也，与犛牛非同意相受。𤇾所以支鬲；爨，血祭：亦非同意。画，介也；書，日之出入，与夜为介：意亦相歧。寐，卧也，虽与寱义较近，而寤则寐觉而有言，适与相反。谓生关系则可，谓同意相受则不可。不特此也，《说文》之字，固以部首为统属，亦有特别之字虽同在一部而不从部首者。乌部有焉、有舃，与部首全不相关，意亦不复相近；犛、爨、画、寱四部，尚可强谓与考老同例，此则截然不相关矣。准此，应言建类一首，同意不相受。而江声、曾国藩辈，坚主同部之说，何耶？

或谓建类一首者，头必相同，如禽头与兕头同是也。余谓以此说"一首"犹可，顾"同意相受"之义犹未明。且《说文》所载，虎足与人足同，燕尾与鱼尾同。如言禽头与兕头同为建类一首，则此复应言建类一尾或建类一足矣。况禽头与兕头同在《说文》象形中，字本无多，仅为象形之一种。故知此说琐屑，亦无当也。

戴东原谓：《说文》："考，老也。""老，考也。"转相训释，即所谓"同意相受"。"建类一首"者，谓义必同耳。《尔雅》："初、哉、首、基、肇、祖、元、胎、俶、落、权、舆，始也。"此转注之例也。余谓此说太泛，亦未全合。《尔雅》十二字，虽均有始义，然造字之时，初为裁衣之始；哉（即才字）为草木之初。始义虽同，所指各异。首为生人之初，基为筑室初。虽后世混用，造字时亦各有各义，决不可混用也。若《尔雅》所释，同一训者，皆可谓同意相受，无乃太广泛矣乎？

于是许瀚出而补戴之阙，谓：戴氏言同训即转注，固当；然就文字而论，必也二义相同，又复同部，方得谓之转注，此说较戴氏妁精，然意犹未足。何以故？因五百四十部非必不可增损故，如乌、舃、焉三字，立乌

部以统之，若归入鸟部，说从鸟省，亦何不可？况《说文》有瓠部，瓠部有瓢字，瓢从瓠省，实则瓠从瓜，瓢亦从瓜，均可归入瓜部，不必更立一部也。且古籀篆字形不同，有篆可入此部，而古籀可入彼部者，是究应入何部乎？鸥，小篆从佳；雕，籀文从鸟：应入鸟部乎？佳部乎？未易决也。转注通古籀篆而为言，非专指小篆。六书之名，先于《说文》，贯通古籀篆三，如同部云云，但依《说文》而言，则与古籀违戾。故许氏之说，虽精于戴，亦未可从也。

刘台拱不以小学名，而文集中《论六书》一文，识见甚卓。谓所谓转注者，不但义同，音亦相近。此语较戴氏为有范围。转注云者，当兼声讲，不仅以形义言。所谓"同意相受"者，义相近也。所谓"建类一首"者，同一语原之谓也。同一语原，出生二字，考与老，二字同训，声复叠韵。古来语言不齐，因地转变，此方称老，彼处曰考；此方造老，彼处造考，故有考老二文。造字之初，本各地同时并举，太史采集异文，各地兼收，欲通四方之语，故立转注一项。是可知转注之义，实与方言有关。《说文》同部之字，固有转注；异部之字，亦有转注，不得以同部为限也。

《说文》于义同、音同、部首同者，必联绵属缀，此许君之微意也。余著《国故论衡》，曾举四十余字作证。今略言之，艸部：薑，蕾也，蕾，薑也；蒋，苗也；苗，蒋也。交互为训，绵联相属，即示转注之意。所以分二字者，许君之书，非由己创，亦参考古书而成。薑、蕾、蒋、苗，《尔雅》已分，故《说文》依之也。又如袒、裼、裸、裎：袒，许书作"但"；裼，古音如鬎。但、裼古双声，皆在透母。裸，但也；裎，但也。裎今舌上音，古人作舌头音，读如听，亦在透母。裸在今来母，于古亦双声。此皆各地读音不同，故生异文。由今论之，古人之文，转今为简。亦有繁于今者。《孟子》："虽袒裼裸裎于我侧，尔焉能浼我哉？"实则但言"袒于我侧"可矣。又古人自称曰我，曰吾、曰卬、曰言，我、吾、卬、言，初造字时，实不相关，语言转变，遂皆成我义。低卬之卬，言语之言，岂为自称而造？因各地读音转变而假用耳。又，古人对人称尔，称女，称戎，称若，称而，《说文》尔作尒，既造尒为对人之称，其余皆因读音转变而孳生之字。女即借用男女之女，戎即借用戎狄之戎，若即借用择菜之若，而即借用须髯之而。古无弹舌音，女、戎、若而，皆入泥母。以今音准之，你音未变，戎读为奴、为侬，而读为奈，皆入入母。今苏沪江浙一带，或称奈，或称你，或称奴，或称侬，则古今音无甚异也。又汪、潢、湖、汙四字，音转义同。小池为汙，《左传》："周氏之汙。"汪训池，亦称为潢，今匣母，转而为汙潢。《汉书》："盗弄陛下之兵于潢池中耳。"《左传》亦称潢汙行潦。汪今影母，音变为湖。汙湖阴声，无鼻音；汪潢阳声，有鼻音。阴阳对转，乃言语转变之枢纽。言与我，吾与卬，亦阴阳对转也。语言不同，一字变成多字。古来列国分立，字由各地自造，音亦彼此互异，前已言之。今南方一县之隔，音声即异，况古代分裂时哉！然音虽不同，而有通转之理。《周礼·大行人》："属瞽史谕书名，听声音。"瞽不能书，审音则准。史者史官，职主记载。"谕书名"者，汙、潢彼此不同，谕以通彼此之意也。"听声音"者，听其异而知其同也。汪、汙、潢、湖，声虽不同，而有转变之理，说明其理，在先解声音耳。如此，则四方之语可晓；否则，逾一地、越一国，非徒音不相同，字亦不能识矣。六书之有转注，义即在此。不然，祖祢裸裎、汪汙潢湖，彼此焉能通晓？下三字与上一字，音既相同，义亦不异。此所谓"建类一首、同意相受"也。古者方国不同，意犹相通。造字之初，非一人一地所专，各地各造，仓颉采而为之总裁。后之史籀、李斯，亦汇集各处之字，成其《史籀篇》、《仓颉篇》。秦以后字书亦然，非仓颉、史籀、李斯之外，别无造字之人也。庶事日繁，文字遂多。《说文》之后，《玉篇》收两万字，《类篇》收五万字，皆各人各造而编书者汇集之。后人如此，古人亦然。许书九千字，岂叔重一人所造？亦采前人已造者耳。荀子云："好书者众矣，而仓颉独传者，一也。"斯明证矣。是故，转注在文字中乃重要之关键。

使全国语言彼此相喻，不统一而自统一，转注之功也。今人称欧洲语同出罗马，而各国音亦小异。此亦有转注之理在。有转注尚有不相喻处，故孔子曰："吾犹及史之阙文也……今亡矣夫！"盖当时列国赴告，均用己国通用之字，彼此未能全喻，史官或有不识之字，则阙以存疑。周全盛时，虽诸侯分立，中央政府犹有史官可以通喻；及衰，列国依然自造文字，而史官不能喻。其初不喻者阙之，其后则指不识以为识。"今无矣夫"者，伤之也。华夏一统，中国语言，彼此犹有不同，幸有字书可以检查。是故，不但许君有功，即野王、温公辈，亦未始无功。又字有义有音，义为训诂，音为反切。韵书最古者推《广韵》，则陆法言辈亦何尝无功哉！古有谕书名、听音声之事，其书不传，后人采取其意而为音韵之书。为统一文字计，转注决不可少，音韵亦不得不讲也。

假借之与转注，正如算术中之正负数。有转注，文字乃多；有假借，文字乃少。一义可造多字，字即多，转注之谓也；本无其字，依声托事，如令、长是，假借之类也。令之本义为号令，发号令者谓之令，古之令尹、后之县令，皆称为令，此由本义而引申者。长本长短之长，引申而为长幼之长。成人较小孩为长，故可引申，再引申而为官长之长，以长者在幼者之上，亦犹官长在人民之上也。所谓假借，引申之谓耳。惑者不察，妄谓同声通用为假借。夫同声通用，别字之异名耳。例如前后之前，许书作𦦭，今乃作𦝩。𦝩，剪刀之剪也。汉以后，凡𦦭均作前。三体石经犹不作前。夫妄写别字，汉以后往往有之，则汉以前亦安见其必无？周公、孔子，偶或误书，后人尊而为之讳言，于是美其名曰假借。实则别字自别字，假借自假借，乌可混为一谈？六书中之假借，乃引申之义。如同声通用曰假借，则造拼音字足矣。夫中国语之特质为单音，外国语之特质为复音。如中土造拼音字，则此名与彼名同为一音，不易分辨，故拼音之字不适于华夏。仓颉为黄帝史官，黄帝恐亦如刘裕一流，难免不写别字耳。是故同声通用，非《说文》所谓假借。《说文》所谓假借，乃引申之义，非别字之谓也。否则，许君何不谓"本有其字，写成别字，假借是也"乎？"本无其字"者，有号令之令，无县令之令；有长短之长，无令长之长：故曰无也。造一令字，包命令、县令二义。造一长字，包长短、长幼、官长三义，此之谓假借。

外此，假借复有一例。唐、虞、夏、商、周五字，除夏与本义犹相近外，唐为大义，非地名；虞为驺虞义，非地名；商为商量义、周为周密义，均非地名。此亦本无其字，依声托事也。如别造一字，唐旁加邑为郞，虞、商、周亦各加邑其旁，亦何不可？今则不然，但作唐、虞、商、周，非依声托事而何？此与令长意别，无引申之义，仅借作符号而已。

外此，复有一例。如重言之联语，双声之联语，叠韵之联语。凡与本义不相关者，皆是也。《尔雅》："懋懋、愫愫，勉也。""仳仳、琐琐，小也。""悠悠、洋洋，思也。""伈伈、遂遂，作也。"此重言之联语有此义无此字，亦本无其字，依声托事之假借也。参差（双声之联语，参与不齐无关）、辗转（双声而兼叠韵。辗，《说文》作报。报与知恋反之转不相关）、诪张（双声，诪或作侜，与幻义不相关），皆以双声为形容也。消摇（消者消耗、摇者摇动，皆无自在义）、须臾（须，颊毛也。臾，曳也。皆无顷刻义），皆以叠韵为形容也。有看似有义，实则无义者。如抢攘，《说文》无抢，作枪；攘作㲉：二字合而形容乱义。要之，联词或一有义，或均无义，皆本无其字，依声托事也，皆假借也。是故不但令长可为假借之例，唐、虞、商、周，懋懋、愫愫，参差、抢攘，均可作假借之例。由此可知假借之例有三：一引申、二符号、三重言双声叠韵之形容，皆本无其字，依声托事也。乌得以同声通用当之哉（同声通用，治小学者亦不得不讲。惟同声通用乃小学之用，非六书造字之旨耳）！

引申、符号、形容，有此三者，文字可不必尽造，此文字之所以简而其用普也。要之，《说文》只九千字，《仓颉篇》殆不过三千字，周秦间文化已启，何以三千字已是？盖虽字仅三千，其用则不仅三千。一字包多义，斯不啻增加三四倍矣。

以故，转注、假借，就字关联而言；指事、象形、会意、形声，就字个体而言。虽一讲个体，一讲关联，要皆与造字有关。如戴氏所言，则与造字无关，乌得厕六书之列哉？余作此说，则六书事事不可少；而于造字原则，件件皆当，似较前人为胜。

造字之始于仓颉，一见于《世本》，再见于《荀子》，三见于《韩非子》，而《说文序》推至伏羲画卦者，盖初文之作，不无与卦画有关，如☵即坎卦是已。若汉人书坤作《《，《经典释文》亦然；宋人妄说坤为六断，实则坤与川古音相近，《《、《《相衍，义或近是。《尔雅·释水》："水中可居者曰州。"大地抟抟，水绕其旁，胥谓之州。故邹衍有大九州之说。释典有海中可居者四大洲之言。《《者《《之重也。气字作≒，与三卦近似。天本积气，义亦相合。此三卦与初文皆有关系。言造字而推至画卦，义盖在是。

《序》又言："见鸟兽蹄迒之迹，知分理之可相别异，初造书契。"此义汉儒未有所阐。案《抱朴子》：八卦象鹰隼之翾。其言当有所受。《易·系》言："古者庖牺氏之王天下也，仰则观象于天，俯则观法于地，观鸟兽之文与地之宜。"所谓鸟兽之文者，鹰隼之翾当居其一。鹰翾左右各三。象其全则为☰，去其身则为☲，此推至八卦之又一说也。

造字之后，经五帝三王之世，改易殊体，则文以寖多，字乃渐备。初文局于象形、指事，不给于用。《尧典》一篇，即非初文所可写定。自仓颉至史籀作大篆时，历年二千。其间字体，必甚复杂。史籀所以作大籀者，欲收整齐划一之功也。故为之厘定结体，增益点画，以期不致淆乱。今观籀文，笔画繁重，结体方正：本作山旁者，重之而作屾旁；本作《《旁者，重之而作巛旁。较钟鼎所作踦斜不整者，为有别矣。此史籀之苦心也。惜书成未尽颁行，即遇犬戎之祸。王畿之外，未收推行之效。故汉代发见之孔子壁中经，仍为古文。魏初邯郸淳亦以相传之古文书三体石经

（北宋苏望得三体石经，刻之于洛阳，见洪氏《隶续》，民十一洛阳出土石经存二千余字）。至周代所遗之钟鼎，无论属于西周或属于东周，亦大抵古文多而籀文少。此因周宣初元至幽王十一年，相去仅五十余年。史籀成书，仅行关中，未曾推行关外故也。秦兼天下，李斯奏同文字，罢其不与秦文合者，作《仓颉》等三篇。取史籀大篆，或颇省改，后世谓之小篆。今观《说文》所录重文，古文有三百余字，而籀文不及二百。此因小篆本合籀文。籀文繁重，李斯略为改省。大篆小篆，犹世言大写小写矣。

秦时发卒兴戍，官狱繁多，程邈作隶，以趣约易。施用日广，于是古文几绝。秦隶今不可见，顾蔼吉《隶辨》言秦隶之遗于今者，若秦量、秦权、秦诏版等。文虽无多，尚可见其大意。大概比篆书略加省改，而笔意仍为篆书。即西汉之吉金石刻，虽为隶体，亦多用篆笔书写，与后世之挑剔作势者不同。东汉时，相传有王次仲者，造作八分，于是隶法渐变，即今日所称之汉隶也。今所见之汉碑，多起于东汉中叶以后。东汉初年之《三公山碑》，尚带篆意；《石门颂》亦然；裴岑《纪功碑》虽隶而仍兼篆笔：盖为秦隶之遗。桓、灵时之碑刻，多作八分，蔡邕之熹平石经亦八分也。八分与隶书之别，在一有挑剔，一无挑剔，譬之颜、欧作楷，笔势稍异耳。《说文序》又言："汉兴有草书"。卫恒言："草书不知作者姓名。"今案：草书之传世者。以史游《急就篇》为最先，而赵壹亦谓起秦之末。但《论语》有"裨谌草创"之语；《屈原传》亦有"屈平属草稿未定"语。此所谓草，是否属稿之际，作字草率牵连，或未定之稿曰草稿，均不可知。东周乙亥鼎文，阮元以为草篆，后人颇以为非。余谓凡笔画本不相连，而忽牵连以书者，即可认为草书之起源。如二十并作廿，四十并作卌是矣。又古文𡴋或作𦬜，𡴋从屮从屮，可以六书解说。𦬜为𦬜之上半，应作𡴋，而今作𦬜，不能以六书解，或古人之所谓草乎？要之，此所谓草，与汉后从隶变者不同，必从大篆来也。

《说文序》言秦烧灭经书，古文由此绝。绝者不通行之谓，非真绝也。

秦石刻之乁字，即古文及字，又秦碑𢧵字，亦系古文（小篆作𢦏）。而廿字秦碑中亦有之。盖秦时通行篆隶，古文易乱，不过施诸碑版，一如今世通行行楷，而篆盖墓碑，多镂刻篆文耳。

秦汉之际，识古文者犹多。鲁恭王坏孔子宅，得《尚书》、《礼记》、《春秋》、《论语》、《考经》数十篇。《史记·儒林传》：孔氏有古文《尚书》，孔安国以今文读之，因以起其家。汉初传《尚书》者有伏生二十九篇，而孔壁所得多十六篇。夫汉景末年，去焚书时已七十年，若非时人多识古文，何能籀读知其多十六篇哉？可见汉初犹多识古文也。《礼经》五十六篇，亦壁中经，中有十七篇与高堂生所传相应；余三十九篇，两汉尚未亡佚。观郑康成注，常引逸《礼》，康成当有所受。知汉时识古文者多矣。又，《论语》亦壁中经，本系古文，而《鲁论》、《齐论》，均自古文出，虽文字略异，而大旨相同。试问当时何以能识？无非景、武之间，仍有识古文者，孔安国得问之耳。又，北平侯张苍献《春秋左氏传》。张之献书，当在高后、文帝时，张以之传贾谊，贾作训诂，以授赵人贯公。贾由大中大夫出为太傅，在都不过一年，期时张为达官，传授之际，盖略诏大意而已，岂真以一十九万字，手指口授，字字课贾生哉！则贾之素识古文可知。又《封禅书》言：武帝有古铜器，李少君识之，谓齐桓公十年陈于柏寝。案之果然。《太史公自序》："年十岁则诵古文。"凡此种种，均可见古文传授，秦以后未尝断绝。至汉景、武间，识古文者犹多也。且也，《老》、《庄》、《荀子》，无今古文之别，其书简帛者，为古文无疑（作《吕览》时，尚无小篆）。秦焚书时，当亦藏之屋壁。迨发壁后，人多能读。不识古文，焉能为此？河间献王得古文先秦旧书《孟子》、《老子》之属。《孟子》亦为古文书之，余可知矣。今人多以汉高、项王为不识字。其实不读书则有之，不识字则未然。项籍少时，学书不成，项梁教之兵法；沛公壮试为吏，皆非目不识丁者所能为。张良受太公兵法于黄石公；萧何引《逸周书》以对高祖；楚元王与申公受诗于浮丘伯；张耳、陈余雅好儒术；贾山之祖贾祛，故魏王时博士弟子，山受学于祛，涉猎书记，凡此皆能识古文之人。汉文时，得魏文侯乐人窦公，年百八十，其书即《周礼·大司乐》章。窦公目盲，其书盖未盲时所受，定系古文。然一献而人能识之，可证当时识者尚多。至东汉许君之时，识古文者渐少。盖汉以经术取士，经典一立学官，人人沿习时制，其书皆变古而为隶矣。若伏生之二十九篇，当初本为古文，其后辗转移写，遂成隶书。高堂生传《礼》，最初为篆为隶，盖不可知。《诗》则成诵于口，与焚书无关，故他书字形或有舛谬，而齐、鲁、毛、韩四家，并无因字体相近而致误者。《易》以卜筮独存，民间所传，自田何以至施、孟、梁丘，皆渐由古文而转变为隶，《左传》本系古文，当时学者鲜见，《公羊》初凭口受，至胡毋生始著竹帛，为隶书无疑。大抵当时利禄之途已开，士人识隶已足，无须进研古、籀。许君去汉武时已三百余年①，历年既久，识古文者自渐寥落。而一二古文大师，得壁中经后，师弟相传，辗转录副以藏。以不立学官，故在民间自相传授，寖成专家。此三体石经之古文所由来也。夫认识文字，端在师弟相传。《说文》所录古文，不过三百余字，今三体石经尚有异体。缘壁经古文，结体凌乱，有不能以六书解者，许君不愿穿凿，因即屏去不录，如《穆天子传》八骏之名，今亦不能尽识也。

汉时通行载籍，沿用隶书，取其便于诵习，而授受弟子，则参用古文。《后汉书·贾逵传》：章帝令逵自选诸生高才者二十人，教以《左氏》，人与简纸经传各一通。盖简载古文，而纸则隶写。至郑康成犹然，康成《诫子书》云："所好群经②率多腐败，不得于礼堂写定，传与其人。"所谓腐败者，古文本也。

马、郑《尚书》，字遵汉隶；而三体石经之古文，则邯郸淳自有所受。若今世所行之伪古文《尚书》，《正义》言为郑冲所作，由魏至晋，正三体

---

① 吴永坤校记："当作二百余年。"
② 程千帆校记："《后汉书》本传'群经'作'群书'。"

石经成立之时，郑冲即依石经增改数篇，以传弟子。东晋元帝时，梅赜献之于朝。人见马、郑本皆隶书而此多古字，遽信以为真古文孔《传》，遂开数千年聚讼之端。今日本所谓足利本隶古定《尚书》，宋薛季宣《书古文训》，字形瑰怪，大体与石经相应。敦煌石室所出《经典释文》残卷，亦与之相应。郭忠恕《汗简》，征引古文七十一家，中有古《尚书》，亦与足利本及《书古文训》相应。盖此二书乃东晋时之《尚书》，虽非孔壁之旧，而多存古字，亦足宝矣。

唐人不识古文，所作篆书，劣等字匠。唐高宗时之《碧落碑》，有真古文，亦有自造之字。北宋以还，钟鼎渐渐发现。宋人释钟鼎文者，大都如望气而知。清人则附会六书，强为解释。夫以钟鼎为古物，以资欣赏，无所不可；若欲以钟鼎刻镂，校订字书，则适得其反耳。至如今人哗传之龟甲文字，器无征信，语多矫诬。皇古占卜，蓍龟而外，不见其他。《淮南子》云：“牛蹄彘颅，亦骨也，而世弗灼；必问吉凶于龟者，以其历岁久矣。”可见古人稽疑，灵龟而外，不事骨卜。今乃兽骨龟厌，纷然杂陈，稽之典籍，何足信赖？要知骨卜一事，古惟夷貊用之，中土无有也。《庄子》言宋元君得大龟，七十二钻而无遗策。唐李华有《废卜论》，可见龟卜之法，唐代犹存。开元时孟诜作《食疗本草》，宋苏颂《图经》及《日华本草》，皆言已卜之龟，必有钻孔，名之曰漏天机。虽绝小之龟，亦可以钻十孔。钻孔多则谓之败龟板也。夫灼龟之典，载于《周礼》。凿孔以灼，因以观兆。无孔则空气不通，不能施燋，无以观兆。今所得者，累然成贯，而为孔甚少，不可灼卜。或者方士之流，伪作欺人。一如《河图》、《洛书》之傅合《周易》乎？其文字约略与金文相似。盖造之者亦抚摹钟鼎而异其勾画耳。夫钟鼎文字，尚有半数可认，亦如二王之草书笺帖，十有六七可识。余则难以尽知，不妨阙疑存信。若彼龟甲文者，果可信耶？否耶？

贵州有《红崖碑》，摩崖巨刻，足壮观瞻。惟文字为苗为华，讫不可知。邹汉勋强为训释，真可谓器真而解之者妄。又如古人刀布，不可识者甚多，周景王大钱，上勒㣇、匕二文，解之者或谓宝货，或以为燕货。钱文类此者多，学者只可存而不论。大抵钟鼎文之可识者，十可七八，刀布则十得五六，至于龟甲，则矫诬之器、荒忽之文而已。

古昔器物，近代出土愈多，而作伪者则异其心理。大抵轻而易举者，为数必众。钟鼎重器，铸造非易，故伪者尚少；刀布之类，聚铜熔淬，亦非巨资不办。至于龟甲，则刚玉刻画，顷刻可成。出土日众，亦奚怪哉！

是故，居今而研文字，当以召陵正书为归；外此则求古文于三体石经，亦属信而有征。至于籀文，则有石鼓文在。如是而一轨于正，庶不至误入歧途矣。

语言不凭虚而起，文字附语言而作。象形象声，神旨攸寄；表德表业，因喻兼综。是则研讨文字，莫先审音。字音有韵有纽：发声曰纽，收声曰韵。兹先述韵学大概。韵分古音、今音，可区别为五期，悉以经籍韵文为准。自《尧典》、《皋陶谟》，以至周秦汉初为一期；汉武以后至三国为一期；两晋南北朝又为一期；隋唐至宋亦为一期；元后至清更成一期。泛论古音，大概六朝以前多为古音。今兹所谓古音，则指两汉以前。泛论今音，可举元明清三代，今则以隋为今音。此何以故？因今之韵书俱以《广韵》为准，而言古音则当以《诗经》用韵为准故。

《广韵》之先为《切韵》。隋开皇初，陆法言与刘臻等八人共论音韵，略记纲纪，后定为《切韵》五卷。唐孙愐勒为《唐韵》，至宋陈彭年等又增修为《广韵》。古今音之源流分合，悉具于是。

泛论古音有吴才老之《韵补》，虽界限凌乱，而能由《广韵》以推《诗经》用韵分部，实由此起。至今音则每杂有方音。《广韵》二百六韵，即以平声五十七韵加入声三十四韵，亦有九十一韵。以音理论，口齿中能发者不过二十余韵，何以《广韵》多至此数？此因《广韵》虽以长安音为主，亦兼各处方音，且又以古今沿革分韵故也。

汉人用韵甚简，而六朝渐繁。即汉前人用韵亦比汉朝为繁。如孔子赞《易》，老子著《道德经》，皆协韵成文。至汉人之诗，用韵尚谨严，赋已不甚谨严；若焦氏《易林》，用韵亦复随意；他若《太史公自序》之叙目，及《汉书》之述赞，用韵更不严矣。宋郑庠分古音为六部，后人言郑之分部止合于汉人用韵，且亦仅合于《易林》、述赞之类，不合于赋，更不合于诗。

顾亭林之《唐韵正》、《古音表》析为十部，律以汉诗用韵。未尽密合。江慎修改为十三部，虽较为繁密，仍嫌不足。戴东原《声类表》分平声十六韵，入声九韵。平声阴阳各半，而闭口韵有阳无阴，入声仅系假设，所以实得十有六韵。古音至戴氏渐臻完密。段懋堂《音韵表》分十七部，孔巽轩《诗声类》分十八部，王怀祖分二十一部，与郑氏之说相较，相差甚远。然王氏之二十一部，尚有可增可减之处。

自唐以来，以今音读古之辞赋，一有不谐，便谓叶韵。陆德明见《诗》"燕燕于飞"以南与音、心为韵，以为古人韵缓，不烦改字。要知音、心属侵，南属覃，晋人尚不分部，陆氏生于陈时，已不甚明古音，自叶韵之说出，而古人正音渐晦。借叶之一字，以该千百字之变，天下岂有此易简之理哉！清高宗作诗，至无韵可押，强以其字作他音协之。自古至今，他人断无敢如此妄作者。明陈第言，凡今所称协韵，皆即古之本音，非随意改读，辗转迁就，如母必读米，马必读姥，京必读疆，福必读偪之类。历考诸篇，悉截然不紊。且不独《诗经》为然，周秦人之韵文，无不皆然。且童谣及梦中歌谣，断不至有意为叶韵之事。若《左》昭二十五年传载《鸲鹆歌》，野读墅，马读姥；哀十七年传，卫侯梦浑良夫被发之呼，瓜音为姑是也。自此说出，而韵学大明。清人皆信古本音之说，惟张成孙不信之，谓古人与我相隔二千年，不能起而与之对语，吾人何由知其本音正读如此乎？然以反切定韵，最为有据。如等字一多肯切、一多改切，莽字一模朗切、一莫补切。等本与待相通借，多改切之等即出于待；莫补切之莽，古书中不乏其例，《离骚》莽与序、暮为韵，又莽何罗即马何罗（汉武帝时，马何罗与弟马通谋反伏诛。通之后为马援，援女为明德皇后，恶其先人叛逆，耻与同宗，改称之曰莽），马，汉音读姥，莽、马同声，此古本音之极有凭证者也。

《集韵》所收古音，比《广韵》为多。《经典释文》所无之字音，《集韵》时有之。如天，一音他前切，一音铁因切。马，一音莫下切，一音满补切。下，一音胡雅切，一音后五切。在唐以前之韵书都无此音。意者丁度等撰《集韵》时，已于《诗经》、《楚辞》中悟得此理，故本音之说，虽发自陈第，而《广韵》、《集韵》已作骈骊之开道。是故求古韵，须知其音读原本如此，非随意改读，牵强迁就。《易》、《诗》、《老子》、《楚辞》如此，后汉六朝之韵文亦如此。

唐杜、韩之诗，有意摹古，未必悉合《唐韵》。杜诗于入声韵每随意用之。韩则有意用古。其用韵或别有所本，亦未可知。古代韵书今仅存一《广韵》矣。魏晋六朝之韵书，如李登《声类》、吕静《韵集》，悉不可见。意者唐人摹古拟古诸作，乃就古人所用之韵而仿为之，必非《唐韵》亦如此也。自天宝以后，声音略有变动。白乐天用当时方音入诗，如《琵琶行》以住、部、妒、污、数、度、故、妇为韵，上去不分，非古非今。此音晚唐长安之音，妇、亩、富等字，皆转入语、虞、姥、御、遇、暮诸韵，观慧琳《一切经音义》可知。

唐韵分合，晚唐人已不甚知，宋人更不知之。宋人作诗，入声随意混用，词则常以方音协之。北宋人词，侵、覃与真、寒不混，而南宋人词则混用不分矣。须知侵、覃闭口音，以半摩字收之，真、寒不闭口，以半那字收之。今交、广人尚能分别。此其故，当系金元入据中原之后，胡人发音不准，华人渐与同化，而交、广僻在岭南，尚能保存古音。今江河之域，三山二音不分，两广人闻之，必嗤为讹音，而在唐时或已有此等读法。是故唐人有嘲人语不正诗，以其因、阴混用，不分闭口不闭口也。

日人读我国之音，有吴音、汉音之别。吴音指金陵音，汉音指长安音。听其所读汉音，实与山西西部、陕西东部略近。吾人今读江与阳通，江西人读江为龚，发声时口腔弯窿，与东音相近。阳韵日本汉音读阳若遥，章读如宵，张读如敲，正与山、陕人方音相似，此盖唐人音读本如此也。

欲明音韵，今音当以《广韵》为主；古韵以《诗经》为主，其次则《易》赞、《楚辞》以及周秦人之韵文。顾亭林初欲明古音以读《诗经》，其结果反以《诗经》明古音。诗即歌曲，被之管弦，用韵自不能不正，故最为可据。陈第《毛诗考》未分部，顾氏分十部，仍以《广韵》之目为韵标。因《广韵》虽系一时之音，尚有酌古准今之功。有今韵合而古韵分者，《广韵》亦分之；有今韵分而古韵合者，《广韵》亦分之。如支、脂、之为一类，唐后不分，而六朝人分之。东、冬、钟、江为一类，江韵古音与东、冬、钟相同，所以归为一类。然冬韵古音，昔人皆认为与东相近。孔巽轩则以为冬古音与东钟大殊，而与侵最近；严铁桥更谓冬即侵也，不应分为二类。要之，冬侵相近，其说是也。至于取《广韵》部目以标古韵，本无不合。亦有人不喜用《广韵》部目者，如张成孙《说文谐声谱》，以《诗》中先出之字建首是也。要知用一字标韵，原不过取其声势大概如此，今不用《广韵》标目而用他字，其所以为愈者何在？阮芸台元不知韵学，以为张氏之书，一扫千古之障，其实韵目只取其收声耳。戴东原深知此理，故《声类表》取喉音字标目，如东以翁、阳以央，则颇合音理矣。是故废《广韵》之谱而自立韵标，只有戴法可取。

戴氏不但明韵学，且明于音理。欲明韵学，当以《诗经》之用韵仔细比勘，视其今古分合之理。欲明音理，当知分韵虽如此之多，而彼此有衔接关系。古人用韵，并非各部绝不相通，于相通处可悟其衔接。吾人若细以口齿辨之，识其衔接之故，则可悟阴阳对转之理、弇侈旁通之法矣。对转之理，戴氏发明之，孔氏完成之。

　　前之顾氏，后之段氏，皆长于韵学，短于音理。江氏颇知音理，戴氏最深，孔氏继之。段氏于《诗经》、楚《骚》、周秦汉魏韵文中，发现支、脂、之三韵，古人分别甚严，而仍不识其所以分别之理，晚年询之江有诰，有得闻其故死而无憾之言。江虽于音理较深，亦未能阐明其故。盖音理之微，本非仓促所能豁然贯通也。如不知音理而妄谈韵学，则必如苗仙麓之读《关雎》鸠、洲、仇入《广韵》萧、豪韵矣。顾亭林音理不深，但不肯矫揉造作，是以不如苗病之多。如歌麻二字，古人读麻长音，读歌短音，当时争论甚多，顾不能决，此即不明音理故也。居今日而欲明音韵之学，已入门者，宜求音理；未入门者，先讲韵学。韵学之道，一从《诗经》入手，一从《广韵》入手。多识古韵，自能明其分合之故。至求音理，则非下痛切工夫不可。

　　今人字母之称，实不通之论也。西域文字以数十字辗转相拼，连读二音为一音，拼书二字为一字，故有字母之制。我国只有《说文》部首，可以称为字母，《唐韵》言纽以双声叠韵，此以二音譬况一音，与梵书之以十四字母贯一切音者大异。唐末五代时，神珙、守温辈依附《华严》、《涅盘》作三十六字母。至宋沈括、郑樵诸人，始盛道之。然在唐宋以前，反语久已盛行。南北朝人好为体语，即以双声字相调侃。《洛阳伽蓝记》载李元谦过郭文远宅，见其门阀华美，乃曰："是谁第宅？"郭婢春风出曰："郭冠军家。"元谦曰："彼婢双声。"① 春风曰："儜奴慢骂。"元谦服婢之能。盖双声之理从古已具也。

　　今之三十六字母排次亦不整齐，如喉音、牙音均可归喉，半齿、弹舌应归舌头，故当改为：

---

　　① 程千帆校记："原书作'凡婢双声'。凡婢二字同属奉母也。"

喉音	(深)	影	晓	匣	喻
	(浅)	见	溪	群	疑
舌音	(舌头)	端透	定	泥来	日
	(舌上)	知	彻	澄	娘
齿音	(正齿)	照	穿床	审	禅
	(齿头)	精	清从	心	邪
唇音	(重)	帮	滂	并	明
	(轻)	非	敷	奉	微

疑应读如皑而齐齿呼之，泥应读你平声，从音广东呼之最清。非、敷二纽，今人不易分别。江慎修言，非发声宜微开唇缝轻呼之，敷送气重呼之，使敷音为奉之清，则二母辨矣。如芳字为敷纽，敷方切。方字为非纽，府良切。微音惟江浙人呼之最为分明，粤人读入明纽，北音读入喻纽。知、彻、澄，南音往往混入照、穿、床，闽人读知如低，则舌上归于舌头矣。钱竹汀言古音无舌头舌上之分，知、彻、澄三纽，古音与端、透、定无异，则闽语尚得古音之遗。又轻唇之字，古读重唇。非、敷、奉古读入帮、滂、明，直至唐人犹然。钱氏发明此理，引证甚多。《广韵》每卷后附类隔更音和切。类隔者，谓切语上字与所切之字非同母同位同等也；音和则皆同。钱氏谓类隔之说不可信，今音舌上，古音皆舌头；今音轻唇，古音皆重唇也。且不独知、彻、澄古读入端、透、定，即娘、日二纽，古并归泥。泥今音读你之平声，尼读入娘母，而古读则尼与泥无异。仲尼之母祷于尼丘，生而首上圩顶，因名曰丘，字曰仲尼。《尔雅·释丘》："水潦所止：泥丘。"《说文》："𡲡，反顶受水丘也。从泥省，泥亦声。"[①]汉碑仲尼有作仲泥者，《颜氏家训》言"仲尼居"三字，《三苍》尼旁益丘，可见古音尼、泥同读。娘，金人读之似良，混入来纽。而来、

---

① 程千帆校记："原书作'反顶受水丘。从丘，泥省声。'"

日古亦读入泥纽。如：戎陵今读日纽，古音如农。若，古读女六切。如，古读奴。尔，古读你。《诗·民劳》："戎虽小子。"《笺》云："戎犹汝也。"今江浙滨海之人。尚谓汝为戎。古人称人之词曰乃尔、戎、若，皆一声之转。仍，今在日纽，古人读仍与乃通。《尔雅》"仍孙"、《汉书·惠帝纪》"内外公孙、耳孙"，师古曰："仍、耳声相近，盖一号也"。仍从乃得声。则仍、耳古皆在泥纽矣。由是言之，知、彻、澄古归入端、透、定。非、敷、奉、微，古读如帮、滂、并、明。娘、日并归泥。是三十六纽减去其九，仅存二十有七耳。陈兰甫据《广韵》切语上字，以为喻、照、穿、床、审五纽，俱应分而为二。因加于、庄、初、神、山五纽，而明、微则不别，合成四十纽。但齿音加四而唇吻不能尽宣。喻分为于，同为撮口，纽音亦无大殊。陈说似未当也。然如江慎修视若神圣，以为不可增减，亦嫌未谛。如收声之纽多浊音、无清音，泥、娘、来、日皆是。然粘本读泥纽，今读娘纽而入清音，则多一纽矣。来纽浊音，今有拎字，则为来纽清音，则又多一纽。声音之道，本由简而繁，古人只能发浊音，而今人能发清音，则声纽自有可增者在。

清浊之分，本不甚难。坚清乾浊，见清健浊，洁清竭浊，检清俭浊，今人习言之阴阳平，即平声之清浊也。上、去、入亦皆可分清浊，惟黄河流域只能分平声清浊，上、去、入多发浊音，故有阴阳上去入之说，大约起于金元之间。南方上、去、入亦能各分清浊。上声较难，惟浙西人能分别较然。故言音韵者，常有五声、七声之辨，兹重定声纽清浊发送收列表于下：

音呼分等，有开合之分，《切韵指掌图》首列为图。图为宋人所作，世称司马温公所撰，似未必是。开合之音，各有洪细。开口洪音为开口，细音为齐齿。合口洪音为合口，细音为撮口。可举例以明之，如见纽见为齐齿，干为开口，观为合口，卷为撮口。音呼应以四等为则，今之讲等韵者，每谓开合各有四等，此则虚列等位，唇吻所不能宣，吾人所未敢深信也。

影	晓	匣	喻	见	溪	群	疑	端
清	清	浊	浊	清	清	浊	浊	清
发声	送气	送气	收声	发声	送气	送气	收声	发声
透	定	泥	来	知	彻	澄	娘	日
清	浊	浊	浊	清	清	浊	浊	浊
送气	送气	收声	收声之余	发声	送气	送气	收声	收声之余
照	穿	床	审	禅	精	清	从	心
清	清	浊	清	浊	清	清	浊	清
发声	送气	送气	发声	送气	发声	送气	送气	发声
邪	帮	滂	并	明	非	敷	奉	微
浊	清	清	浊	浊	清	清	浊	浊
送气	发声	送气	送气	收声	发声	送气	送气	收声

　　古人分韵，初无一定规则，有合撮为一类、开齐为一类者，有开齐合撮同归一类者，亦有开齐分为两类者。此在《广韵》中可细自求之。古韵歌与羁、姑与居同部，今韵歌、支、模、鱼各为一韵。论古韵昔人意见各有不同，段懋堂以为真与谆、侯与幽均宜异部，戴东原则以为可不分。实则分之固善，合之亦无不可。侯、幽二韵，《诗经》本不同用，真、谆之应分合，一时亦难论定。盖以开齐合撮分韵，古人亦未斠若画一也。

　　孙愐撰《唐韵》，已在天宝之末。其先唐玄宗自作《韵英》，分四百余韵，颁行学官。后其书不传。唐人据《韵英》而言者亦甚少。大概严格分别，或须四百余韵，或竟不止此数。据音理而论，确宜如此。今《广韵》二百六韵，多有不合音理者。然部居分合之故，作者未能详言，吾人亦不能专以分等之说细为推求。其大要则不可不知。

　　四声之说，起于齐、梁。而双声、叠韵，由来已久。至反切始于何时，载籍皆无确证。古人有读如、读若之例，即直音也。直音之道，有时而穷。盖九州风土，刚柔有殊，轻重清浊，发音不齐。更有字止一音，别无他读，非由面授，莫能矢口。于是反切之法，应运而起。《颜氏家训》以为反语始于孙叔然作《尔雅音义》，说殊未谛。盖《汉书音义》已载服虔、应劭反切。不过释经用反语，或始于叔然耳。反语之行，大约去孙不远。《家训》言汉末人独知反语，魏世大行。高贵乡公不解反语，以为怪异。王肃《周易音》据《经典释文》所录，用反语者十余条。肃与孙炎说经互相攻驳。假令叔然首创反语，肃肯承用之乎？服、应与郑康成同时，应行辈略后。康成注经只用读若之例，则反语尚未大行。顾亭林谓经传中早有反语，如不律为笔，蔽膝为韠，终葵为椎，蒺藜为茨。然此可谓反语之萌芽，不可谓其时已有反切之法。否则许氏撰《说文》，何不采用之乎？《说文》成于汉安帝时，服、应在灵帝时，去许已六七十年，此六七十年中，不知何人首创反语，可谓一大发明。今《说文》所录九千余字，吾人得以尽识，无非赖反切之流传耳。

　　远西文字表韵常用喉音，我国则不然。因当时创造之人未立一定规律，所以反切第二字随意用之。今欲明反切之道，须知上一字当与所切之字同纽，即所谓双声也；下一字当与所切之字同韵，即所谓叠韵也。定清浊在上一字，分等呼在下一字。如：东，德红切，东德双声，东红叠韵，东德均为清音，东红均为合口呼。学者能于三十六字纽发声不误，开齐合撮分别较然，则于音韵之道思过半矣。

　　学者有志治经，不可不明故训，则《尔雅》尚已。《尔雅》一书，《汉志》入《孝经》类，今入小学类。张晏曰："尔，近也；雅，正也。"《论语》："子所雅言。"孔安国亦训雅言为正言。《尔雅》者，厘正故训，纲维群籍之书也，昔人谓为周公所作，魏张揖上《广雅》表言：周公著《尔雅》一篇，"今俗所传三篇，或言仲尼所增，或言子夏所益，或言叔孙通所补，或言沛郡梁文所考"。朱文公不信《尔雅》，以为后人掇拾诸家传注而成。但《尔雅》之名见于《大戴礼·小辩篇》："鲁哀欲学小辩，孔子曰：小辩破言，小言破义，尔雅以观于古，足以辩言矣。夫弈固十棋之变，由不可既也，而况天下之言乎？"（哀公所欲学之小辩，恐即后来坚白同异之类。哀公与墨子相接，《墨子》经、说，即坚白同异之滥觞。《庄子·骈拇篇》："骈于辩者，累瓦结绳，窜句游心于坚白同异之间，而敝跬誉无用之言。非乎？而杨墨是已。"是杨朱亦持小辩。杨墨去鲁哀不及百年，则春秋之末已有存雄无术之风，殆与晋人之好清谈无异。）张揖又言：叔孙通撰置礼记，言不违古。则叔孙通自深于雅训。赵邠卿《孟子题辞》言："孝文皇帝欲广游学之路，《论语》、《孝经》、《孟子》、《尔雅》皆置博士。"可见《尔雅》一书，在汉初早已传布。朱文公谓为掇拾传注而成，则试问鲁哀公时已有传注否乎？伏生在文帝时始作《尚书大传》，《大传》亦非训诂之书，《诗》齐鲁韩三家，初只鲁《诗》有申公训故。申公与楚元王同受《诗》于浮丘伯，是与叔孙通同时之人。张揖既称叔孙通补益《尔雅》，则掇拾之说何由成立哉！

谓《尔雅》成书之后代有增益，其义尚允。此如医家方书，葛洪撰《肘后方》，陶弘景广之为《百一方》。又如萧何定律，本于《法经》。陈群言李悝作《法经》六篇，萧何定加三篇。假令汉律而在，其科条名例，学者初不能辩其孰为悝作，孰为萧益。又如《九章算术》，周公所制，今所见者为张苍所删补，人亦孰从而分别此为原文，彼为后出乎？读《尔雅》者当作如是观。

《尔雅》中诠诂《诗经》者，容有后人增补。即如"郁陶，喜也"，乃释《孟子》。"卷施拔心不死"，则见于《离骚》。又如《释地》、《释山》、《释丘》、《释水》诸篇，多杂后人之文。《释地》中九州与《禹贡》所记不同。其"从《释地》以下至九河，皆禹所名也"二语，或为周公故训耳。

　　以《尔雅》释经，最是《诗》、《书》。毛《传》用《尔雅》者十得七八。《汉志》言：《尚书》古文，读应《尔雅》，则解诂《尚书》亦非用《尔雅》不可。然毛《传》有与《尔雅》立异处，如"履帝武敏"。武，迹也。敏，拇也。三家《诗》多从《尔雅》，毛则训敏为疾，意谓敏训拇，则必改为"履帝敏武"，于义方顺。又如，"籧篨戚施"，《尔雅》以籧篨为口柔，戚施为面柔，夸毗为体柔；毛《传》则谓籧篨不能俯者，戚施不能仰者。此据《晋语》籧篨不可使俯、戚施不可使仰为训。义本不同。未可强合，而郑《笺》则曰："籧篨口柔，常观人颜色而为之辞，故不能俯也；戚施面柔，下人以色，故不能仰也。"强为傅合，遂致两伤。《经义述闻》云：岂有卫宣一人而兼此二疾者乎？然王氏父子亦未多见病人，固有鸡胸龟背之人，既不能俯、亦不能仰者。谓为身兼二疾，亦无不可。毛《传》又有改《尔雅》而义反弗如者，如《尔雅》："式微式微，微乎微者也。"毛训式为用，用微于义难通。又《尔雅》："岂弟，发也。"《载驱》"齐子岂弟"，毛训乐易，则与前章"齐子发夕"不相应矣。

　　古文《尚书》，读应《尔雅》。自史迁、马、郑以及伪孔，俱依《尔雅》作训。或以为依《尔雅》释《尚书》，当可谏然理解，而至今仍有不可解者，何也？此以《尔雅》一字数训，解者拘泥一训，遂致扞格难通也。如康有五训：安也、虚也、苛也、蛊也，又五达谓之康。《诗·宾之初筵》："酌彼康爵，"郑《笺》云："康，虚也。"《书·无逸》"文王卑服，即康功田功，"伪孔训为安人之功。不知此康字当取五达之训。康功田功即路功田功也。《西伯戡黎》："故天弃我，不与康食。"伪孔训为不有安食于天下。义虽可通，而一人不能安食，亦不至为天所弃。如解为糟糠之糠，则于义较长。故依《尔雅》解《尚书》当可十得七八，要在引用得当耳。然世之依《尔雅》作训者，多取《释诂》、《释言》、《释训》三篇，其余十六篇不甚置意，遂至五达之康一训，熟视无睹，迂回难通，职是故耳。

《经义述闻·春秋名字解诂》：郑公孙侨字子产，既举《尔雅·释乐》之训，大管谓之篞，大篎谓之产；复言侨与产皆长大之意。实则侨借为篎而已。《离骚》："吾令蹇修以为理。"理即行理之理，使也。蹇修，王逸以为伏羲氏之臣，然《汉书·古今人表》中无蹇修之名，此殆王逸臆度之言。按：《尔雅·释乐》，徒鼓钟谓之修；徒鼓磬谓之蹇。以蹇修为理者，彼此不能相见，乃以钟鼓致意耳。司马相如以琴心挑之，即此意也。是知《尔雅》所释者广，故书雅训悉具于是，学者欲明训诂，不能不以《尔雅》为宗。《尔雅》所不具者，有《方言》、《广雅》诸书足以补阙。《方言》成于西汉，故训尚多。《广雅》三国时人所作，多后起之训，不足以释经。《诗·商颂》"受小球大球"、"受小共大共"。毛《传》以球为玉，以共为法，深合古训。《经义述闻》以为解球为玉，与共殊义，应依《广雅》作训，拱、球，法也。改字解经，尊信《广雅》太过矣。要知训诂之道，须谨守家法，亦应兼顾事实。按《吕氏春秋》：夏之将亡，太史终古抱其图法奔商，汤之所受小共大共，即夏太史终古所抱之图法也。《书序》"汤伐三朡，俘厥宝玉，谊伯、仲伯作典宝。"[①] 即汤所受之大球小球也。古人视玉最重，玉者，所以班瑞于群后。《周礼·大宗伯》："以玉作六瑞，以等邦国。王执镇圭、公执桓圭、侯执信圭、伯执躬圭、子执谷璧、男执蒲璧。"——如后世之玺印，所以别天子、诸侯之等级也。汤受法受玉，而后可以发施政令，为下国缀旒。依《广雅》作训，于义未安。

宋人释经，不信《尔雅》，岂知古书训诂不可逞臆妄造。此如迻译西土文字，必依据原文，不差累黍，遇有未莹，则必勤检辞书，求其详审。若凿空悬解，望文生训，鲜不为通人所笑。《尔雅》："绳绳，戒也。"《诗·螽斯》："宜尔子孙绳绳兮。"毛《传》："绳绳，戒慎也。"朱文公以为绳有继续之义，即解为不绝貌。《尔雅》："缉熙，光也。"毛《传》："缉

---

① 吴永坤校记："此《汤誓》文，非序也。"

熙，光明也。"（"缉熙"，《诗经》凡四见。）朱以缉纼之缉，因解为继续也。按：《敬之篇》"学有缉熙于光明"者，即言光明更光明。于与乎通，与微乎、微之语意相同。又《书·盘庚》："今汝懿懿。"[1]《说文》："懿，拒善自用之意也。"马、郑、王肃所解略同，蔡沈乃解为聒聒多言。实则古训并无多言之意。是故吾人释经，应有一定规则，解诂字义，先求《尔雅》、《方言》有无此训。一如引律断狱，不能于刑律之外强科人罪。故说经而不守雅训，凿空悬解，谓之门外汉。

古人训诂之书，自《尔雅》而下，《方言》、《说文》、《广雅》以及毛《传》，汉儒训诂，可称完备。而今之讲汉学者，时复不满旧注，争欲补苴罅漏，则以一字数训，昔人运用尚有遗憾之故。此故士卒精良，而运筹者或千虑一失，后起之人，苟能调遣得法，即可制胜。又如用药，药性温凉，全载《本草》，用药者不能越《本草》之外，其成功与否，悉视运用如何而已。

训诂之学，善用之如李光弼入郭子仪军，壁垒一新；不善用之，如逢蒙学射，尽羿之道，于是杀羿。总之诠释旧文，不宜离已有之训诂，而臆造新解。至运用之方，全在于我。清儒之能昌明汉学、卓越前代者，不外乎此。

---

[1]　吴永坤校记："阮刻本作'今汝聒聒'。此依《说文》所引。"

经 学 略 说

　　经之训常，乃后起之义。《韩非·内外储》首冠经名，其意殆如后之目录，并无常义。今人书册用纸，贯之以线。古代无纸，以青丝绳贯竹简为之。用绳贯穿，故谓之经。经者，今所谓线装书矣。《仪礼·聘礼》："百名以上书于策，不及百名书于方。"《礼记·中庸》云："文武之政，布在方策。"盖字少者书于方，字多者编简而书之。方不贯以绳，而简则贯以绳。以其用绳故曰编，以其用竹故曰篇。方，版牍也。古者师徒讲习，亦用方誊写。《尔雅》："大版谓之业。"故曰肄业、受业矣。《管子》云："修业不息版。"修业云者，修习其版上之所书也。竹简繁重，非别版书写，不易肄习。二尺四寸之简（《后汉书·周磐传》：编二尺四寸简写《尧典》），据刘向校古文《尚书》，每简或二十五字，或二十二字，知一字约占简一寸。二十五自乘为六百二十五。令简策纵横皆二十四寸，仅得六百二十五字。《尚书》每篇字数无几，多者不及千余。《周礼》六篇，每篇少则二三千，多至五千。《仪礼·乡射》有六千字，《大射仪》有六千八百字。如横布《大射》、《乡射》之简于地，占地须二丈四尺，合之今尺，一丈六尺，倘师徒十余人对面讲诵，便非一室所能容。由是可知讲授时决不用原书，必也移书于版，然后便捷。故称肄业、受业，而不曰肄策、受策也。帛，绢也，古时少用。《汉书·艺文志》六艺略、诸子略、诗赋略、兵书略，每书皆云篇；数术、方技，则皆称卷。数术、方技，乃秦汉时书，古代所无。六艺、诸子、诗赋、兵书，汉人亦有作。所以不称卷者，以刘向叙录，皆用竹简杀青缮写，数术、方技，或不用竹简也。惟图不称篇而称卷，盖帛书矣（《孙子兵法》皆附图）。由今观之，篇繁重而卷简便，然古代质厚，用简者多。《庄子》云："惠施多方，其书五车。"五车之书，如为帛书，乃可称多；如非帛书，而为竹简，则亦未可云多。秦皇衡石程书，一日须尽一石。如为简书，① 则一石之数太多，非一人一日之力所能尽（古一石当今三十斤，如为帛书，准之于今，当亦有一二百本）。古称奏牍，牍即方版，故一日一石不为多耳。

　　周代《诗》、《书》、《礼》、《乐》皆官书。《春秋》史官所掌，《易》藏太卜，亦官书。官书用二尺四寸之简书之。郑康成谓六经二尺四寸，《孝经》半之，《论语》又半之是也。《汉书》称律曰"三尺法"，又曰"二尺四寸之律"。律亦经类，故亦用二尺四寸之简。惟六经为周之官书，汉律乃汉之官书耳。寻常之书，非经又非律者，《论衡》谓之短书。此所谓短，非理之短，乃策之短也。西汉用竹简者尚多，东汉以后即不用。《后汉书》称董卓移都之乱，缣帛图书，大则连为帷盖，小乃制为滕囊，可知东汉官书已非竹简本矣。帛书可卷可舒，较之竹简，自然轻易，然犹不及今之用纸。纸之起源，人皆谓始于蔡伦，然《汉书·外戚传》已称赫蹄，则西汉时已有纸，但不通用耳。正惟古人之不用纸，作书不易；北地少竹。得之甚难；代以缣帛，价值又贵，故非熟读强记不为功也。竹简书之以漆，刘向校书可证；方版亦然。至于缣帛，则不可漆书，必当用墨。《庄子》云：宋元君将画图，众史舐笔和墨。则此所谓图，当是缣素。又《仪礼》：铭旌用帛，《论语》：子张书绅。绅以帛为之，皆非用帛不能书。惟经典皆用漆书简，学生讲习，则用版以求方便耳。以上论经之形式及质料。

---

　　① 吴永坤校记："'简书'疑'帛书'之误。"

《庄子·天下篇》："《诗》以道志，《书》以道事，《礼》以道行，《乐》以道和，《易》以道阴阳，《春秋》以道名分。"列举六经，而不称之曰"经"。然则六经之名，孰定之耶？曰：孔子耳。孔子之前，《诗》《书》《礼》《乐》已备。学校教授，即此四种。孔子教人，亦曰："兴于《诗》，立于《礼》，成于《乐》"。又曰："《诗》《书》执礼，皆雅言也。"可见《诗》《书》《礼》《乐》，乃周代通行之课本。至于《春秋》，国史秘密，非可公布，《易》为卜筮之书，事异恒常，非当务之急，故均不以教人。自孔子赞《周易》、修《春秋》，然后《易》与《春秋》同列六经。以是知六经之名，定于孔子也。

五礼著吉、凶、宾、军、嘉之称，今《仪礼》十七篇，只有吉、凶、宾、嘉，而不及军礼。不但十七篇无军礼，即《汉书》所谓五十六篇《古经》者亦无之。《艺文志》以《司马法》二百余篇入《礼》类（今残本不多），此军礼之遗，而不在六经之内。孔子曰："军旅之事，未之学也。"盖孔子不喜言兵，故无取焉。又古律亦官书，汉以来有《汉律》。汉以前据《周礼》所称，五刑有二千五百条，《吕刑》则云三千条。当时必著简册。然孔子不编入六经，至今无只字之遗。盖律者，在官之人所当共知，不必以之教士。若谓古人尚德不尚刑，语涉迂阔，无有是处。且《周礼·地官》之属，州长、党正，有读法之举，是百姓均须知律。孔子不以入六经者，当以刑律代有改变，不可为典要故尔。

六经今存五经，《乐经》汉时已亡。其实，六经须作六类经书解，非六部之经书也。礼，今存《周礼》、《仪礼》。或谓《周礼》与《礼》不同，名曰《周官》，疑非礼类。然《孝经》称"安上治民莫善于礼"，《左传》亦云"礼，经国家、定社稷、序人民、利后嗣"。由《孝经》、《左传》之言观之，则《周官》之设官分职、体国经野，正是礼类。安得谓与礼不同哉？春秋时人引《逸周书》皆称《周书》，《艺文志》称《逸周书》乃孔子所删百篇之余。因为孔子所删，故不入六经。又《连山》、《归藏》，汉时尚存（桓谭《新论》云：或藏兰台），与《周易》本为同类。以孔子不赞，故亦不入六经。实则《逸周书》与《书》为一类，三易同为一类，均宜称之曰经也。

今所传之十三经，其中《礼记》、《左传》、《公羊》、《谷梁》，均传记也。《论语》、《孝经》，《艺文志》以与《诗》、《书》、《易》、《礼》、《春秋》同入六艺，实亦传记耳。《孟子》应入子部，《尔雅》乃当时释经之书，亦不与经同。严格论之，六经无十三部也。

史部本与六经同类。《艺文志》春秋家列《战国策》、《太史公书》。太史公亦自言继续《春秋》。后人以史部太多，故别为一类。荀勖《中经簿》始立经、史、子、集四部，区经、史为二，后世仍之。然乙部有《皇览》。《皇览》者，当时之类书也，与史部不类。王俭仿《七略》作《七志》（《七略》本仅六种：一、六艺；二、诸子；三、诗赋；四、兵书；五、数术；六、方技），增图谱一门，称六艺略曰经典志，中分六艺、小学、史记、杂传四门。有心复古，颇见卓识。又有《汉志》不收而今亦归入经部者，纬书是也。纬书对经书而称，后人虽不信，犹不得不以入经部。独王俭以数术略改为阴阳志，而收入纬书，以纬书与阴阳家、刑法家同列，不入经典，亦王氏之卓识也。自《隋书·经籍志》后，人皆依荀勖四部之目，以史多于经，为便宜计，不得不尔。明知纬书非经之比，无可奈何，亦录入经部，此皆权宜之计也。

兵书在《汉志》本与诸子分列。《孙子兵法》入兵书，不入诸子。《七志》亦分兵书曰军书，而阮孝绪《七录》（依王俭为七部，不分经、史、子、集）以子书、兵书合曰子兵，未免谬误。盖当代之兵书，应秘而不宣，古代之兵书，可人人省览。《孙子》十三篇，空论行军之理，与当时号令编制之法绝异，不似今参谋部之书，禁人窥览者也。是故当代之兵书，不得与子部并录。

向、歆校书之时，史部书少，故可归入《春秋》。其后史部渐多，非别立一类不可，亦犹《汉志》别立诗赋一类，不归入《诗经》类耳。后人侈言复古，如章实斋《校雠通义》，独断断于此，亦徒为高论而已。顾源流不得不明，纬与经本应分类，史与经本不应分，此乃治经之枢纽，不可不知者也。

汉人治经，有古文、今文二派。伏生时纬书未出，尚无怪诞之言。至东汉时，则今文家多附会纬书者矣。古文家言历史而不信纬书，史部入经，乃古文家之主张；纬书入经，则今文家之主张也。

古文家间引纬书，则非纯古文学，郑康成一流是也。王肃以贾、马之学，反对康成。贾虽不信纬书，然亦有附会处（《后汉书》可证），马则绝不附会矣（马书今存者少）。

至三国时人治经，则与汉人途径相反。东汉今文说盛行之时，说经多采纬书，谓孔子为玄圣之子，称其述作曰为汉制法。今观孔林中所存汉碑，《史晨》、《乙瑛》、《韩敕》，皆录当时奏议文告，并用纬书之说。及黄初元年，封孔羡为宗圣侯，立碑庙堂，陈思王撰文，录文帝诏书，其中无一语引纬书者。非惟不引纬书，即今文家，亦所不采。以此知东汉与魏，治经之法，截然不同。今人皆谓汉代经学最盛，三国已衰，然魏文廓清谶纬之功，岂可少哉！文帝虽好为文，似辞章家一流，所作《典论》，《隋志》归入儒家。纬书非儒家言，乃阴阳家言，故文帝诏书未引一语。岂可仅以辞章家目之。

自汉武立五经博士，至东汉有十四博士（五经本仅五博士，后分派众多，故有十四博士）。《易》则施、孟、梁丘、京，《书》则欧阳、大小夏侯，《诗》则齐、鲁、韩，《礼》则大小戴，《春秋》则严、颜（皆《公羊》家），皆今文家也。孔安国之古文《尚书》，后世不传。汉末，马、郑之书，不立学官。《毛诗》亦未立学官。古文《礼》传之者少。《春秋》则《左氏》亦未立学官。至三国时，古文《尚书》、《毛诗》、《左氏春秋》，皆立学官，此魏文帝之卓见也。汉熹平石经，隶书一字，是乃今文。

魏正始时立三体石经，则用古文。当时古文《礼》不传，《尚书》、《春秋》皆用古文。《易》用费氏，以费《易》为古文也（传费《易》者，汉末最盛，皆未入学官。马、郑、荀爽、刘表、王弼皆费氏《易》）。《周礼》则本为古文。三国之学官，与汉末不同如此。故曰魏文廓清之功不可少也。

清人治经，以汉学为名。其实汉学有古文、今文之别。信今文则非，守古文即是。三国时渐知尊信古文。故魏、晋两代，说经之作，虽精到不及汉儒，论其大体，实后胜于前。故汉学二字，不足为治经之正轨。昔高邮王氏，称其父熟于汉学之门径，而不囿于汉学之藩篱。此但就训诂言耳。其实，论事迹、论义理，均当如是。魏、晋人说经之作，岂可废哉！以上论经典源流及古今文大概。

欲明今古文之分、须先明经典之来源。所谓孔子删《诗》、《书》，定《礼》、《乐》，赞《周易》，修《春秋》者，《汉书·艺文志》云：礼、乐，周衰俱坏，乐尤微眇，又为郑、卫所乱，故无遗法。又云：及周之衰，诸侯将逾法度，恶其害己，皆灭去其籍，自孔子时而不具。是孔子时《礼》、《乐》已阙，惟《诗》、《书》被删则俱有明证。《左传》：韩宣子适鲁，观书于太史氏，见《易象》与鲁《春秋》，曰：周礼尽在鲁矣。可见别国所传《易象》，与鲁不尽同。孔子所赞，盖鲁之《周易》也。《春秋》本鲁国之史，当时各国皆有春秋，而皆以副本藏于王室。故太史公谓孔子西观周室，论史记旧闻而修《春秋》，盖六经之来历如此。

《礼记·礼器》云："经礼三百、曲礼三千。"郑康成注：经礼谓《周礼》，曲礼即《仪礼》。《中庸》云："礼仪三百，威仪三千。"孔颖达疏：礼仪三百即《周礼》，威仪三千即《仪礼》。今《仪礼》十七篇，约五万六千字，均分之，每篇得三千三百字。汉时，高堂生传《士礼》十七篇，合淹中所得，凡五十六篇，较今《仪礼》三倍。若以平均三千三百字一篇计之，则五十六篇当有十七万字，恐孔子时经不过如此。以字数之多，故当时儒者不能尽学，孟子所谓"诸侯之礼，吾未之学也"。至于《周礼》是否经孔子论定，无明文可见。孟子谓"诸侯恶其害己也，而皆去其籍"，是七国时《周礼》已不常见，故孟子论封建与《周礼》不同。

太史公谓古诗三千余篇，孔子删为三百篇。或谓孔子前本仅三百篇，孔子自言"诗三百"是也。然《周礼》言九德、六诗之歌。九德者，《左传》所谓水、火、金、木、土、谷、正德、利用、厚生。九功之德皆可歌者，谓之九歌。六诗者，一曰风、二曰赋、三曰比、四曰兴、五曰雅、六曰颂。今《诗》但存风、雅、颂，而无赋、比、兴。盖不歌而诵谓之赋，例如后之《离骚》，篇幅冗长，宜于诵而不宜于歌，故孔子不取耳。九德、六诗合十五种，今《诗》仅存三种，已有三百篇之多，则十五种当有一千五百篇。风、雅、颂之逸篇为春秋时人所引者已不少，可见未删之前，太史公三千篇之说为不诬也。孔子所以删九德之歌者，盖水、火、金、木、土、谷，皆咏物之作，与道性情之旨不合，故删之也。季札观周乐，不及赋、比、兴，赋本不可歌，比、兴被删之故，则今不可知。墨子言诵诗三百、弦诗三百、歌诗三百、舞诗三百。夫可弦必可歌，舞虽有节奏，恐未必可歌，诵则不歌也。由此可知，诗不仅三百，依墨子之言，亦有千二百矣。要之诗不但取其意义，又必取其音节，故可存者少耳。

《书》之篇数，据扬子《法言》称：昔之说《书》者序以百。《艺文志》亦云凡百篇。百篇者，孔子所删定者也。其后，伏生传二十九篇（据《书序》则分为三十四篇）。壁中得四十八篇。由今观之，书在孔子删定之前已有亡佚者。楚灵王之左史，通《三坟》、《五典》、《八索》、《九丘》。今《三坟》不传，《五典》仅存其二。楚灵王时，孔子年已二十余，至删书时而仅著《尧典》、《舜典》二篇，盖其余本已佚矣。若依百篇计之，虞、夏、商、周凡四代，如商、周各四十篇，虞、夏亦当有二十篇。今夏书最少，《禹贡》犹不能谓为夏书。真为夏书者，仅《甘誓》、《五子之歌》、《胤征》三篇而已。《胤征》之后，《左传》载魏绛述后羿、寒浞事，伍员述少康中兴事，皆《尚书》所无。魏绛在孔子前，而伍员与孔子同时，二子何以知之？必当时别有记载，而本文则已亡也。此亦未删而已佚之证也。至如周代封国必有命（如近代之册命），封康叔有《康诰》，而封伯禽、封唐叔，左氏皆载其篇名，《书序》则不录。且鲁为孔子父母之邦，无不知其封诰之理。所以不录者，殆以周封诸侯甚多，不得篇篇而登之，亦惟择其要者耳。否则，将如私家谱牒所录诰命，人且厌观之矣。《康诰》事涉重要，故录之，其余则不录，此删书之意也。

《逸周书》者，《艺文志》言，孔子所论百篇之余。今《逸周书》有目者七十一篇。由此可知，孔子于书，删去不少。虽自有深意，然删去之书，今仍在者，亦不妨视为经书。今观《逸周书》与《尚书》性质相同，价值亦略相等。正史之外，犹存别史（《史》、《汉》无别史，《后汉书》外有袁宏《后汉记》，其中所载事实、奏议，有与《后汉书》不同者，可备参考。《三国志》外有鱼豢之《魏略》、王沈之《魏书》，不可谓只《三国志》可信，余即不可信也），安得皇古之书，可信如《逸周书》者，顾不重视乎？《诗》既删为三百篇，而删去之诗，如"巧笑倩兮、美目盼兮，素以为绚兮"一章，子夏犹以问孔子，孔子亦有"启予"之言。由此可见，逸诗仍有价值。逸书亦犹是矣。盖古书过多，或残缺，或不足重，人之目力有限，不能尽读，于是不得不删繁就简。故孔子删《诗》、《书》，使人易于持诵，删余之书，仍自有其价值在也。崔东壁辈，以为经书以外均不足采，不知太史公三代本纪，固以《尚书》为本，《周本纪》即采《逸周书》、《克殷解》、《度邑解》，此其卓识过人，洵非其余诸儒所能及。

六经自秦火之后，《易》为卜筮，传者不绝。汉初北平侯张苍，献《春秋左氏传》，经传俱全。《诗》由口授，非秦火所能焚，汉初有齐、鲁、毛、韩四家。惟毛有六笙诗（自秦焚书，至汉高祖破秦子婴，历时七年。人人熟习之歌，自当不亡）。礼则《仪礼》不易诵习，故高堂生仅传十七篇《高堂生必读熟方能传也》。《周礼》在孟子时已不传，而荀子则多引之（荀子学博远过孟子，故能引之），然全书不可见。至汉河间献王乃得全书，犹缺《冬官》一篇，以《考工记》补之。《尚书》本百篇，伏生壁藏之，乱后求得二十九篇，至鲁恭王坏孔子宅，又得五十八篇，孔安国传之，谓之古文。此秦火后六经重出之大概也。

经今古文之别有二：一、文字之不同；二、典章制度与事实之不同。何谓文字之不同？譬如《尚书》，古文篇数多，今文篇数少，今古文所同有者，文字又各殊异，其后愈说愈歧。此非伏生之过，由欧阳、大小夏侯三家立于学官，博士抱残守缺，强不知以为知，故愈说而愈歧也。《古文尚书》孔安国传之太史公，太史公以之参考他书，以故，不但文字不同，事实亦不同矣（今文家不肯参考他书，古文家不然，太史公采《逸周书》可证也）。何谓典章制度之不同？如《周礼》本无今文，一代典章制度，于是大备。可见七国以来传说之语，都可不信。如封建一事，《周礼》谓公五百里、侯四百里、伯三百里、子二百里、男百里。而孟子乃谓公侯皆方百里、伯七十里、子男五十里，与《周礼》不合。此当依《周礼》，不当依孟子，以孟子所称乃传闻之辞也。汉初人不知《周礼》，文帝时命博士撰《王制》，即用孟子之说，以未见《周礼》故。此典章制度之不同也。何谓事实之不同？如《春秋左传》为古文，《谷梁》、《公羊》为今文。《谷梁》称申公所传、《公羊》称胡毋生所传。二家皆师弟问答之语。《公羊》至胡毋生始著竹帛，《谷梁》则著录不知在何时。今三传不但经文有异，即事实亦不同，例亦不同。刘歆以为左氏亲见夫子，好恶与圣人同；而公羊、谷梁在七十子之后。传闻之与亲见之，其详略不同。以故，若论事实，自当信《左氏》，不当信《公》、《谷》也。《诗》无所谓今古文，口授至汉，书于竹帛，皆用当时习用之隶书。《毛诗》所以称古文者，以其所言事实与《左传》相应，典章制度与《周礼》相应故尔。《礼》，高堂生所传十七篇为今文；孔壁所得五十六篇为古文。古文、今文大义无殊，惟十七篇缺天子、诸侯之礼。于是，后苍推士礼致于天子（五十六篇中有天子、诸侯之礼)。后人不得不讲《礼记》，即以此故。以十七篇未备，故须《礼记》补之。《礼记》中本有《仪礼》正篇，如《奔丧》，小戴所有；《投壶》，大小戴俱有。大小戴皆传自后苍，皆知十七篇不足，故采《投壶》、《奔丧》二篇。二家之书，所以称《礼记》者，以其为七十子后学者所记，故谓之《礼记》。记，百三十一篇：大戴八十二篇，小戴四十九篇。今大戴存三十九篇，小戴四十九篇具在，合之得八十八篇。此八十八篇中，有并非采自百三十一篇之记者，如大戴有《孔子三朝记》七篇，《孔子三朝记》应入《论语》家(《艺文志》如此)，《三朝记》之外，《孔子闲居》、《仲尼燕居》、《哀公问》等，不在《三朝记》中，则应入《家语》一类。要之，乃《论语》家言，非《礼》家言也。大戴采《曾子》十篇，《曾子》本儒家书。又《中庸》、《缁衣》、《表记》、《坊记》四篇，在小戴记，皆子思作。子思书，《艺文志》录入儒家。若然，《孔子三朝记》以及曾子、子思所著，录入大小戴者，近三十篇。加以《月令》本属《吕氏春秋》(汉人称为《明堂月令》)，亦不在百三十一篇中。又，《王制》一篇，汉文帝时博士所作。则八十八篇应去三十余篇，所余不及百三十一篇之半，恐犹有采他书者在。如言《礼记》不足据，则其中有百三十一篇之文在；如云可据，则其中有后人所作在。故《礼记》最难辨别，其中所记，是否为古代典章制度，乃成疑窦。若但据《礼记》以求之，未为得也。《易》未遭秦火，汉兴，田何数传至施、孟、梁丘三家。或脱去《无咎》、《悔亡》，惟费氏不脱，与古文同。故后汉马融、荀爽、郑玄、刘表皆信费《易》。《易》专言理，惟变所适，不可为典要，故不可据以说《礼》。然汉人说《易》，往往与礼制相牵。如《五经异义》以"时乘六龙"谓天子驾六，此大谬也。又施、孟、梁丘之说，今无只字之存。施、孟与梁丘共事田生，孟喜自云：田生且死时，枕喜膝，独传喜；而梁丘曰：田生绝于施手中，时喜归东海，安得此事！是当时已起争端。今孟喜之《易》，尚存一鳞一爪。臆造之说，未足信赖。焦延寿自称尝从孟喜问《易》,传之京房,喜死,房以延寿《易》即孟氏学,而孟喜之徒不肯,曰:"非也。"然则焦氏、京氏之《易》,都为难信。虞氏四世传孟氏《易》,孟不可信,则虞说亦难信。此数家外,荀氏、郑氏传世最多,然《汉书》谓费本无书,以《彖》、《象》、《文言》释经,而荀氏据爻象承应阴阳变化之义解说经意,是否为费之正传,亦不可知。郑《易》较为简单,恐亦非费氏正传。今学《易》者多依王弼之注,弼本费《易》,以文字论,费《易》无脱文,当为可信。余谓论《易》,只可如此而已。

此外,《古论语》不可见,今所传者,古、齐、鲁杂糅。《孝经》但存今文。关于典章制度、事实之不同者,须依古文为准。至寻常修身之语,今古文无大差别,则《论语》、《孝经》之类,不必问其为古文或今文也。

十四博士皆今文,三国时始信古文。古文所以引起许多纠纷者,孔壁所得五十八篇之书,亡于汉末,西晋郑冲伪造二十五篇,今之孔氏《尚书》,即郑冲伪造之本。其中马、郑所本有者,未加窜改;所无者,即出郑冲伪造。又分虞书为《尧典》、《舜典》二篇,分《皋陶谟》为《益稷》。《大禹谟》、《五子之歌》、《胤征》已亡,则补作三篇。既是伪作,不足置信。至汉人传《易》,是否《易》之正本不可知,后则王弼一家为费氏书。宋陈希夷辈造先天八卦、河洛诸图,传之邵康节,此乃荒谬之说。东序河图,既无人见,孔子亦叹河不出图,则后世何由知其象也。先天八卦,以《说卦》方位本离南坎北者改为乾南坤北,则与观象、观法而造八卦之说不相应,此与《尚书》伪古文同不足信(伪古文参考阎氏《古文尚书疏证》,河洛参考胡氏《易图明辨》)。至今日治《书》而信伪古文;言《易》而又河洛、先天,则所谓门外汉矣。然汉人以误传之说(今文家)亦甚多。清儒用功较深,亦未入说经正轨,凡以其掺杂今古文故也。近孙诒让专讲《周礼》,为纯古文家。惜此等著述,至清末方见萌芽,如群经皆如此疏释,斯可谓入正轨矣。

经之由来及今古文之大概既明,须进而分讲各经之源流。今先讲《易经》。

初造文字，取法兽蹄鸟迹；画卦亦然。《易·系辞》云："古者庖牺氏之王天下也，仰则观象于天，俯则观法于地，观鸟兽之文与地之宜，近取诸身，远取诸物，于是始作八卦。"今观乾、坤二卦：乾作☰，坤作☷。《抱朴子》云："八卦出于鹰隼之所被，六甲出于灵龟之所负。"盖鸟舒六翮，即成☰象，但取其翮而遗其身，即成☷象。于是或分或合，错而综之，则成八卦。此所以言观鸟兽之文也。抱朴之说，必有所受，然今无可考，施、孟、马、郑、荀爽皆未言之。

重卦出于何人，说者纷如。王弼以为伏羲，郑玄以为神农，孙盛以为夏禹，而太史公则以为文王。伏羲之说，由于《周礼》，太卜掌三易之法：一曰《连山》，二曰《归藏》，三曰《周易》。三易均六十四卦，杜子春谓《连山》，伏羲；《归藏》，黄帝。王弼据之，故云重卦出于伏羲。然伏羲作《连山》，黄帝作《归藏》，语无凭证，故郑玄不从之也。神农之说，由于《系辞》称"神农氏作，斫木为耜，揉木为耒，盖取诸《益》；日中为市，交易而退，益取诸《噬嗑》"二语。以神农氏已有《益》、《噬嗑》，故知重卦出于神农。然《系辞》所谓"盖取"，皆想象之辞，乌可据为实事？夏禹之说，从郑玄之义蜕化而来。郑玄《易赞》及《易论》云：夏曰《连山》，殷曰《归藏》，周曰《周易》。孙盛取之，以为夏有《连山》，即兼山之艮，可见重卦始于夏禹。至文王之说，则太史公因"作《易》者其有忧患乎"一语而为是言。要之，上列诸说，虽不可确知其是非，以余观之，则重卦必不在夏禹之后，短中取长，则孙盛之说为可信耳。

至卦辞、爻辞之作，当是皆出文王。《系辞》云："《易》之兴也，当文王与纣之事耶？"又云："作《易》者，其有忧患乎？"太史公据此，谓"西伯拘而演《周易》"。故卦辞、爻辞并是文王被囚而作，或以为周公作爻辞，其说无据。如据韩宣子聘于鲁，见《易象》而称周公之德，以此知《易象》系于周公，故谓周公作爻辞。然韩宣子并及鲁之《春秋》，《春秋》岂周公作耶？如据"王用享于岐山"及"箕子之明夷"及"东邻杀牛不如西邻之禴祭"诸文，以为岐山之王当是文王。文王被囚之时，犹未受命称王。箕子之被囚奴，在武王观兵之后，文王不宜预言明夷，东邻指纣，西邻指文王。纣尚南面，文王不宜自称己德，以此知爻辞非文王作，而为周公作。然《禹贡》"导岍及岐"，是岐为名山，远在夏后之世。古帝王必祭山川，安知文王以前，竟无王者享于岐山乎？箕子二字，本又读为荄滋（赵宾说）。且箕子被囚，在观兵以后，亦无实据。《象》传"内文明而外柔顺，以蒙大难，文王以之；内难而能正其志，箕子以之"，并未明言箕子之被囚奴，且不必被囚然后谓之明夷也。东邻、西邻，不过随意称说，安见东邻之必为纣、西邻之必为文王哉？据此三条，固不能谓爻辞必周公作矣。且《系辞》明言"殷之末世，周之盛德"，而不及周公之时。孔颖达乃谓文王被囚，固为忧患；周公流言，亦属忧患。此附会之语矣。余谓：据《左传》，纣囚文王七年，七年之时甚久，卦辞、爻辞，不过五千余字，以七年之久，作五千余字，亦未为多，故应依太史公说，谓为文王作，则与《系辞》相应。

文王作《易》之时，在官卜筮之书有《连山》、《归藏》，文王之《易》与之等列，未必视为独重。且《周易》亦不止一部。《艺文志》六艺略首列《周易》十二篇；数术略著龟家又有《周易》三十八卷。且《左传》所载筮辞，不与《周易》同者甚多。成季将生，筮得大有之乾曰："同复于父，敬如君所。"秦缪伐晋，筮遇蛊，曰："千乘三去，三去之余，获其雄狐。"皆今《周易》所无，解之者疑为《连山》、《归藏》。然《左传》明言以《周易》筮之，则非《连山》、《归藏》也。余谓此不足疑，三十八卷中或有此耳。今《周易》六十四卦、三百八十四爻，而焦延寿作《易林》，以六十四自乘，得四千九十六条。安知周代无《易林》一类之书，别存于《周易》之外乎？盖《连山》、《归藏》、《周易》，初同为卜筮之书；上下二篇之《周易》与三十八卷之《周易》，性质相同，亦无高下之分，至孔子赞《易》，乃专取文王所演者耳。

《易》何以称《易》，与夫《连山》、《归藏》，何以称《连山》、《归藏》，此颇费解。郑玄注《周礼》曰：《连山》似山出内气，变也；《归藏》者，万物莫不归而藏于中也。皆无可奈何，强为之辞。盖此二名本不可解。周易二字，周为代名，不必深论；易之名，《连山》、《归藏》、《周易》之所共。《周礼》，太卜掌三易之法，《连山》、《归藏》均称为《易》。然易之义不可解。郑玄谓易有三义：易简，一也；变易，二也；不易，三也。易简之说，颇近牵强，然古人说《易》，多以易简为言。《左传》：南蒯将叛，以《周易》占之，子服惠伯曰："《易》不可以占险。"则易有平易之意，且直读为易（去声）矣。易者变动不居，周流六虚，不可为典要，唯变所适，则变易之义，最为易之确诂。惟不易之义，恐为附会，既曰易，如何又谓之不易哉？又《系辞》云：生生之谓易。此义在变易、易简之外，然与字义不甚相关。故今日说《易》，但取变易、易简二义，至当时究何所取义而称之曰《易》，则不可知矣。

孔子赞《易》之前，人皆以《易》为卜筮之书。卜筮之书，后多有之。如东方朔《灵棋经》之类是。古人之视《周易》，亦如后人之视《灵棋经》耳。赞《易》之后，《易》之范围益大，而价值亦高。《系辞》曰："夫《易》何为者也？夫《易》开物成务、冒天下之大道，如斯而已者也。"孔子之言如此。盖发展社会、创造事业，俱为《易》义所包矣。此孔子之独识也。文王作《易》，付之太卜一流。卜筮之徒，不知文王深意，至高子乃视为穷高极远，于是《周易》遂为六经之一。秦皇焚书，以《易》为卜筮之书，未之焚也。故自孔子传商瞿之后，直至田何，中间未尝断绝；不如《尚书》经孔子删定之后传授不明，至伏生，突然以传《书》著称；亦不如《诗经》删定之后，传授不明，至辕固生、韩婴等突然以传《诗》著称也——《鲁诗》虽云浮丘伯受于荀卿，而荀卿之前不可知；《毛诗》虽云传自子夏，然其事不见于《艺文志》，亦不见于《汉书·儒林传》。唯《易》之传授最为清楚：自商瞿一传至桥庇子庸；二传至馯臂子弓，三传至周丑子家，四传至孙虞子乘，五传而至田何。其历史明白如此，篇章亦未有阙脱（《艺文志》：《周易》十二篇，施、孟、梁丘三家）。向来说经者，往往据此疑彼，惟《易》一无可疑。以秦本未焚，汉仍完整也。欧阳修经学疏浅，首疑《系辞》非孔子作，以为《系辞》中有子曰字，决非孔子自道。然《史记》自称太史公曰，太史公下腐刑时，已非太史令矣，而《报任少卿书》犹自称太史公；即欧阳修作《秋声赋》亦自称欧阳子，安得谓《史记》非太史公作、《秋声赋》非欧阳修作哉？商瞿受《易》之时，或与孔子问答，退而题子曰字，事未可知，安得径谓非孔子作哉？欧阳修无谓之疑，犹不足怪，后人亦无尊信之者。近皮锡瑞经学颇有功夫，亦疑《易》非文王作，以为卦辞、爻辞皆孔子作，夫以卦辞、爻辞为孔子作，则《系辞》当非孔子作矣。然则《系辞》谁作之哉？皮氏于此未能明言。夫《易》自商瞿至田何，十二篇师师相传，并未有人增损。晋人发冢，得《周易》上下经，无十翼。此不足怪，或当时但录经文，不录十翼耳。《系辞》明言"易之兴也，其当殷之末世，周之盛德邪？当文王与纣之事邪"？如上下经为孔子作，则不得不推翻此二语。且田何所传，已有《系辞》，田何上去孔子，不及三百年，亦如今之去顾亭林耳。人纵疏于考证，必不至误认顾亭林书为唐宋人书也。又，文言二字，亦有异解。梁武帝谓文言者，文王之言也。今按："元者，善之长也；亨者，嘉之会也；利者，义之和也；贞者，事之干也。君子体仁，足以长人；嘉会足以合礼；利物足以和义；贞固足以干事"，此五十字为穆姜语，唯体仁作体信略异。穆姜在孔子前，故梁武帝谓为文王之言。然文王既作卦辞曰"元、亨、利、贞"，而又自作文言以解之，恐涉词费，由今思之，或文王以后，孔子以前说《易》者发为是言，而孔子采之耳。所以题曰文言者，盖解释文王之言。

《史记·孔子世家》："孔子晚而喜《易》，读《易》韦编三绝。"如孔子以前，但有六十四卦之名，亦何须数数披览、至于韦编三绝耶？必已有五千余字，孔子披览之勤，故韦编三绝也。陈希夷辈意欲超过孔子，创先天八卦之说，不知八卦成列由观象于天、观法于地而来，其方位见于《说卦》传（即陈希夷辈所谓后天八卦）。当时所观之天，为全世界共见之天，所观之地，则中国之地也。今以全地球言之，中国位东半球之东部，八卦方位，就中国所见而定。乾在西北者，中国之西北也；坤在西南者，中国之西南也。古人以北极标天，以昆仑标地。就中国之地而观之，北极在中国西北，故乾位西北。昆仑在中国西南，故坤位西南。正南之离为火，即赤道，正北之坎为水，即翰海。观象、观法，以中国之地为本，故八卦方位如此，后之先天八卦，乾在南而坤在北，与天文、地理全不相应。作先天八卦者，但知乾为高明之象，以之标阳；坤为沉潜之象，以之标阴。遂谓坤应在北，乾应在南。不知仰观俯察，非言阴阳，乃言方位耳。《周礼》："圜丘祭天，方泽祭地。"郑玄注：祭天谓祭北极、祭地谓祭昆仑。人以北极昆仑，分标天地，于此可见先天八卦为无知妄作矣。

《汉书·五行志》刘歆曰："伏羲氏继天而王，受《河图》而则画之，八卦是也；禹治洪水，赐《洛书》，法而陈之，《洪范》是也。"然不知所谓《图》、《书》者何物也。至宋刘牧以《乾凿度》九宫之法为《河图》，又以生数、就成数依五方图之，以为《洛书》，更有《洞极经》亦言《河图》、《洛书》，则如刘牧之说而互易之，以五方者为图，九宫者为书。然郑氏、虞氏说《易》，并不以九宫、五方为图、书。桓谭《新论》曰："河图、洛书，但有朕兆而不可知。"是汉人虽说《河图》、《洛书》，却未言图、书为何象，宋人说《易》，创为河洛及先天八卦图。朱晦庵《易本义》亦列此图。其实先天图书荒唐悠谬，要当以左道视之，等之天师一流可矣。

其余说《易》者，汉儒主象数，王弼入清谈。拘牵象数，固非至当；流入清谈，亦非了义（《乾》、《坤》二卦，以及《既济》、《未济》，以清谈释之，说亦可通。然其他六十卦，恐非清谈所能了也）。《系辞》云："夫《易》开物成务，冒天下之道。"谓"冒天下之道"，则佛法自亦在内。李鼎祚《集解序》云："权舆三数，钤键九流。"详李氏此说，非但佛法在内，墨、道、名、法，均入《易》之范围矣。然李氏虽作此说，亦不能有所发明。孔颖达云："《易》理难穷。虽复玄之又玄，至于垂范作则，便是有而教有，若论住内、住外之空，就能、就所之说，斯乃义涉于释氏，非为教于孔门。"然《正义》依王、韩为说，往往杂以清谈。后之解者，因清谈而入佛法。虽为孔氏所不敢，然《易》理亦自包含佛法。论说经之正，则非不但佛法不可引用，即《老子》"玄之又玄"之语，亦不应取。如欲穷究《易》理，则不但应取老、庄，即佛亦不得不取。其他九流之说，固无妨并采之矣！

《礼记·经解》曰："《易》之失，贼。"此至言也。尚清谈者，犹不致贼。如以施之人事，则必用机械之心；用机械之心太过，既不自觉为贼矣！盖作《易》者本有忧患，故曰"其辞危"。危者使平，易者使倾，若之何其不贼也。若蔡泽以亢龙说范雎，取范雎之位而代之，此真可谓贼矣。夫蔡泽犹浅言之耳。当文王被囚七年，使四友献宝。纣见宝而喜，曰：谮西伯者，乃崇侯虎也。则文王亦何尝讳贼哉！论其大者、远者，所谓"开物成务，冒天下之道"是矣。"冒天下之道"者，权舆三教也；"开物成务"者，钤键九流也。然不用权谋，则不能开物成务；不极玄妙，则不能冒天下之道。管辂谓善《易》者不言《易》。然则真传《易》者，正恐不肯轻道阴阳也。以上讲《周易》大概。

《尚书》分六段讲：一、命名；二、孔子删《书》；三、秦焚《书》；四、汉今古文之分；五、东晋古文；六、明清人说《尚书》者。

一、命名。周秦之《书》，但称曰《书》，无称《尚书》者。《尚书》之名，见于《史记·五帝本纪》、《三代世表》及《儒林》传。《儒林》传云：伏生以二十九篇"教于齐、鲁之间，学者由是颇能言《尚书》"。又云："孔氏有古文《尚书》。"则今古文皆称《尚书》也。何以称之曰《尚书》？伪孔《尚书序》云："以其上古之书，谓之《尚书》。"此言不始于伪孔，马融亦谓上古有虞氏之书，故曰《尚书》，而郑玄则以为孔子尊而命之曰《尚书》。然孔子既命之曰《尚书》，何以孔子之后，伏生之前，传记子书无言《尚书》者？恐《尚书》非孔子名之，汉人名之耳。何以汉人名之曰《尚书》？盖仅一书字不能成名，故为此累言尔。《书》包虞、夏、商、周四代文告，马融独称虞者，因《书》以《尧典》、《舜典》开端，故据以为名，亦犹《仪礼》汉人称《士礼》耳（《仪礼》不皆士礼，亦有诸侯、大夫礼，所以称《士礼》者，以其首篇为《士冠礼》也）。哀、平以后，纬书渐出，有所谓《中候》者（汉儒谓孔子定《书》一百二十篇，百两篇为《尚书》，十八篇为《中候》）。"中候"，官名。以中候对尚书，则以尚书为官名矣（汉尚书令不过千石，分曹尚书六百石，位秩虽卑，权任实大。北军中候六百石，掌监五营。汉人以为文吏位小而权大者尚书，武臣位小而权大者中候，故以为匹）。此荒谬之说，不足具论。要之，《尚书》命名，以马融说为最当。

　　二、删书。孔子删《书》，以何为凭？曰：以《书序》为凭。《书序》所有，皆孔子所录也。然何以知孔子删《书》而为百篇，焉知非本是百篇而孔子依次录耶？曰：有《逸周书》在，可证《尚书》本不止百篇也。且《左传》载封伯禽、封唐叔皆有诰。今《书》无之，是必为孔子所删矣。至于《书》之有序，与《易》之有《序卦》同。《序卦》孔子所作，故汉人亦以《书序》为孔子作。他且勿论，但观《史记·孔子世家》曰："孔子序《书传》，上纪唐、虞之际，下至秦缪，编次其事。"是太史公已以《书序》为孔子作矣（《夏本纪》多采《书序》之文）。《汉书·艺文志》本向、歆《七略》，亦曰："《书》之所起远矣，至孔子纂焉，上断于尧，下讫于秦，凡百篇，而为之序。"是刘氏父子亦以《书序》为孔子作矣。汉人说经，于此并无异词。然古文《尚书》自当有序，今文则当无序，而今熹平石经残石，《书》亦有序，甚可疑也。或者今人伪造之耳。何以疑今文《尚书序》伪也？刘歆欲立古文时，今文家诸博士不肯，谓《尚书》唯有二十八篇，不信本有百篇，如有《书序》，则不至以《尚书》为备矣。《书序》有数篇同序，亦有一篇一序者。《尧典》、《舜典》，一篇一序也。《大禹谟》、《皋陶》、《弃稷》三篇同序也。数篇同序者，《书序》所习见，然扬子《法言》曰：昔之说《书》者序以百，而《酒诰》之篇俄空焉。盖《康诰》、《酒诰》、《梓材》三篇同序，而扬子以为仅《康诰》有序，《酒诰》无序，或者《尚书》真有无序之篇，以《酒诰》为无序，则《梓材》亦无序。今观《康诰》曰："周公咸勤，乃洪大诰治。王若曰：'孟侯，朕其弟，小子封'。"王者，周公代王自称之词，故曰"孟侯，朕其弟"矣。《酒诰》称"（成）王若曰：'明大命于妹邦'"，今文如此，古文马、郑、王本亦然。马融之意，以为成字后录者加之。然康叔始封而作《康诰》，与成王即政而作《酒诰》，年代相去甚久，不当并为一序。故扬子以为《酒诰》之篇俄空焉。不但《酒诰》之序俄空，即《梓材》亦不能确知为何人之语也。

汉时古文家皆以《书序》为孔子作，唐人作五经《正义》时，并无异词，宋初亦无异词。朱晦庵出，忽然生疑。蔡沈作《集传》，遂屏《书序》而不载。晦庵说经本多荒谬之言，于《诗》不信小序，于《尚书》亦不信有序。《后汉书》称卫宏作《诗序》。卫宏之序，是否即小序，今不可知，晦庵以此为疑，犹可说也。《书序》向来无疑之者，乃据《康诰》"王若曰：'孟侯、朕其弟'"一语而疑之，以为如王为成王，则不应称康叔为弟；如为周公，则周公不应称王，心拟武王，而《书序》明言"成王既伐管叔、蔡叔，以殷余民封康叔"，知其事必在武康叛灭之后，决非武王时事。无可奈何。乃云《书序》伪造。不知古今殊世，后世一切官职，皆可代理，惟王不可代；古人视王亦如官吏，未尝不可代。生于后世，不能再见古人。如生民国，见内阁摄政，而布告署大总统令，则可释然于周公之事矣。《诗》是文言，必须有序，乃可知作诗之旨；《书》本叙事，似不必有序，然《尚书》有无头无尾之语，如《甘誓》"大战于甘，乃召六卿"，未明言谁与谁大战；又称"王曰：'嗟六事之人，予誓告汝，有扈氏威侮五行，怠弃三正'"，亦不明言王之为谁。如无《书序》，"启与有扈战于甘之野"一语，真似冥冥长夜，终古不晓矣（孔子未作《书序》之前，王字当有异论，其后《墨子》所引《甘誓》以王为禹）。《商书序》称王必举其名，本文亦然。《周书》与《夏书》相似，王之为谁，皆不可知。《吕刑》穆王时作，本文但言王享国百年，序始明言穆王。如不读序，从何知为穆王哉？是故，《书》无序亦不可解。自虞、夏至孔子时，《书》虽未有序，亦必有目录之类，历古相传，故孔子得据以为去取。否则，孔子将何以删《书》也？《书序》文义古奥，不若《诗序》之平易，决非汉人所能伪造。自《史记》已录《书序》原文，太史公受古文于孔安国，安国得之壁中，则壁中《书》已有序矣。然自宋至明，读《尚书》者，皆不重《书序》，梅鷟首发伪古文之覆，亦以《书序》为疑。习非胜是，虽贤者亦不能免。不有清儒，则《书序》之疑，至今仍如冥冥长夜尔。

孔子删《书》，传之何人，未见明文。《易》与《春秋》三传，为说不同，其传授源流皆可考。《诗》、《书》、《礼》则不可知（子夏传《诗》，未可信据）。盖《诗》、《书》、《礼》、《乐》，古人以之教士，民间明习者众，孔子删《书》之时，习《书》者世多有之，故不必明言传于何人。《周易》、《春秋》，特明言传授者，《易》本卜筮之书，《春秋》为国之大典，其事秘密，不以教士（此犹近代实录，不许示人），而孔子独以为教，故须明言为传授也。伏生《尚书》何从受之，不可知。孔壁古文既出，孔安国读之而能通。安国本受《尚书》于申公（此事在伏生之后），申公但有传《诗》、传《谷梁》之说，其传《尚书》事，不载本传，何所受学，亦不可知。盖七国时通《尚书》者尚多，故无须特为标榜耳。

孔子删《书》百篇之余为《逸周书》，今考《汉书·律历志》所引

《武成》，与《逸周书·世俘解》词句相近。疑《世俘解》即《武成篇》。又《箕子》一篇，录入《逸周书》，今不可见，疑即今之《洪范》。逸书与百篇之书文字出入，并非篇篇不同。盖《尚书》过多，以之教士，恐人未能毕读，不得不加以删节，亦如后之作史者，不能将前人实录字字录之也。删《书》之故，不过如此。虽云《书》以道事，然以其为孔子所删，而谓篇篇皆是大经大法，可以为后世模楷，正未必然。即实论之，《尚书》不过片段之史料而已。

三、秦焚书。秦之焚书，《尚书》受厄最甚。揆秦之意，何尝不欲全灭六经。无如《诗》乃口诵，易于流传；《礼》在当时，已不甚行，不须严令焚之。故禁令独重《诗》、《书》，而不及《礼》（李斯奏言"有敢藏《诗》、《书》百家语者，悉诣守、尉杂烧之；有敢偶语《诗》、《书》，弃市"）。盖《诗》、《书》所载，皆前代史迹，可作以古非今之资，《礼》、《乐》，都不甚相关。《春秋》事迹最近，最为所忌，特以柱下史张苍藏《左传》，故全书无缺。《公羊传》如今之讲义，师弟问答，未著竹帛，无以烧之。《谷梁》与《公羊》相似，至申公乃有传授。《易》本卜筮，不禁。惟《尚书》文义古奥，不易熟读，故焚后传者少也。伏生所藏，究有若干篇，今不可知，所能读者，二十九篇耳。孔壁序虽百篇，所藏只五十八篇。知《书》在秦时，已不全读，如其全读，何不全数藏之？盖自荀卿隆礼仪而杀《诗》、《书》，百篇之书，全读者已少，故壁中《书》止藏五十八篇也。此犹《诗》在汉初虽未缺，而治之者，或为《雅》，或为《颂》，鲜有理全经者。又《毛传》、《鲁诗》，皆以《国风》、《大、小雅》、《颂》为四始，而《齐诗》以水、木、火、金为四始。其言卯、酉、午、戌、亥五际，亦但取《小雅》、《大雅》而不及《颂》。盖杀《诗》、《书》之影响如此。然则百篇之《书》，自孔壁已不具。近人好生异论，盖导原于郑樵。郑樵之意，以为秦之焚书，但焚民间之书，不焚博士官所藏。其实郑樵误读《史记》文句，故有此说。《史记》载李斯奏云："臣请：史官，非秦记皆烧之；非博士官所职，天下敢有藏《诗》、《书》、百家语者，悉诣守尉杂烧之。"此文本应读："天下敢有藏《诗》、《书》、百家语非博士官所职者"，何以知之？以李斯之请烧书，本为反对博士淳于越，岂有民间不许藏《诗》、《书》而博士反得藏之之理？《叔孙通传》："陈胜起山东，二世召博士诸生问曰：'楚戍卒攻蕲入陈，于公如何？'博士诸生三十余人前曰：'人臣无将，将即反，罪死无赦，愿陛下急发兵击之。'二世怒，作色，叔孙通前曰：'诸生言皆非也。明主在其上，法令具于下，人人奉职，四方辐辏，安敢有反者，此特群盗鼠窃狗盗耳。'二世喜曰：'善。'令御史案诸生言反者下吏，曰：'非所宜言。'"今案："人臣无将"二语，见《公羊传》，于时《公羊》尚未著竹帛，然犹以"非所宜言"得罪，假如称引《诗》、《书》，其罪不更重哉！李斯明言："有敢偶语《诗》、《书》者弃市。"如何博士而可藏《诗》、《书》哉（李斯虽奏偶语《诗》、《书》者弃市，然其谏二世有曰："放弃《诗》、《书》，极意声色，祖伊所以惧也。"此李斯前后相背处）！郑樵误读李斯奏语，乃为妄说，以归罪于项羽。近康有为之流，采郑说而发挥之，遂谓秦时六经本未烧尽，博士可藏《诗》、《书》，伏生为秦博士，传《尚书》二十九篇，以《尚书》本只有二十九篇故（《新学伪经考》主意即此），二十九篇之外，皆刘歆所伪造。余谓《书序》本有《汤诰》，壁中亦有《汤诰》原文，载《殷本纪》中。如谓二十九篇之外，皆是刘歆所造，则太史公焉得先采之？于是崔适谓《史记》所载不合二十九篇者，皆后人所加（《史记探源》如此说）。由此说推之，凡古书不合己说者，无一不可云伪造。即谓尧舜是孔子所伪造，孔子是汉人所伪造，秦皇焚书之案，亦汉人所伪造，迁、固之流，皆后人所伪造，何所不可！充类至尽，则凡非目见而在百年以外者，皆不可信。凡引经典以古非今者，不必焚其书而其书自废。呜呼！孰料秦火之后，更有灭学之祸什佰于秦火者耶？

四、汉今古文之分。汉人传《书》者，伏生为今文，孔安国为古文，此人人所共知。《史记·儒林传》云："伏生故为秦博士，孝文时，欲求能治《尚书》者，天下无有，乃闻伏生能治，欲召之，时伏生年九十余，老不能行，于是乃诏太常使掌故晁错往受之。秦时禁书，伏生壁藏之。其后，兵大起，流亡。汉定，伏生求其书，亡数十篇，独得二十九篇，即以教于齐鲁之间。"其叙《尚书》源流彰明如此，可知伏生所藏，原系古文，无所谓今文也，且所藏不止二十九篇，其余散失不可见耳。晁错本法吏，不习古文，伏生之徒张生、欧阳生辈，恐亦非卓绝之流，但能以隶书迻写而已，以故二十九篇变而为今文也。其后刘向以中古文校伏生之《书》，《酒诰》脱简一，《召诰》脱简二，文字异者七百有余。文字之异，或由于张生、欧阳生等传写有误，脱简则当由壁藏断烂，然据此可知郑樵、康有为辈以为秦火不焚博士之书之谬。如博士之书可以不焚，伏生何必壁藏之耶？

《儒林传》称伏生得二十九篇，而刘歆《移让太常博士》云："《泰誓》后得，博士而赞之。"又，《论衡·正说篇》云："孝宣皇帝时，河内女子发老屋，得逸《易》、《礼》、《尚书》各一篇，奏之。宣帝下示博士，然后，《易》、《礼》、《尚书》各益一篇。而《尚书》二十九篇始定。"然则，伏生所得本二十九篇乎？抑二十八篇乎？余谓太史公已明言二十九篇，则二十九篇当可信。今观《尚书大传》有引《泰誓》语，《周本纪》、《齐世家》亦有之。武帝时董仲舒、司马相如、终军辈，均太初以前人，亦引《泰誓》，由此可知，伏生本有二十九篇，不待武帝末与宣帝时始为二十九篇也。意者，伏生所传之《泰誓》，或脱烂不全，至河内女子发屋，才得全本。今观汉、唐人所引，颇有出《尚书大传》外者，可见以河内女子本补之，《泰誓》始全也。马融辈以为《左传》、《国语》、《孟子》所引，皆非今之《泰誓》。《泰誓》称白鱼跃入王舟、火流为乌，语近神怪，以此疑今之《泰誓》。然如以今之《泰誓》为伏生所伪造，则非也。河内女子所得者，秦以前所藏，亦非伪造。以余观之，今之《泰誓》，盖当时解释《泰誓》者之言。《周语》有《泰誓故》，疑伏生所述，即《泰誓故》也。不得《泰誓》，以《泰誓故》补之，亦犹《考工记》之补冬官矣。然《泰誓》之文，确有可疑者。所称八百诸侯，不召自来、不期同时、不谋同辞，何其诞也？武王伐纣，如有征调，当先下令。不征调而自来，不令而同时俱至，事越常理，振古希闻。据《乐记》孔子与宾牟贾论大武之言曰："久立于缀，以待诸侯之至也。"可见诸侯毕会，亦非易事。焉得八百诸侯，同时自来之事耶？此殆解释《泰誓》者张大其辞，以耸人听闻耳。据《牧誓》，武王伐纣，虽有友邦冢君，然誓曰："逖矣，西土之人！"可知非西土之人，武王所不用也。又曰庸、蜀、羌、髳、微、卢、彭、濮人。庸、蜀、羌、髳、微、卢、彭、濮，均在周之南部，武王但用此南部之人，而不用诸侯之师者，以庸、蜀之师本在西方，亲加训练，而东方诸侯之师，非其训练者也。所以召东方诸侯者，不过壮声势、扬威武而已（此条马融疑之，余亦以为可疑）。又，观兵之说，亦不可信。岂有诸侯既会，皆曰可伐，而武王必待天命，忽然还师之理乎？是故，伏生《泰誓》不可信。若以《泰誓故》视之，亦如《三国志注》采《魏略》、《曹瞒传》之类，未始可不为参考之助也。《泰誓》亦有今古文之别。"流为乌"，郑注：古文乌为雕。盖古文者河内女子所发，今文者伏生所传也（此古文非孔壁所得）。伏生发藏之后，张生、欧阳生传之。据《史记·娄敬传》，高帝时，娄敬已引八百诸侯之语。又，《陆贾传》称陆生时时前称说《诗》、《书》，可见汉初尚有人知《尚书》者。盖娄敬、陆贾早岁诵习而晚失其书，故《儒林传》云"孝文时求为《尚书》者，天下无有"。"无有"者，无其书耳。然《贾谊传》称谊年十八，以能诵《诗》属《书》闻于郡中。其时在文帝之前。《诗》本讽诵在口，《尚书》则必在篇籍矣。可知当时传《书》者不仅伏生一人，特伏生为秦博士，故著名尔。

《尚书》在景帝以前，流传者皆今文。武帝初，鲁恭王坏孔子宅，得古文《尚书》，孔安国献之（据《史记》、《汉书》及《说文序》所引，所得不止《尚书》一种）。孔安国何以能通古文《尚书》？以其本治《尚书》也。伏生传《书》之后，未得壁经之前，《史记》称鲁周霸、孔安国、洛阳贾嘉颇能言《尚书》事（孔安国、周霸，皆申公弟子。申公之治《尚书》于此可见。贾谊本诵《诗》、《书》，故其孙嘉亦能治《尚书》），孔安国为博士，以书教授。倪宽初受业于欧阳生，后又受业于安国。所以然者，以欧阳生本与孔安国本不同耳。倪宽之徒，为欧阳高，大小夏侯。欧阳、大小夏侯三家本之倪宽，而倪宽本之孔安国。孔安国非本之伏生，则汉之所谓今文《尚书》者，名为伏生所传，实非伏生所传也。三家《尚书》亦有孔安国说，今谓三家悉本伏生，未尽当也。

今文《尚书》之名见称于世，始于三国，而非始于汉人。人皆据《史记·儒林传》"孔氏有古文《尚书》，而安国以今文读之"一语，谓孔安国以今文《尚书》翻译古文。此实不然。《汉书》称"孔安国以今文字读之"，谓以隶书读古文耳。孔安国所得者为五十八篇，较伏生二十九篇分为三十四篇者，实多二十四篇。二十四篇中《九共》九篇，故汉人通称为十六篇。孔安国既以今文字读之，而《史记》又谓《逸周书》得十余篇，《尚书》兹多于是。可知孔安国非以伏生之《书》读古文也。盖汉初人识古文者犹多，本不须伏生之《书》对勘也。

孔安国之《书》授都尉朝，都尉朝授胶东庸生，庸生授胡常，常授徐敖，敖授王璜、涂恽。自孔至王、涂凡五传。王、涂至王莽时，古文《尚书》立于学官。涂传东汉贾徽。太史公从孔安国问，《汉书》称迁书载《尧典》、《禹贡》、《洪范》、《微子》、《金縢》诸篇多古文说。然太史公所传者，不以伏生为限。故《汤诰》一篇，《殷本纪》载之。

哀帝时刘歆欲以古文《尚书》立学官，博士不肯（博士抱残守缺，亦如今之教授已不能讲，不愿人讲也）。歆移书让之，王莽时，乃立于学官，莽败，说虽不传，《书》则具存。盖古文本为竹简，经莽乱而散失，其存者惟传抄本耳。东汉杜林，于西州（天水郡，今甘肃秦州）得漆书一篇，林宝爱之，以传卫宏、徐巡（杜林所得必为王莽乱后流传至天水郡者。其后，马、郑犹能知逸《书》篇数，郑玄、许慎亦能引之者，盖传写犹可见，而真本则已亡矣），后汉讲古文者自此始（杜林非由孔安国直接传授，早岁学于张敞之孙张竦。林之好古文，盖渊源于张氏）。其后，马融、郑玄注《尚书》，但注伏生所有，不注伏生所无，于孔安国五十八篇不全治。马融受之何人不可知，惟贾逵受《书》于父徽，逵弟子许慎作《说文解字》。是故，《说文》所称古文《尚书》，当较马、郑为可信，然其中亦有异同。今欲求安国正传，惟《史记》耳。《汉书》云，迁书《尧典》五篇为古文说，然《五帝本纪》所载《尧典》与后人所说不同。所以然者，杜林所读与孔安国本不甚同也。《说文》圛下称"《尚书》曰：'圛圛升云，半有半无'。"据郑玄注称古文《尚书》以弟为圛，而《宋微子世家》引《洪范》"曰雨、曰济、曰涕"，字作涕。是太史公承孔安国正传，孔安国作涕，而东汉人读之为圛，恐是承用今文，非古文也。自清以来，治《尚书》者皆以马、郑为宗，段玉裁作《古文尚书撰异》，以为马、郑是真古文，太史公是今文。不知太史公之治古文，《汉书》具有明文。以马、郑异读，故生异说耳。

古文家所读，时亦谓之古文。此义为余所摘发。治古文者，不可不知。盖古文家传经，必依原本抄写一通，马融本当犹近真，郑玄本则多改字。古文真本，今不可见，唯有三体石经，尚见一斑。三体石经为邯郸淳所书，淳师度尚，尚治古文《尚书》。邯郸淳之本，实由度尚而来。据卫恒《四体书势》称，魏世传古文者，唯邯郸淳一人。何以仅得邯郸淳一人，而郑玄之徒无有传者？盖郑玄晚年，书多腐敝，不得于礼堂写定，传与其人。故传古文者，仅一邯郸淳也。今观三体石经残石，上一字为古文，中一字为篆文，下一字为隶书。篆书往往与上一字古文不同。盖篆书即古文家所读之字矣。例始三体石经《无逸篇》"中宗之中"，上一字为中，下一字为仲，此即古文家读"中，仲也"。考华山碑，亦称宣帝为中宗。欧阳修疑为好奇，实则汉人本读中为仲也。

今文为欧阳、大小夏侯为三家，传至三国而绝。然蔡邕熹平石经犹依今文。今欲研究今文，只可求之《汉书》、《后汉书》及汉碑所引。然汉碑所引，恐亦有古文在。

五、东晋古文。今之《尚书》，乃东晋之伪古文（据《尚书正义》引《晋书》，定为郑冲所作），以马、郑所有者分《尧典》为《舜典》（《舜典》，《书序》中本有），更分《皋陶谟》为《益稷》，又改作《泰誓》，此外又伪造二十五篇。不但伪造经，且伪造传（亦称孔传）。自西晋开始伪造以后，更四十余年，至东晋梅赜始献之。字体以古文作隶书，名曰隶古定。人以其多古字，且与三体石经相近，遂信以为真孔氏之传，于是，众皆传之。甚至孔颖达作《尚书正义》，亦以马、郑为今文矣。

梅赜献书之时，缺《舜典》一篇，分《尧典》"慎徽五典"以下为《舜典》之首。至齐建武四年姚方兴献《舜典》，于"慎徽五典"之上加"曰若稽古，帝舜"等十二字，而梁武帝时为博士，议曰："孔序称伏生误合五篇，皆文相承接，所以致误。"《舜典》首有"曰若稽古"，伏生虽昏耄，何容合之？遂不行用。然其后江南皆信梅书，惟北朝犹用郑本耳。隋一天下，采南朝经说，乃纯用东晋古文，即姚方兴十二字本也。其后又不知如何增为二十八字，今注疏本是已。

东晋古文，又有今文、古文之分，以隶古定传授不易，故改用今文写之，传之者有范宁等。唐玄宗时，卫包以古文本改为今文，用隶书写之，唐石经即依是本，然《经典释文》犹未改也（宋开宝初始改）。唐宋间亦多有引古文《尚书》者，如颜师古之《匡谬正俗》，玄应之《一切经音义》，郭忠恕之《汗简》，徐锴之《说文系传》皆是。宋仁宗时，宋次道得古文《尚书》，传至南宋，薛季宣据以作训，而段玉裁以为宋人假造，然以校《汗简》及足利本《尚书》，均符合。要之，真正古文，唯三体石经可据。东晋古文则以薛季宣本、敦煌本、足利本为可据耳。

六、明清人说《尚书》者。明正德时，梅鷟时攻东晋古文之伪。梅鷟之前，吴棫、朱熹，亦尝疑之，以为岂有古文反较今文易读之理？至梅鷟出，证据乃备（梅鷟不信孔安国得古文《尚书》，以为东晋古文即成帝时张霸伪造之《百两篇》，然校《汉书》原文，可知其误。张霸之《百两篇》，分析众篇，略加首尾而已。东晋古文，非从二十九篇分出，自非张霸本也。此梅鷟之误）。清康熙时，阎若璩作《古文尚书疏证》，始知郑康成《尚书》为真本。阎氏谓《孟子》引父母使舜完廪一段为《舜典》之文，此说当确。惠栋《古文尚书考》，较阎氏为简要。其弟子江声（艮庭）作《尚书集注音疏》，于今文、古文不加分别。古文"钦明文思安安"，今文作"钦明文塞宴宴"，东晋古文犹作"钦明文思安安"，江氏不信东晋古文，宁改为"文塞宴宴"，于是王鸣盛（西庄）作《尚书后案》，一以郑康成为主，所不同者，概行驳斥，虽较江为可信，亦非治经之道。至孙星衍作《尚书今古文注疏》，古文采马、郑本，今文采两《汉书》所引，虽优于王之墨守，然其所疏释，于本文未能联贯。盖孙氏学力有余，而识见不足，故有此病。今人以为孙书完备，此亦短中取长耳。要之，清儒之治《尚书》者，均不足取也。今文家以陈寿祺、乔枞父子为优。凡汉人《书》说，皆入网罗，并不全篇下注，亦不问其上下文义合与不合。所考今文，尚无大谬。其后魏源（默深）作《书古微》，最为荒谬。魏源于陈氏父子之书，恐未全见，自以为采辑今文，其实亦不尽合。源本非经学专家，晚年始以治经为名，犹不足怪。近皮锡瑞所著，采陈氏书甚多。陈氏并无今古是否之论，其意在网罗散失而已。皮氏则以为今文皆是，古文皆非。其最荒谬者，《史记》明引《汤诰》（在伏生二十九篇之外），太史公亦明言"年十岁，诵古文"，而皮氏以为此所谓古文，乃汉以前之书，非古文《尚书》也，此诚不知而妄作矣。古文残阙，三体石经存字无几，其他引马、郑之言，亦已无多，然犹有马、郑之绪余在。今日治《书》，且当依薛季宣《古文训》及日本足利本古文，删去伪孔所造二十五篇，则本文已足。至训释一事，当以"古文《尚书》、读应《尔雅》"一言为准。以《尔雅》释《书》，十可得其七八，斯亦可矣。王引之《经义述闻》，解《尚书》者近百条；近孙诒让作《尚书骈枝》，亦有六七十条：义均明确，犹有不合处。余有《古文尚书拾遗》，自觉较江、王、孙三家略胜。然全书总未能通释，此有待后贤之研讨矣。

古人有言："昔吾有先正，其言明且清。"训诂之道，虽有古今之异，然造语行文，无甚差池，古人决不至故作不可解之语。故今日治《书》，当先求通文理。如文理不通，而高谈微言大义，失之远矣。不但治经如此，读古书无不如此也。

《虞书》曰："诗言志，歌永言，声依永，律和声。"先有志而后有诗。诗者，志之所发也。然有志亦可发为文。诗之异于文者，以其可歌也。所谓歌永言，即诗与文不同之处。永者，延长其音也。延长其音，而有高下洪纤之别，遂生宫、商、角、徵、羽之名。律者，所以定声音也。既须永言，又须依永，于是不得不有韵（急语无收声，收声即有韵，前后句收声相同即韵也）。诗之有韵，即由歌永言来。

《虞书》载"元首明哉！股肱良哉！庶事康哉！""元首丛脞哉！股肱惰哉！万事堕哉！"二歌。可见尧、舜时已有诗。《尚书大传》有《卿云之歌》。汉初人语未必可信。《乐记》云："舜作五弦之琴以歌南风。"今所传《南风歌》出王肃《家语》，他无所见，亦不可信。唐、虞之诗，要以二《典》所载为可信耳。郑康成《诗谱序》云："有夏承之，篇章泯弃，靡有孑遗。"而今《尚书》载《五子之歌》，可知其为晋人伪造也。《诗谱序》又云："降及商王[①]，不风不雅。"此谓商但有《颂》，《风》、《雅》不可见矣。《周礼·太师》："教六诗：曰风、曰赋、曰比、曰兴、曰雅、曰颂。"赋、比、兴与风、雅、颂并列，则为诗体无疑。今《毛传》言兴

① 吴永坤校记："'降及'，原书作'迄及'。"

者甚多，恐非赋、比、兴之兴耳。赋体后世盛行。《毛传》以升高能赋为九能之一，谓之德音。周末屈原、荀卿俱有赋。赋既在风、雅、颂之外，比、兴当亦若是。惟孔子删诗，存风、雅、颂而去赋、比、兴。《郑志》答张逸问，赋、比、兴，吴札观诗已不歌。盖不歌而诵谓之赋。赋不可歌，与风、雅、颂异，故季札不得闻也（比、兴不知如何）。赋、比、兴之外，又有《九德之歌》，《左传》郤缺曰：九功之德，皆可歌也，谓之九歌。六府三事，谓之九功。水、火、金、木、土、谷，谓之六府；正德、利用①、厚生谓之三事，合之为十五种。今《诗》仅存风、雅、颂三种。

《诗大序》："风，风也"，"雅，正也"，"颂者，美盛德之形容，以其成功告于神明者也。"风有讽谕之义，雅之训正，读若《尔雅》之雅，然风、雅、颂之雅，恐本不训正。《说文》："疋，古文以为《诗·大雅》字。"一曰，疋即今疏字。然则诗之称疋。纪事之谓，亦犹后世称杜工部诗曰诗史。故大雅、小雅无非纪事之诗，或谓雅即雅乌。孔子曰："乌盱，呼也。"李斯《谏逐客书》："击瓮叩缶，弹筝搏髀，而歌呼呜呜快耳者，真秦之声也。"杨恽《报孙会宗书》"家本秦也，能为秦声"，"仰天抚缶而呼呜呜"。秦本周地，故大小雅皆以雅名（所谓乌乌秦声者，即今之梆子腔也）。此亦可备一说。余意《说文》训疋为记，乃雅之正义，以其性质言也；雅、乌可为雅之别一义，以其声调言也。至正之一训，乃后起之义。盖以雅为正调，故释之曰正耳。

诗以四言为主，取其可歌，然亦有二言、三言以至九言者，惟不多见耳。今按："肇禋"，二言也；"洞酌彼行潦挹彼注兹"，九言也。一言太短，不可以歌，故《三百篇》无一言之诗。然梁鸿《五噫》之歌曰："陟彼北芒兮，噫！顾览帝京兮，噫！宫室崔嵬兮，噫！人之劬劳兮，噫！辽辽未央兮，噫！"则一言未始不可成句，或者《三百篇》中偶然无一言之

---

① 程千帆校记："'利用'用字原脱，今据《左传》补。"

句耳，非一言之句必不可歌也。

《诗经》而后，四言渐少。汉世五言盛行，唐则七言为多。八言、九言，偶一为之，三言惟汉《郊祀歌》用之。六言亦不多见。《汉书》所录汉之四言之作，有韦孟《谏诗》一首，《在邹诗》一首，韦玄成《自责诗》一首、《戒子孙诗》一首，西汉之作，传于世者，尽于此矣。魏武帝作《短歌》，犹用四言，虽格调有异《诗经》，然犹有霸气。至《文选》所录魏、晋间四言之作，语多迂腐。自是之后，四言衰歇，五言盛行。李白谓"兴寄深微，五言不如四言，七言尤其靡也"，然所作《雪谗诗》讥刺杨妃，有乖敦厚之义，或故为大言以欺人耳。又杂言一体，《诗经》所有。汉乐府往往用之，唐人歌行亦用之。夫抒写性情，贵在自由，不宜过于拘束，如必句句字数相同，或不能发挥尽致。故杂言之作，未为不可。今人创新体诗。以杂言为主可也，但无韵终不成诗耳。（以上论《诗》之大概）

太史公谓古诗三千余篇，盖合六诗、《九德之歌》言之。孔子删《诗》，仅取三百余篇。盖以古诗过多，不能全读，故删之尔，或必其余皆不足观也。或谓孔子删《诗》与昭明之作《文选》有异。余意不然，《文选》为总集，《诗经》亦总集，性质正复相似，所谓"自卫反鲁，然后乐正，《雅》、《颂》各得其所"，决非未正以前，《雅》入《颂》、《颂》入《雅》也。《雅》主记事，篇幅舒长；《颂》主赞美，章节简短。但观形式，已易辨别。且其声调又不同，何至相乱，或次序颠倒，孔子更定之耳。

《风》、《雅》有正、变（盛周为正，衰周为变），《颂》无正、变，因《风》、《雅》有美有刺，《颂》则有美无刺也。《鲁语》闵马父之言曰：昔正考父校商之名颂十二篇于周太师，以《那》为首。今《商颂》仅存五篇，其余七篇，或孔子时而已佚矣。据今《商颂》，有商初所作，亦有武丁时所作，而《周颂》皆成王时诗，后则无有。《孟子》曰："由汤至于武丁，贤圣之君六七作。"故颂声未息，周则成王以后无贤圣也。或以《鲁颂》为僭天子之礼。若然，孔子当屏而不录。孔子录之，将何以说？案《周官·籥章》：吹豳诗以逆暑迎寒，吹豳雅以乐田畯，吹豳颂以息老物。同为《七月》之诗，而风、雅、颂异名者，歌诗之时，其声调三变尔。《豳风》非天子之诗，而可称颂，则《鲁颂》称颂而孔子录之，无可怪也。今观《泮水》、《閟宫》之属，体制近雅而不近颂，若以雅为称，则无可讥矣。

《史记·孔子世家》称"三百五篇，孔子皆弦歌之，以求合《韶》、《武》、《雅》、《颂》之音"。然则，今之《诗经》在孔子时无一不可歌也。《汉书·礼乐志》云：河间献王献雅乐，天子下大乐官常存肄之。是其乐谱尚在。后则可歌者，惟《鹿鸣》、《伐檀》等十二篇耳。近人以《鹿鸣》、《伐檀》等谱一字一声，无抑扬高下之音，疑为唐人所作。然一字一声，不但《诗经》为然，宋词亦然。姜夔、张炎之谱可证也。一字之谱多声，始于元曲，古人未必如是，孔子曰："放郑声。"又曰："恶郑声之乱雅乐。"汉儒解郑声以为烦手躑躅之声。张仲景《伤寒论》云："实则谵语，虚则郑声。郑声者，重语也。"可见汉人皆读郑为郑重之郑。郑声即一字而谱多声之谓。唐人所重十二诗之谱，一字一声，正是雅乐，无可致疑。（以上论《诗》之可歌）

《诗》以口诵，至秦未焚。汉兴有齐、鲁、毛、韩四家，齐、鲁、韩三家无笙诗，为三百五篇，毛有笙诗为三百十一篇。笙诗有其义而亡其辞，则四家篇数本相同也（笙诗六篇，殆如今之乐曲，有声音节奏而无文词）。所不同者，《小雅·彼都人士》"狐裘黄黄，其容不改，出言有章，行归于周，万民所望"数句，三家所无，而毛独有，此其最著者也。其余文字虽有异同，不如《尚书》今古文之甚。以《诗》为口诵，故无形近之讹耳。

《鲁诗》出自浮丘伯，申公传之。鲁人所传，故曰《鲁诗》。《齐诗》

传自辕固生，齐人所传，故曰《齐诗》。《韩诗》传自韩婴，据姓为称，故曰《韩诗》。齐、韩二家，当汉景帝时，在《鲁诗》之后。《毛诗》者，毛公所传，故曰《毛诗》。相传毛公之学出自子夏，三国时吴徐整谓子夏授高行子，高行子授薛仓子，薛仓子授帛妙子，帛妙子授河间人大毛公，毛公为《诗故训传》于家，授赵人小毛公，小毛公为河间献王博士。而陆玑则谓子夏传曾申，申传魏人李克，李克传鲁人孟仲子，孟仲子传根牟子，根牟子传赵人孙卿子，孙卿子传鲁人大毛公。由徐整之说，则子夏五传而至大毛公；由陆玑之说，则子夏七传而至大毛公。所以参差者，二家之言，互有详略耳（大毛公名亨，小毛公名苌，今之《诗传》乃大毛公所作，当称《毛亨诗传》，而世皆误以为毛苌，不可不正也）。

《毛诗·丝衣序》引高子曰："灵星之尸也。"《维天之命》传引孟仲子曰："大哉天命之无极，而美周之礼也。"《闷宫》传引孟仲子曰："是禖宫也。"高子、孟仲子并见《孟子》七篇中。或疑高子即高行子。高行子为子夏弟子，不当与孟子同时，然赵岐注云：高子年长，或高叟即高行子矣。赵注又云：孟仲子，孟子之从昆弟，学于孟子者也。然则孟子长于《诗》、《书》，故高子、孟仲子之说皆为毛公所引。

《汉书·艺文志》谓齐、鲁、韩三家，咸非《诗》之本义，与不得已，鲁最为近之。又云：毛公之学，自谓子夏所传。据此，知向、歆父子不信三家诗说。歆让太常博士，欲以《毛诗》立学官，而《七略》不称《毛诗》之优。今观四家之异同，其优劣可得而言，太史公言《关雎》之乱以为《风》始，《鹿鸣》为《小雅》始，《文王》为《大雅》始，《清庙》为《颂》始，其言与《诗大序》"《关雎》，风之始也"语同。《诗大序》但举《雅》、《颂》之名，而不言《鹿鸣》为《小雅》始、《文王》为《大雅》始、《清庙》为《颂》始，但云"是谓四始，《诗》之至也"者，盖由"《关雎》，《风》之始也"一语，可以类推其余耳。郑康成云："始者，王道兴衰之所由。"余谓毛意同史公，史公所引，多本《鲁诗》，《毛诗》传至荀子，《鲁诗》亦传自荀子，此其所以符合也。

《齐诗》与《鲁》、《毛》全异，萧望之、翼奉、匡衡同事后苍，治《齐诗》。翼奉有五际、六情之语，不及四始。诗纬《泛历枢》称四始有水、木、火、金之语。谓《大明》水始，《四牡》木始，《嘉鱼》火始，《鸿雁》金始，其言甚不可解，恐东汉人所造，非《齐诗》本义。匡衡上书称孔子论《诗》以《关雎》为始，此言与《毛传》相同，并无水、木、火、金之语。可知《泛历枢》为后人臆说也。衡奏议平正，奉则有怪诞之语，虽与衡同师，而别有发明矣。如以水、木、火、金说四始，则《齐诗》竟是神话。四始为《诗》之大义，而《齐诗》之说如此，以此知齐之不逮毛、鲁远也。然匡衡说《诗》，亦有胜于鲁、韩者。《鲁诗》说周道缺，诗人本之衽席，《关雎》作。《齐诗》亦谓周康王后佩玉晏鸣，《关雎》叹之。匡衡上书，乃谓《周南》、《召南》，被贤圣之化深，故笃于行，而廉于色，此非以《关雎》为刺诗矣。盖《齐诗》由辕固数传而至后苍。苍本传《礼》。《乡饮酒礼》："合乐《周南·关雎》、《葛覃》、《卷耳》。"《燕礼》："歌乡乐《周南·关雎》、《葛覃》、《卷耳》。"《仪礼》，周公所定，已有《周南·关雎》，知《关雎》非康王时所作。匡衡师事后苍，故其说《诗》，长于鲁、韩也。

齐、鲁、韩三家诗序不传，而毛序全存。如《左传》隐三年："卫庄公娶于齐东宫得臣之妹，曰庄姜，美而无子，卫人所为赋《硕人》也。"闵二年："郑人恶高克，使帅师次于河上，久而弗召，师溃而归，高克奔陈，郑人为之赋《清人》。"文六年："秦伯任好卒，以子车氏之三子奄息、仲行、鍼虎为殉；皆秦之良也，国人哀之，为之赋《黄鸟》。"《毛序》所云，皆与《左传》符合，此毛之优于三家者也。又三家诗，皆有怪诞之语，毛则无有。即如"履帝武敏歆"，《尔雅》已有"敏，拇也"之训，而三家说皆谓姜嫄出野见巨人迹，践之身动如孕，而生后稷。《毛传》则以疾训敏，以帝为高辛氏之帝，从于帝而见于天，将事齐敏，不信感生之说。又如"赫赫姜嫄，其德不回，上帝是依"，若用感生之说，必谓上帝依姜嫄之身，降之精气，而《传》则谓上帝依其子孙。又如"文王在上，于昭于天，文王陟降，在帝左右"，《毛传》之前，《墨子·明鬼》已引此诗，谓若鬼神无有，则文王既死，岂能在帝之左右哉！而《毛传》则谓文王在民上，文王升接天、下接人，一扫向来神怪之说。盖自荀子作《天论》，谓圣人不求知天，神话于是摧破。《毛诗》为荀卿所传，即此可征。

《大序》，相传子夏所作，《小序》，毛公所作。郑康成之意，谓《小序》发端句，子夏作，其下则后人所益，或毛公作也。今按，《序》引高子曰："灵星之尸也。"此语自当出子夏之后矣。《卫宏传》有"作诗序"语，故《释文》或云《小序》是东海卫敬仲所作。然卫宏先康成仅百年，如《小序》果为宏作，康成不容不知。由今思之，殆宏别为《毛诗序》，不与此同，而不传于后。或宏撰次诗序于每篇之首，亦通谓之作耳。汉人专说《毛诗》者，今存《郑笺》一种。马融《毛诗传》散佚已久，今可见者，惟《生民篇》《正义》所引言帝喾事为最详耳。（以上论三家诗与毛之不同）

朱晦庵误解"郑声淫"一语，以为郑风皆淫，于是刺忽之诗，皆释为淫奔之作。陈止斋笑晦庵以彤管为行淫之具，城阙为偷期之所，今《集传》中无此语，盖晦庵自觉其非而删之矣。凡《小序》言刺者，晦庵一概目为淫人自道之词。自来淫人自道之词未尝无有，如六朝歌谣之类，恐未可以例《国风》。若郑风而为淫人自道之词，显背无邪之旨，孔子何以取之？昔昭明编辑《文选》，于六朝狎邪之诗，摈而不录。《高唐》、《神女》、《洛神》之属，别有托意，故录之（见《蓟汉闲话》）。昭明作《陶渊明集序》，谓《闲情》一赋，白璧微瑕。昭明尚然，何况孔子？晦庵之言，亦无知而妄作尔。

自晦庵作《集传》，说《诗》之风大变。清陈启源作《毛诗稽古编》，反驳晦庵，其功不可没（吕东莱作《读诗记》，不以晦庵为然。晦庵好胜，谓东莱为毛、郑之佞臣）。后之治《毛诗》者，桐城马瑞辰作《毛诗传笺通释》，泾县胡承珙作《毛诗后笺》，长洲陈奂作《诗毛氏传疏》。马氏并重《传》、《笺》，胡氏从《传》而不甚从《笺》，陈氏则全依《毛传》。治三家诗者（《齐诗》亡于三国；《鲁诗》亡于永嘉之乱；《韩诗》唐代犹存，今但存《外传》而已。三家至宋全亡，如三家诗不亡，晦庵作《集传》当不至荒谬如此），王应麟后，清有陈寿祺、乔枞父子。乔枞好为牵附，谓《仪礼》引《诗》，皆《齐诗》说；又谓《尔雅》为《鲁诗》之学，恐皆未然。要之，陈氏父子，虽识见未足，然网罗放失之功，亦不可没。其后，魏源作《诗古微》，全主三家。三家无序，其说流传又少，合之不过三十篇，谓之《古微》，其实逞臆之谈耳。

今治《诗经》，不得不依《毛传》，以其序之完全无缺也。诗若无序，则作诗之本意已不明，更无可说。三家诗序存者无几，无从求其大义矣。戴东原作《毛郑诗考证》，东原长于训诂之学，而信服晦庵，故考证未能全备。东原之外，治诗者皆宗《毛传》，陈氏父子，不过网罗放失而已。

《孝经》曰："安上治民，莫善于礼"。《左传》曰："礼经国家、定社稷、序民人、利后嗣。"今案：《仪礼》与安上治民有关。《周礼》则经国家、定社稷之书也。《周礼》初出曰《周官经》，刘歆始改称《周礼》，然《七略》犹曰《周官》，《汉书·艺文志》仍之。马融训释之作，亦称《周官传》，至郑康成以《周礼》名之，合《仪礼》、《小戴记》为三礼。三礼之名，自郑氏始，今若以《大戴礼》合之，当称四礼。称三礼者，沿郑氏注也。

贾公彦《序周礼废兴》引马融传，称刘歆末年，知周公致太平之迹具在《周官》，然当时今文家不肯置信。林硕以为黩乱不验之书，何休以为战国阴谋之书。今观《周礼》，知刘歆之言不谬。惟其书非一时一人之作，盖如历代会典，屡有增损（《唐六典》以及明清之《会典》，皆拟《周礼》）。《六典》全依《周官》，《会典》虽稍异，然行文多模仿之迹，此亦有关文体。不学《周礼》，则官制说不清楚。亦如后之律书必拟汉律也）。
创始之功，首推周公，增损之笔，终于穆王耳。今《逸周书》有《职方篇》，为穆王时作，而其文见于《周礼·夏官》，知周公以后、穆王以前，《周礼》一书，时有修改。穆王以后，则未见修改之迹也。何以言之？曰：《周礼》司刑掌五刑之法，墨罪五百、劓罪五百、宫罪五百、刖罪五百、杀罪五百，合二千五百条；而穆王作《吕刑》称五刑之属三千，较《周礼》多五百条。《吕刑》别行，以此知穆王晚年，己不改《周礼》也。《左传》子革曰："昔穆王欲肆其心，周行天下，将皆必有车辙马迹焉。"今《穆天子传》真伪未可知。然穆王好大喜功，观《职方氏》一篇可知也。《职方氏》言中国疆域，东西南北相距万里。方千里曰王畿，其外方五百里曰侯服，又其外方五百里曰甸服，又其外方五百里曰男服，又其外方五百里曰采服，又其外方五百里曰卫服，又其外方五百里曰蛮服（又称要服），又其外方五百里曰夷服，又其外方五百里曰镇服，又其外方五百里曰藩服。依此推算，自王城至藩服之边，东西南北均五千里，为方万里，积一万万方里。蛮服以内为九州，以外为蕃国。九州以内，方七千里，积四千九百万方里。非穆王之好大，何以至此。《康诰》曰："周公初基作新大邑于东国洛，四方民大和会，侯、甸、男、邦、采、卫。"是周公作洛时，无所谓要服。《康王之诰》称庶、邦、侯、甸、男、卫，亦无要服。不特此也，汉人迷信《王制》，《王制》曰："凡四海之内九州，州方千里。"郑注云："大界方三千里，三三而九，方千里者九也。其一为县内，余八各立一州，此殷制也。"余谓夏制不可知，殷制则不止方三千里。《酒诰》曰："自成汤咸至于帝乙，越在外服，侯、甸、男、卫、邦伯，罔敢湎于酒。"是周初之制与商制无甚差异，皆侯、甸、男、采、卫五等，无所谓要服也。要服本为蛮服，不在九州之内。穆王好大喜功，故《职方》之言如此。《大行人》朝贡一节，与《职方氏》相应，当亦穆王所改。若巾车掌公车之政令、革路以封四卫、木路以封蕃国。可见周初疆域，至卫服而止，无所谓要服，此穆王所未改者也。夷、镇、藩三服，地域渺茫，叛服不常，安知其必为五百里？要服去王城三千五百里，东西七千里，九州之大，恐无此数。今中国本部，最北为独石口，当北纬四十一度半；极南至于琼州，当北纬十八度。其中南北相去二十三度半，为里四千九百。周尺今不可知，若以汉尺作准，汉尺存者有虑傂尺，虑傂尺一尺，合清营造尺七寸四分，尺度虽古今不同，里法则古今不异。古之五服六千里，以七四比之，当四千四百四十里，与今四千七百里不甚相远。穆王加要服为七千里，以今尺计之，则为五千一百八十里，较今长三四百里，此由今中国本部，北至独石口，而古者陕西北部之河套亦隶境内（今属绥远）。河套之地，于汉为朔方、九原、定襄（朔方正傍黄河，周时"城比朔方"，此朔方与汉之朔方为近，非唐之朔方也），如并朔方计之，当有五千一百八十里。恐穆王时疆域亦未大于今日也。《汉书·地理志》："郡县北至朔方，南至交趾（九真日南即今安南）。"而云南北万三千三百六十八里。以今尺七四比之，有九千六百余里。自朔方以至日南，亦无此数。自此以后，言地域者，皆称南北万里、东西九千里。其实中国本部并无此数，此后世粗疏，更甚于《周礼》也。测量之不精，自周至明，相差不远，惟周人不甚夸大，汉以后夸大耳。

　　测量之法，古人未精，西晋裴秀作官图，盖尝测量矣。所以不准者，以不知北极出地之法也。唐贾耽作《华夷图》及关中、陇右、山南、九州等图；至宋，略改郡县之名，刘豫阜昌七年刻之西安，一曰《禹迹图》，一曰《华夷图》，今尚完好。贾耽之作，亦由测量而来，然亦未准者——不知北极出地之法，一也；未免夸大，二也。北极出地之法，周人自未之知，因其不夸大，故所言里数与今相差不远耳。（以上言职方与周初疆域不同，明《周礼》非周公一时之作，周公之后屡有修改。）

　　管仲治齐，略变《周礼》之法，《小匡篇》及《齐语》并载桓公问为政之道，管子称："昔吾先王昭王、穆王，世法文、武之远绩，以成其名。"《周礼》至穆王乃定,此亦一证。又,《周礼》萍氏掌国之水禁,几酒、谨酒,其法不甚严厉,其职殆如今卫生警察。如言《周礼》之作在周公时,则萍氏显违《酒诰》之文。《酒诰》曰:"群饮,汝勿佚,尽执拘以归于周,予其杀!"不仅几酒、谨酒而已!此亦可见《周礼》之屡有修改,盖百余年中,不知修改若干次矣。

六官之制,古无异论。清金鹗作《求古录礼说》,言六官之制,实始于周。《曲礼》云:"天子之五官,曰司徒、司马、司空、司士、司寇。"此与《周官》不同,当为殷制。又云:王者设官,所以代天官,故其制必法乎天。三光以法三公,五官以法五行。引《左传》云:五行之官,是谓五官。木正曰句芒,火正曰祝融,金正曰蓐收,水正曰玄冥,土正曰后土。明自少皞、颛顼以来皆五官。余谓少皞、颛顼之制,确为五官,前乎此则未可知。至商,恐已六官矣。《曲礼》之言,不知何据。郑注《礼记》,凡与《周礼》不合者,皆曰夏殷之制。其实五官是否确为殷制,不可知也。余谓,与其据《曲礼》,不如据《论语》。《论语》云:"君薨,百官总己以听于冢宰三年。""何必高宗?古之人皆然。"此所谓冢宰,当如《周官》之冢宰,为六官之首。否则,百官何以听之?冢宰于《周礼》曰太宰。太宰之名,不见虞、夏之书,殆起于商。《说文》云:"宰,罪人在屋下执事者;从宀从辛,辛,罪也。"具食之官,见于《左传》者曰宰夫,或曰膳宰。《汉书》有雍太宰,为五时具食之官。宰本罪人之称,庖人具食,事近奴隶,故以宰为名。然太宰、小宰,位秩俱隆,而弛被宰名,当自伊尹始。《吕览·本味篇》称伊尹说汤以至味,极论水火调剂之事,周举天下鱼肉菜果之美,而结之曰:天子成则至味具。《史记·殷本纪》亦谓伊尹欲干汤而无由,乃为有莘氏媵臣,负鼎俎以滋味说汤,致于王道。二家之说与《孟子》"伊尹以割烹要汤"符合。据《文选》李善注引《鲁连子》曰:"伊尹负鼎佩刀以干汤,得意,故尊宰舍。"盖伊尹参与帷幄之谋,权势虽尊,本职则卑。后以其功高,而尊宰舍,故有太宰、冢宰之名耳。又《商颂》称伊尹为阿衡，《周书》曰保衡。保阿，女师也。阿，《说文》作娿，在女子曰保阿，在男子亦曰阿衡、保衡，其为媵同也。伊尹为媵臣，故尊保阿；伊尹为庖人，故尊宰舍。此说虽为孟子所不信，然其为实事至明。周因殷礼，故设太宰之官。今观太宰所属之官，与清之内务府不远。惟司会掌邦之六典、八法、八则之贰，以逆邦国都鄙官府之治；太府掌九贡、九赋、九功之贰，以受其货贿之入，为与国计有关。自余宫殿之官，如宫正之属；禁掖之官，如内宰之属；饮食之官，如膳夫之属；衣服之官，如司裘、掌皮之属，皆清内务府所掌也。周官三百六十，太宰所掌六十，位秩最崇，然治官之属，仅司会、大府为有关于国计者。以太宰本之殷制而来，其本职不过《周礼》膳夫、内宰二官。由饮食而兼司衣服，由禁掖而兼司宫殿。是故，周官太宰无所不掌，而属员仍冗官耳。后儒不明此理，谓周公防宦官用事，故立此制。不知宦官用事，必不在贵族执政之世、周公时贵族执政，断无防及刑余擅权之理也（汉、唐、明三代，皆有刑余擅权之事，六朝则无。何则？贵族执政阶级严明，非刑余所得间也）。由此论之，天官冢宰，周袭殷制，后世未必可法。至春官宗伯主祭祀，非今之要职。地官司徒掌地方行政，兼司教育，如今内务、教育两部。夏官司马掌行军用兵，如今军政部。秋官司寇掌狱讼刑法，如今之司法部。皆立国要典，可资取法者也。（以上论六官之职）

何以汉儒谓《周礼》为黩乱不验之书也？以汉初经师之说，与《周礼》不同，故排弃之耳。《马融传》云："秦自孝公以下，用商君之法，其政酷烈，与《周官》相反，故始皇禁挟书，特疾恶，欲绝灭之，搜求焚烧之独悉，是以隐藏百年。孝武帝始除挟书之律，开献书之路，既出于山岩屋壁，复入于秘府。五家之儒，莫得见焉。"案：马谓秦烧《周礼》独悉，其言太过。秦所最恶者为《诗》、《书》而不及《礼》。孟子曰："诸侯恶其害己也，而皆去其籍。"可见《周礼》自七国时已不甚传。虽以孟子之贤，犹未之见。故其言封建与《周礼》全异（孟子言："公、侯皆方百里，伯七十里，子、男五十里。"《周礼》谓公五百里，侯四百里，伯三百里，子二百里，男百里）。汉初儒者未见《周礼》，而孟之说流传已久，故深信不疑（景帝末年河间献王始得《周礼》，《周礼》未出时，汉儒言封建者皆宗孟子，文帝时作《王制》亦采《孟子》为说）。又以贾谊有众建诸侯之论，故虽见《周礼》，亦不敢明说。周之五百里，为今三百七十里，其封域不过江、浙之一道，川、云之一府。汉初王国之广，犹不止此。夏、商二代，封国狭小，故汤之始征，四方风靡，文王伐崇戡黎，为时亦暂。以四邻本非强大，故得指顾而定之也。《逸周书·世俘解》称武王翦商，灭国六百余（孟子言灭国五十），若非小国寡民，安得数月之间灭国六百余乎？周公有鉴于此，故大封宗室，取其均势，以为藩屏。其弊至于诸侯争霸，互相争伐，而天子不能禁。以视武丁朝诸侯、有天下，如运诸掌，本末之势，迥乎不同。由此可知，商代封国尚无五百里之制也。贾谊患诸侯王尾大不掉，故不肯明征《周礼》。惟太史公《汉兴以来诸侯年表》云："封伯禽、康叔于鲁、卫，地各四百里。"《汉书·韩安国传》，王恢与安国论辩，称秦缪公都雍地，方三百里，并与《周礼》相应。盖史公但论史事，王恢不知忌讳，故直举之耳。然孟子之言亦未为无据。周之封建，有功者，视其功之高下以为等级，无功则封地狭小。滕、薛皆侯国。滕，周所封；薛，夏所封。考其地不出今薛县一县，犹不及孟子所言之百里。齐、鲁、卫、燕，亦皆侯国，而封域不止四百里（齐，太公之后；鲁，周公之后；燕，召公之后。功业最高，故封地独大。卫包邶、鄘、卫三国，殷畿千里，皆为卫有）。盖于鲁、卫为褒有德，于齐、燕为尊勤劳。其地皆去周远，亦所以固吾圉也。以此知五百里、四百里之制，不过折中言之，非不可斟酌损益也。明乎此义，则可知《周礼》非黩乱不验之书矣。至谓《周礼》为六国阴谋之书者，汉人信《孟子》，何休专讲《公羊》，故有此言耳。

后之论者，以王莽、王安石皆依《周礼》施政而败，故反对《周礼》。

余谓二王致败之由在不知《周礼》本非事事可法，只可师其意，而不可袭其迹。西汉之末，家给人足，天下乂安。莽之变法，可谓庸人扰之。宋神宗时，国势虽衰，民犹安乐，安石乃以变风俗、立法度为急，而其法又主于聚敛，宜其败矣。宇文周时关陇残破，苏绰为六条诏书奏施行之：曰先治心，曰敦教化，曰尽地利、曰擢贤良，曰恤狱讼，曰均赋役。盖亦以《周礼》为本，终能斫雕为朴，变奢从俭。隋及唐初，胥蒙其福。贞观之治，基础于此。夫变法之道，乱世用之则治，治世用之则乱，况《周礼》不尽可为后世法乎？陈止斋、叶水心尊信《周礼》，当南宋残破之时而行《周礼》，或有可致治之理，然不可行之今日。何者？今外患虽烈，犹未成南宋之局，若再变法，正恐治丝而益棼耳。

《中庸》云："礼仪三百，威仪三千。"《礼器》云："经礼三百，曲礼三千。"礼仪、经礼谓《周礼》也。威仪、曲礼谓《仪礼》也。《仪礼》篇目不至有三千，故郑康成云：其中事仪三千。然《汉志》言礼自孔子时而不具，《杂记》言恤由之丧，哀公使孺悲之孔子学《士丧礼》，《士丧礼》于是乎书。然则在孔子时，《仪礼》早有亡失。三百三千云者，约举其大数云尔。

秦燔书后，汉兴高堂生传《士礼》十七篇，又于孔壁得《礼古经》五十六篇，其十七篇与高堂生所传同；《记》百三十一篇，七十子后学者所记。以古礼仅存五十六篇，故学者无不重视《礼记》。今五十六篇又散佚矣。汉儒说经，为《仪礼》作注者绝少。马融但注《丧服》一篇，至康成乃注全经。自汉末以逮西晋，注《丧服》者，无虑二三十家，而注全经者，仅王肃一人而已。

今人见《仪礼》仅存十七篇，以为《礼古经》五十六篇，除十七篇外，悉已散佚。此不然也。案：小戴记《投壶》、《奔丧》二篇，郑《目录》云：实逸《曲礼》之正篇也。又，大戴记之《诸侯迁庙》、《诸侯衅庙》、《公冠》（《公冠》文简，是否全文，未可知，后附孝昭冠辞，文亦无多）三篇，皆当为逸礼之正篇。又郑注《内宰》，引《天子巡守礼》；注《司巫》、《月令》，引《中霤礼》，其文虽少，亦礼古经之正篇，当在五十六卷之数。依是数之，则十七篇外，今可知者又有七篇，合之得二十四篇。《礼经》之文，平易可读，汉儒所以不注者，或以其烦琐太甚，或以通习者不多（西汉习礼者有鲁国桓公，见刘歆《移让太常博士书》，其授受不可知）。盖汉人治经谨慎，非有师受，不敢妄说。康成但注十七篇者，亦以三十九篇先师未有讲说故耳。

礼书序次，大小戴及《别录》，彼此不同。其以《士冠》、《士昏》、《士相见》为次，则三家未有违异。郑氏次第，悉依《别录》。其经文有今古文之异者，郑于字从今者下注古文作某，从古者，下注今文作某。所谓今古文，非立说有异，不过文字之异耳。自汉以来，传《丧服》者独盛（马融而后，三国蒋琬亦作《丧服要记》一卷）。小戴记论《丧服》者十余篇，大戴记亦有论丧服变除之言，见《通典》所引。古人三年之丧，未葬，服斩衰，居倚庐，寝苦枕块；既葬，齐衰，居垩室；小祥以后，衰裳练冠，居外寝；大祥则禫服素冠，出垩室，始居内寝（《檀弓》言祥而缟，盖缟冠素纰也。素即白绢。《诗·桧风》①："素冠，刺不能三年也"）。禫服三月之后，则以墨经白纬为冠，得佩纷帨之属，寝有床，犹别内，始饮醴酒。逾月复吉，三年之礼乃成，此即所谓丧服变除。盖古人居丧，兼居处饮食言之，非专系于冠服也。汉人居丧尚合古法，故能精讲《丧服》。韩昌黎自比孟子，而言《仪礼》行于今者盖寡，沿袭不同，复之无由，考于今，诚无所用之，夫《仪礼》在后代可用者诚少，然昏礼至今尚用纳采、问名、纳吉、纳征、请期、亲迎之名，丧礼亦尚有古人遗意，冠礼至唐已废，乡饮酒礼六朝至唐仍沿用之。昌黎疏于礼，故为此言耳。《丧服》一篇，自汉末以至六朝、讲究精密，《通典》录其论议，多至二三十卷。

---

① 程千帆校记："'桧风'下，疑夺'序'字"。

其中疑难，约有数端。出妻之子为母期，而嫁母之有服、无服，《仪礼》未有明文。或以为应视出母，或以为嫁由自绝，与被出有异。又为人后者，议论纷繁。《传》曰："为人后者孰后？后大宗也。"大宗不可以绝，故族人以支子后大宗。汉代王侯往往以无子国除，此不行古代后大宗之礼也。否则，王侯传国四五代，必有近支可承，何至无子国除？迨元始时，始令诸侯王、公、列侯、关内侯无子而有孙、若子、同产子者，皆得以为嗣。师古曰："子同产子者，谓养昆弟之子为子者。"如诸葛亮以兄子为子，皇甫谧出后其叔，此皆非后大宗，与《仪礼》之为人后者不相应。《唐律》于此亦称养子。《开元礼》有为人后者，实即养子也。后人误以养子为即俗称之螟蛉子，因疑《唐律》既许养子，何以又有不许养异姓男一条。不知《唐律》所称养子是养同宗于昭穆相当者也。《仪礼》：为人后者，为其父母降为齐衰不杖期，盖持重于大宗者，降其小宗也。然魏晋六朝人于三年之内不得嫁娶，即子女嫁娶亦所不许。曹公为子整与袁谭结婚，裴松之曰："绍死至此过周五月耳，谭虽出后其伯，不为绍服三年，而于再期之内以行吉礼，悖矣。"于此可见古人守礼之严。至今所谓养子者，魏时或为《四孤论》曰："遇兵饥馑有卖子者、有弃沟壑者、有生而父母亡复无缌麻亲其死必也者、有俗人以五月生子妨忌不举者。"有家无儿，收养教训成人，则对于公妪育养者应有服否，三国、两晋论议甚多，或以为宜服齐衰周，方之继父同居者，此议斟酌尽善，可补《仪礼》之阙。《仪礼》制于宗法时代，秦汉而后，宗法渐衰，自有可斟酌损益之处。《开元礼》亦有与《仪礼》不同者，《仪礼》父在为母齐衰期，武后时，改为父在为母齐衰三年；《仪礼》为祖父母齐衰不杖期，为曾祖父母齐衰三月，高祖之服则无有（或以为古人婚晚，玄孙不及见，高祖故无服，其说非是，恐高祖以上概括在曾祖之内），《开元礼》改为曾祖父母齐衰五月正服，为高祖父母齐衰三月加服。嫂叔本无服，盖推而远之也。唐太宗以同爨尚有缌麻之恩，增叔嫂小功五月义服。古人外亲之服皆缌，为外祖父母小功，以尊加也。为舅缌，从服也。母之姐妹曰从母，而舅不可称从父，故为从母小功，以名加也，此亦古人之执著。《开元礼》改为舅及从母小功正服。综此四条，悉当情理。六朝人天性独厚，守礼最笃，其视君臣之义，不若父子之恩，讲论《丧服》，多有精义。唐人议礼定服，亦尚有法，不似后世之枉戾失中也。服有降服、正服、义服。斩衰无降服，衰以缕之粗细为等，斩者不缉也。为父正服，为君义服；故为父斩衰三升，为君三升半，父子之恩固重于君臣之义也。魏太子会众宾百数十人，太子建议曰："君父各有笃疾，有药一丸，可救一人，当救君耶？父耶？"众人纷纭，或父或君。邴原在座，不与此论。太子咨之于原，原悖然对曰："父也！"南朝二百七十余年，国势虽不盛强，而维持人纪，为功特多。《丧服》一篇，师儒无不悉心探讨，以是团体固结，虽陵夷而不至澌灭。此所谓鲁秉周礼，未可取也。宋代理学家亦知讲求古礼，至明人而渐不能矣。今讲《仪礼》，自以《丧服》为最要。

《隋书·经籍志》云："汉初，河间献王得仲尼弟子及后学者所记一百三十一篇献之，至刘向校书，检得一百三十篇，第而叙之，又得《明堂阴阳记》三十三篇、《孔子三朝记》七篇。《王氏史氏记》二十一篇①、《乐记》二十三篇，凡五种，合二百十四篇。戴德删其繁重，合而记之，为八十五篇，谓之大戴记；而戴圣又删大戴之书为四十六篇，谓之小戴记。马融传小戴之学，又足《月令》一篇、《明堂位》一篇、《乐记》一篇，合四十九篇。"今大戴记存三十九篇，小戴记四十九篇。《投壶》、《哀公问》两篇，二戴所同，合得八十六篇。大戴亡佚篇目，今不可考。钱晓徵以为小戴实止四十六篇，今《曲礼》、《檀弓》、《杂记》俱分上下，故为四十九篇；以小戴四十六，合大戴八十五，即古记之百三十一篇也。其说殊未谛。《乐记》二十三篇，本不在古记之数。今《乐记》断取十一篇为一篇，

---

① 程千帆校记："《廿二史考异》云：'《汉书》作'王史氏'。王史，复姓也，此衍一'氏'字。"

以入《礼记》。《月令》与《明堂位》同属《明堂阴阳记》，大戴《盛德篇》亦应属《明堂阴阳记》。古记百三十一篇之数，决不如钱氏所举也。

又二戴所录，有非礼家之言。如大戴之《千乘》、《四代》、《虞》，戴德《诰志》、《小辨》、《用兵》、《少闲》七篇，采自《孔子三朝记》（唐人所引直称《三朝记》）。《汉志·儒家》：《子思》二十三篇；《曾子》十八篇。大戴录《曾子》《立事》以下十篇，而小戴之《中庸》、《坊记》、《表记》、《缁衣》四篇，当为子思之书。又大戴《武王践阼》录自《太公阴谋》，《汉志》以太公人道家。此皆二戴所采诸子之文，凡二十二篇。又小戴《王制》，乃孝文帝令博士所作，大戴《公冠》后附孝昭冠辞，并非古记旧有，更去其属于《明堂阴阳记》及《乐记》者，删其复重《投壶》、《哀公问》二篇，则二戴记中可说为古记之旧者，不及百三十一篇之半。又如通论之篇，若《儒行》、《大学》等，是否在百三十一篇中，尚难言也。

《礼记》一书，杂糅今古文之说。《王制》一篇为今文家言，其言封建，采用《孟子》，言养老不知所据。惟《丧礼》、《丧服》无今古文之异，《礼记》言此綦详。自明以来，读经所以应科举，以《丧礼》、《丧服》不在程试范围，则删节不读。其实读《礼记》以《丧礼》、《丧服》为最要。余如《儒行》、《大学》、《表记》、《坊记》、《缁衣》等篇，皆言寻常修己治人之道，亦无今古文之异。凡此，皆《礼记》之可信者。若言典章制度，则宜从古文不从今文，古文无谬误，今文多纰漏也。

三礼郑注之后，孔贾之疏已为尽善，清人以贾疏尚有未尽，胡培翚作《仪礼正义》，孙诒让作《周礼正义》。由今观之，新疏自比贾疏更精。《礼记》孔疏理晰而词富，清儒无以复加，朱彬作《训纂》，不过比于补注而已。大戴礼自北魏卢辩作注，历千余年，讹舛不可卒读，戴震校之，孔广森作《补注》，但阙佚已多耳。说礼者皆称三礼，而屏弃大戴不道。其实，大戴礼亦多精义，应与小戴并举，而称四礼。理学家最重小戴，以

《大学》、《中庸》并在其中故。独杨慈湖以为大戴多孔子遗言，所作《先圣大训》录大戴记特多。二戴记中《哀公问》、《儒行》、《仲尼燕居》、《孔子闲居》、《王言》诸篇，皆孔子一人之言。七十子后学者所记，《汉志》不入《论语》家，独《三朝记》入《论语》家，殆以《三朝》七篇，文理古奥，与余篇不同，或是孔子手作，或是孔子口说、弟子笔录者尔。

关于《春秋》者，余所著《春秋左氏疑义答问》大旨略具，今所讲者，补其未备而已。

问《春秋》起于何时？曰：晋之《乘》、楚之《梼杌》、鲁之《春秋》，皆在孔子之前。《周官》："外史，掌四方之志"，郑注云：谓若晋之《乘》、楚之《梼杌》、鲁之《春秋》。是《春秋》起于周，非始于古代也。《左传》："韩宣子适鲁，见《易象》与鲁《春秋》，曰：'周礼尽在鲁矣。吾乃今知周公之德与周之所以王也。'"孔疏云：鲁《春秋》遵周公之典以序时事，发凡言例，皆是周公制之。然韩宣子云周礼在鲁者，所以美周公之德耳，非谓《易象》、《春秋》是周公所作也。《春秋》备纪年、时、月、日，《尚书》往往有年有月有日而无时（惟"秋大获"一句纪时，其余不见），其纪年月日又无定例。如《书序》："惟十有一年，武王伐殷。"此所谓十有一年者，以文王受命起数，非武王之纪元也。纪年之法，苟且如此，即为未有《春秋》编年之法之故。今人以为古圣制礼作乐，必无不能纪年之理。其实，非惟周公未知纪年之法，即孔子亦何尝思及本纪、世家、列传哉！太史公《三代世表》谓"余读牒记，黄帝以来，皆有年数，稽其历谱牒终始五德之传，古文咸不同、乖异，夫子之弗论次其年月，岂虚哉"！可见史公所见周秦以前书不少，而纪年各不同。今观《竹书记年》（七国时书），自黄帝以来，亦皆有年数，而与王孙满所称"鼎迁于商，载祀六百"违异。此为古无纪年之作，后人据历推之（战国时有六家历，《汉书·律历志》所云黄帝、颛顼、夏、殷、周及鲁历是也。《艺文志》春秋家有太古以来年纪二篇，当亦此类）。各家所推不同，故竹书所载与古语不符也。太史公不信谱牒，故于三代但作世表，共和以后，始著《十二诸侯年表》。《大戴礼·五帝德》称"宰予问于孔子曰：昔者，予闻诸荣伊令'黄帝三百年'，请问黄帝者人耶？抑非人耶？何以至于三百年乎？"如当时有纪年之书，宰予何为发此问哉？刘歆作《三统历》以说《春秋》，班氏以为推法密要。然周以前不可推，以古人历疏，往往有日无月，不能以月日推也。

《十二诸侯年表》，始于共和元年，余意《春秋》之作，即在共和之后。盖宣王即位，补记共和时事而有《春秋》也。观《十二诸侯年表》，诸侯卒与即位均书年，可见《春秋》编年之法即在此时发明者，于时厉王出奔，宣王未立，元年者，谁之元年乎？《春秋》以道名分，故书共和元年也。《墨子·明鬼》历举周之春秋、燕之春秋、宋之春秋、齐之春秋，而始于杜伯射宣王事。前乎此者，但征及《诗》、《书》而已。可见宣王以前无《春秋》也。宣王中兴令主，不但武功昭著，即文化亦远迈前古。改古文为籀文，易纪事以编年，皆发明绝大者也。至列国之有春秋，则时有早晚，决非同时并作。《晋世家》记穆侯四年取齐女姜氏为夫人，当周宣王二十年，是晋于是始有春秋。其余各国皆在宣王之后。鲁之《春秋》，始于隐公元年，当平王四十九年，上去共和元年历一百一十九年。其所以始于隐公者，汉儒罕言其故。杜元凯谓平王东周之始王，隐公让国之贤君，故托始于此。此殆未然。列国春秋，本非同时并作，鲁则隐公时始有春秋耳，非孔子有意托始于隐公也。后人以太史公世家首太伯，列传首夷、齐，推之《春秋》殆于鲁隐，其意正同。其实太史公或有此意，孔子则未必然。隐公但有让桓之言，而无其实事。云"使营菟裘，吾将老焉"者，不过寻常酬酢语耳，何尝真以国让哉！

周之史官有辛甲、尹佚。尹佚即史佚，其书二篇，《艺文志》入墨家。《吕氏春秋·当染篇》云："鲁惠公使宰让请郊庙之礼于天子，桓王（当作平王）使史角往，惠公止之。其后在于鲁，墨子学焉。"墨子之学，出于史角，由此可知史角即尹佚之后。鲁有《春秋》，殆自史角始矣。

《左传》所载五十凡例，杜氏以为周公之旧典。盖据传凡例谓之礼经，而谓此礼经为周公所制也。然时王之礼皆是礼经，岂必周公所制然后谓之礼经哉！余意五十凡例乃宣王始作春秋之时王朝特起之例。列国之史，其凡例由周室颁布抑列国自定，今不可知。要之，当时之礼即可谓之礼经，不必定是周公作也。

作史不得不有凡例，太史公、班孟坚之作有无凡例不可知。范蔚宗作《后汉书》则有之（《宋书·范晔传》云"班氏任情无例，吾杂传论，皆有精意，纪传例为举其大略耳"），惟今不可见。唐修《晋书》，非一人之作，不得不立凡例以齐一之。宋修《新唐书》，吕夏卿有《唐书直笔新例》一卷（见《宋史·艺文志》）。《新唐书》本纪、志、表，皆欧阳修作；列传则宋祁作。二人分工，如出一手，凡例之效也。大抵一人之作，不愿以凡例自限，《春秋》本不定出一史官之手，无例则有前后错误之虞，故不得不立凡例。惟《左传》所举五十凡例，不知为周史所遗抑鲁史自定之耳。

自来论孔子修《春秋》之故者，孟子曰："邪说暴行又作，臣弑其君者有之，子弑其父者有之，孔子惧，作《春秋》。"《公羊传》曰："君子曷为《春秋》？拨乱世，反诸正，莫近诸《春秋》。"公羊之论较孟子为简赅。然《春秋》者，史也。即在盛世，亦不可无史。《尚书》纪事，略无年月，或颇有而多阙，仅为片断之史料。《春秋》始有编年之法，史法于是一变，故不可谓《春秋》之作专为拨乱反正也。宋儒以为《春秋》贵王贱霸，此意适与《春秋》相反。《春秋》详述齐桓、晋文之事，尚霸之意显然。孟子、公羊，同然一辞。虽孟子论人，好论人心，以五霸为假。然假与不假，《春秋》所不论也。贵王贱霸之说，三传俱无，汉人偶亦及之，宋儒乃极言之耳。三传事迹不同，褒贬亦不同，而大旨则相近。所谓绌周、王鲁、为汉制法者，公羊固无其语，汉儒傅会以干人主，意在求售，非《春秋》之旨也。要之，立国不可无史，《春秋》之作，凡为述行事以存国性。以此为说，无可非难。今文化之国皆有史，惟不如中土详备。印度玄学之深，科学亦优，而其史则不可考。又如西域三十六国，徒以《汉书》有此一传，尚可据以知其大概，彼三十六国无史，至今不能自明其种类。中国之大，固不至如三十六国之泯焉无闻，然使堕入印度则易。此史之所以可贵，而《春秋》之所以作也。

问鲁之《春秋》，孔子何为修之？曰：鲁之《春秋》，一国之史也。欲以一国之春秋，包举列国之春秋，其事不易。当时之史，惟周之春秋最备，以列国纪载皆须上之周室（《史记·六国表》谓"秦既得志，烧天下《诗》、《书》，诸侯史记尤甚，为其所刺讥也。《诗》、《书》所以复见者，多藏人家，而史记独藏周室，以故灭"。可见七国时，列国之史犹藏周室）。孔子之作《春秋》，如欲包举列国之史，则非修周之春秋不为功。然周之《春秋》，孔子欲修之而不可得。鲁为父母之邦，故得修鲁之《春秋》耳。然鲁之《春秋》，局于一国，其于列国之事，或赴告不全，甚或有所隐讳，不能得其实事；即鲁史载笔，亦未必无误。如此则其纪载未必可信，不信则无从褒贬，不足传之后世。以故，孔子不得不观书于周史也。既窥百国之书，贯穿考核，然后能笔削一经尔。

嘉庆时，袁蕙缫据《左传》从赴之言，以孔子未尝笔削。然此可以一言破之：鲁史以鲁为范围，不得逾越范围而窜易之，使同于王室之史。孔子之修《春秋》，殆如今大理院判案，不问当事者事实，但据下级法庭所叙，正其判断之合法与否而已。传曰："非圣人谁能修之？"焉得谓孔子无治定旧史之事哉！乾隆时重修《明史》，一切依王鸿绪《明史稿》，略加论赞。孔子之修《春秋》，亦犹是也。所以必观书于周史者，《十二诸侯年表》云："孔子西观周室，论史记旧闻，兴于鲁而次《春秋》。""七十子之徒口受其传指。为有所刺讥，褒讳挹损之文辞，不可以书见也。鲁君子左丘明，惧弟子人人异端，各安其意，失其真，故因孔子史记，具论其语，成《左氏春秋》。"据此可知，孔子观周与修《春秋》之关系浅，与作《左传》关系深，然自孔子感麟制作，以讫文成，为时亦当一年，更逾年而孔子卒。古之学者，三年而通一艺，《春秋》二百四十二年之事，以授弟子，恐非期月之间所能深通。今观仲尼弟子所著，如《曾子》十八篇，无一言及《春秋》者。太史公云："春秋笔则笔，削则削，子夏之徒不能赞一辞。"信矣！盖《春秋》与《诗》、《书》、《礼》、《乐》不同，《诗》、《书》、《礼》、《乐》，自古以之教人；《春秋》，官史之宝书，非他人所素习。文成一年，微言遂绝，故以子夏之贤，曾无启予之效。而太史公又谓七十子咸受传指，人人异端，盖已过矣。诚令弟子人人异端，则《论语》应载其说，传文何其阙如？尝谓《春秋》既成，能通其传指者甚少，亦如《太史公书》惟杨恽为能祖述耳。左丘明身为鲁史，与孔子同观周室，孔子作经，不暇更为之传，既卒，而弟子又莫能继其志。于是其论其事而作传耳。

孟子曰："《春秋》，天子之事也。是故，孔子曰：'知我者，其惟《春秋》乎！罪我者，其惟《春秋》乎！'"案，《说文》事从史之省声，史所以记事，可知事即史也。《春秋》天子之事者，犹云《春秋》天子之史记矣。后人解《孟子》，以为孔子匹夫而行天子为事，故曰罪我者其惟《春秋》，此大谬也。周史秘藏，孔子窥之，而又泄之于外，故有罪焉尔。向来国史实录，秘不示人。明清两代，作实录成，焚其稿本，弃其灰于太液池。以近例远，正复相似。岂徒国史秘密，其凡例当亦秘密，故又曰："其义则丘窃取之矣。"义即凡例之谓。窃取其义者，犹云盗其凡例也。孟子之言至明白，而后人不了其义，遂有汉儒之妄说。夫司马子长身为史官，作史固其所也。班孟坚因其父业而修《汉书》，即有人告私改作国史者，而被收系狱。《后汉书》亦私家之作，然著述于易代之后，故不以私作为罪。《新五代史》亦私家之作，所以不为罪者，徒以宋世法律之宽耳。若庄廷铖私修《明史》，生前未蒙刑罪，死后乃至戮尸。国史之不可私作也如此。故孔子曰窃取、曰罪我矣。

孔子之修《春秋》，其意在保存史书，不修则独藏周室，修之则传诸其人。秦之燔书，周室之史一炬无存，至今日而犹得闻十二诸侯之事者，独赖孔子之修《春秋》耳。使孔子不修《春秋》，丘明不述《左传》，则今日之视春秋犹是洪荒之世已。（以上论孔子修《春秋》）

《公羊传》云："所见异辞，所闻异辞，所传闻异辞。"此语不然。公羊在野之人，不知国史，以事实为传闻，其实鲁有国史，非传闻也。董仲舒、何休更以所见之世为著太平，所闻之世为见升平，所传闻之世为起衰乱，分二百四十二年以为三世，然公羊本谓《春秋》拨乱世、反诸正，是指二百四十二年皆为乱世也。

僖公经二十八年："天王狩于河阳。"《左传》称仲尼曰："以臣召君，不可以训，故书曰：'天王狩于河阳。'"似传意以此为孔子所修。然《史记·晋世家》称孔子读史记，至文公曰："诸侯无召王。'王狩河阳'者，《春秋》讳之也。"则知此乃晋史旧文，孔子据而录之耳。是故，杜氏以诸称"书"、"不书"、"先书"、"故书"，"不言"、"不称"、"书曰"之类皆是孔子新意，正未必然。惟《赵世家》云："孔子闻赵简子不请晋君而执邯郸午、保晋阳，故书《春秋》曰：'赵鞅以晋阳叛。'"此当为孔子特笔。又，《左传》具论《春秋》非圣人不能修，盖以书齐豹曰盗、三叛人名为孔子特笔。外此，则孔子特笔治定者殆无几焉。《春秋》本史官旧文，前后史官意见不同，故褒贬不能一致。例如《史》、《汉》二书，太史公所讥，往往为班孟坚所许，《春秋》之褒贬，当作如是观矣。宋人谓《春秋》本无褒贬（朱晦庵即如此说），则又不然。三传皆明言褒贬，不褒贬无以为惩劝，乱臣贼子何为而惧也。胡安国谓圣人以天自处，故王亦可贬。此又荒谬之说也。晋侯、齐侯，贬称曰人，略之而已，无妨于实事。如称齐伯、晋伯，则名实乖违，夫岂其可？如胡氏之言，孔子可任意褒贬，则充类至尽，必至如洪秀全所为。洪秀全自称天王，而贬秦始皇曰秦始侯，贬汉高祖曰汉高侯，可笑孰甚焉？余意褒贬二字，犹言详略，天子诸侯之爵位略而不书，有贬云乎哉！

《春秋》三传者，《左氏》、《公羊》、《谷梁》是也。《史记》称《左氏》曰春秋，称《公》、《谷》曰传。清刘逢禄据是谓《左氏春秋》犹《晏子春秋》、《吕氏春秋》也。刘歆等改左氏为传《春秋》之书。东汉以后，以讹传讹，冒曰《春秋左氏传》，不知春秋固为史书之通称，而传之名号亦广矣。孟子常称"于传有之"，是凡经传无不可称传，孔子作《易》十翼，后人称曰象传、象传、文言传、系辞传是也。左氏之初称传与否，今莫能详。太史公云："左邱明因孔子史记具论其语，成《左氏春秋》。"此谓丘明述传，本以说经。故桓谭《新论》（《太平御览》引）云："左氏传于经，犹衣之表里，相持而成。"焉得谓是《晏子》、《吕览》之比？盖左氏之旨，在采集事实，以考同异、明义法，不以训故为事，本与其余释经之传不同。《春秋》不须训故，即《公》、《谷》亦不重训故也。

《春秋》经十二公，何人所题（三体石经今存文公篇题）？哀公经又何人所题？是当属左氏无疑。《汉志》：《春秋古经》十二篇、经十一卷。此因《公》、《谷》合闵于庄，而《左氏》则庄、闵各卷，故《公》、《谷》十一，而《古经》十二也。闵公历年不久，篇卷短少，故合之于庄，乃何休则以为"三年无改于父之道"，不以凿乎？

《汉志》：《春秋古经》十二篇，《左氏传》三十卷，是经、传别行。杜元凯作注，始合经传而释之。昔马融作《周官传》，就经为注。康成注《易》以十翼合之于经，皆所以便讽籀耳。《论衡·案书篇》云："《春秋左氏传》者，盖出孔子壁中。"而《汉志》称孔壁所得止有《尚书》、《礼记》、《论语》、《孝经》。《说文序》云："鲁恭王坏孔子宅，而得《礼记》、《尚书》、《春秋》、《论语》、《孝经》，又北平侯张苍献《春秋左氏传》。"张苍所献者，是否经传合编，则不可知。今《左氏》经文已经后师用《公》、《谷》校改，观三体石经与今本不同可知也。《儒林传》称贾谊为《左氏传训故》，是《左氏传》先恭王坏壁而出，《说文序》云张苍献之，是也。

唐赵匡云：邱明者，盖夫子以前贤人，如史佚、迟任之流，而刘歆以为《春秋左氏传》是邱明所为耳。案：昔人所以致疑于左氏者，以《左传》称鲁悼公之谥。鲁悼之卒，后于获麟五十年。又称赵襄子之谥，赵襄之卒，更在其后四年。如左氏与孔子同时，不至如此老寿。然考仲尼弟子，老寿者多。《史记·仲尼弟子列传》称子夏少孔子四十岁，《六国表》称魏文侯十八年受经子夏，时子夏一百一岁矣。至文侯二十五年，子夏一百有八，《魏世家》犹有受经艺之文。假令左氏之年与子夏相若，所举谥号在鲁元初年，其时不过八十余岁，未为笃老也。又《吕览·长利篇》载南宫括与鲁缪公论辛宽语。缪公之卒，上距元公之初五十余年，南宫得见缪公，则何疑于左氏之不逮元公也。刘向《别录》称左邱明授曾申，申授吴起，起授其子期，期授楚人铎椒，铎椒作抄撮八卷，授虞卿，虞卿作抄撮九卷，授荀卿，荀卿授张苍。案：《吕氏春秋·当染篇》、《史记》列传，皆称吴起学于曾子（《檀弓》亦称曾申为曾子）；《说苑·建本篇》称魏武侯问元年于吴子，则起受《左氏春秋》于曾申可信（起死在鲁缪公二十七年，去获麟已百岁）。《十二诸侯年表》云："铎椒为楚威王傅（威王元年去获麟一百四十二年），为王不能尽观《春秋》，采取成败，卒四十章，为《铎氏微》。"微者，具体而微之谓，即抄撮是也。《左传》全文十七万字，合经文则十九万字，简编之繁重如此，观览不易，传布亦难矣。《汉志》云："《春秋》所贬损大人、当世君臣，有威权势力、其事实皆形于传，是以隐其书而不宣，所以免时难也。"抑亦未尽之论，恐《左氏》之不显，正为简编繁重之故，此铎椒所以作抄撮也。

《吕氏春秋》、《韩非子》诸书多引《左氏》之文，其所见是否《左氏》全文抑仅见铎氏抄撮，今无可征。至《公》、《谷》所举事实，与《左氏》有同有异。大概《公》、《谷》本诸《铎氏》，其不同者，铎本所无耳。《别录》云：铎椒授虞卿，以其时考之，虞卿欲以信陵君之存邯郸为平原君请封（本传），而铎椒为楚威王傅，自楚威王元年至信陵君救邯郸之岁，历八十三年，则卿不得亲受《春秋》于椒。《别录》所述，当有阙夺。又云：虞卿授荀卿，荀卿授张苍。虞卿相赵，荀卿赵人，自得见之。荀卿适楚而春申君以为兰陵令，春申君死而荀卿废（本传）。荀卿废后十八年秦并天下，时张苍为秦御史，主柱下方书。苍以汉景帝五年卒，年百有余岁（本传），则为御史时已三四十矣，其得事荀卿自可信。荀卿之卒，史无明文。《盐铁论》称李斯为相，荀卿为之不食，是荀卿亦寿考人也。苍献《左传》而传之贾谊。今观贾谊《新书》征引《左氏》甚多，其传授分明如此。

桓谭《新论》云：《左氏》传世后百余年，鲁谷梁赤为《春秋》，残略多所遗失；又有齐人公羊高缘经文作传，弥离其本事。观《公羊》隐十一年传称"子沈子曰"，何休云：沈子称子，冠氏上者，著其为师也。《谷梁》定元年传直称沈子，则沈子当与谷梁为同辈，此公、谷后先之证也。柏举之役，谷梁称蔡昭公归乃用事乎汉，公羊则改为用事乎河。盖公羊齐人，知有河而不知有汉，不知自楚归蔡，无事渡河，此公羊不明地理之过也（《史通》讥《公羊》记晋灵公使勇士贼赵盾，勇士见盾食鱼飧，叹以为俭，以为公羊生自齐邦，不详晋物，以东土所贱，谓西州亦然，遂目彼嘉馔呼为菲食，于物理全爽）。改一字而成巨谬，斯又《公羊》后出之证也。谷梁常引《尸子》之言，《汉志》云："尸子名佼，鲁人，秦相商君师之，鞅死，佼逃入蜀。"谷梁有闻于尸佼，疑其亦得见《秦记》。《六国表》称《秦记》不载月日，谷梁闻尸佼之说，见《秦记》之文，故以鲁史之书月日为义例所在矣。殽之役，《谷梁》言"秦越千里之险，入虚国，进不能守，退败其师，徒乱人子女之教，无男女之别，秦之为狄，自殽之战始也"。范宁不能解，杨士勋疏云："'乱人子女'，谓入滑之时纵暴乱也。"案，《史记·扁鹊传》云：秦缪公梦之帝所，帝告以"晋国且大乱，其后将霸，霸者之子且令而国男女无别"。夫献公之乱、文公之霸，而襄公败秦师于殽，而归纵淫，与《谷梁》之言合符。盖谷梁得之《秦记》尔。《史记》商君传："商君告赵良曰，始秦戎狄之教，父子无别，同室而居，今我更制其教，而为其男女之别。"此亦秦师败于殽而归纵淫之证也。至《谷梁》所记，亦有可笑者，如季孙行父秃、晋郤克眇、卫孙良夫跛、曹公子手偻，同时而聘于齐，齐使秃者御秃者，使眇者御眇者，使跛者御跛者，使偻者御偻者。此真齐东野人之语，而谷梁信之。又如宋、卫、陈、郑灾，《谷梁》述子产之言曰："是人也，同日为四国灾也。"岂以裨灶一人能同日为四国灾耶？

谷梁下笔矜慎，于事实不甚明了者，常出以怀疑之词，不敢武断。荀卿与申公皆传《谷梁》，大抵《谷梁》鲁学，有儒者之风，不甚重视王霸；公羊齐人，以《孟子》有"其事则齐桓、晋文"之言，故盛称齐桓，亦或过为偏护。何休更推演之，以为黜周、王鲁、为汉制法诸说，弥离《公羊》之本义矣。

《公羊》后师有"新周故宋"之说。《公羊》成十六年传：成周宣榭灾，"外灾不书，此何以书？新周也"。夫丰镐为旧都，成周为新都。《康诰》曰："周公初基作新大邑于东国洛。"《召诰》曰："乃社于新邑。"《洛诰》曰："王在新邑烝。"新周犹言新邑，周不可外，故书。义本坦易，无须曲解。故宋本非公羊家言，《谷梁》桓公二年传："孔子，故宋也。"孟僖子称孔子圣人之后，而灭于宋。《谷梁》亦谓孔子旧是宋人。新周、故宋，截然二事，董、何辈合而一之，以为上黜杞，下新周而故宋，此义实公、谷所无，由董、何读传文而立。至文家五等、质家三等之说，尤为傅会。《左氏》言：在礼，卿不会公、侯，会伯、子、男可也。《公羊》亦云：《春秋》，伯、子、男，一也。申之会，子产献伯、子、男会公之礼六。《鲁语》，叔孙穆子言诸侯有卿无军，伯、子、男有大夫无卿。据《周官》：上公九命、侯伯七命、子男五命，即谓公一等，侯伯一等，子男一等；至春秋时，则伯、子、男同等。此时王新制尔。若云素王改制，则子产、叔孙穆子皆在孔子修《春秋》以前，何以已有伯、子、男同班之说？仲舒未见《左氏》，不知《公羊》之语所由来，乃谓孔子改五等以为三等，为汉制法。其实，汉代止有王、侯二等，非三等也。

公羊即不见《左氏传》，或曾见铎氏抄撮，故其说亦有通于《左氏》者。如"元年春，王正月"，《左氏》云："王周正月。"王周犹后世之称皇唐、皇宋。谓此乃王周之正月，所以别于夏、殷也。《公羊》云："王者孰谓？谓文王也。曷为先言王而后言正月？王正月也。何言乎王正月？大一统也。"盖文王始称王、改正朔，故公羊以周正属之，其义与左氏不异。乃董仲舒演为通三统之说。如董说则夏建寅、商建丑，必将以二月为商正月，三月为夏正月，不得言王二月、王三月矣。

《公羊》本无神话，凡诸近神话者，皆《公羊》后师傅会而成。近人或谓始于董仲舒。案，《公羊》本以口授，至胡毋生乃著竹帛，当汉景帝时，则与仲舒同时也。何休解诂，一依胡毋生条例。盖妖妄之说，胡毋生已有之，不专出董氏也。《公羊》嫡传，汉初未有其人（戴宏之说，全无征验）。《论衡·案书篇》云："公羊高、谷梁置、胡毋氏皆传《春秋》，各门异户。"夫三人并列，可知胡毋生虽说《公羊》而亦自为一家之学。汉人传《尚书》者，小夏侯本受之大夏侯，后别立小夏侯一家。胡毋生之传《公羊》，亦其比矣。《别录》及《艺文志》但列公、谷、邹、夹四家，今谓应加胡毋氏为五家，庶几淄渑有辨。惜清儒未见及此，故其解释《公羊》总不能如晦之见明，如符之复合也。惟《公羊》得胡毋生而始著竹帛，使无胡毋生则《公羊》或竟中绝，然则胡毋生亦可谓《公羊》之功臣矣。

汉末钟繇不好《公羊》而好左氏，谓左氏为太官厨，《公羊》为卖饼家。自《公羊》本义为董、胡妄说所掩，而圣经等于神话，微言竟似预言，固与《推背图》、《烧饼歌》无别矣。今治三传自应以《左氏》为主，

《谷梁》可取者多,《公羊》颇有刻薄之语, 可取者亦尚不少, 如内诸夏、外夷狄之义, 三传所同, 而《公羊》独著明文。又讥世卿之意,《左》、《谷》皆有之, 而《公羊》于尹氏卒、崔氏出奔, 特言世卿非礼。故读《公羊传》者, 宜舍短取长, 知其为万世制法, 非为汉一代制法也。

史 学 略 说

今讲史学，先论部类。昔人以纪事、编年分类，此言其大要也。《隋书·经籍志》分史部为十三类：一、正史，《史记》、《汉书》属之。二、古史，编年者属之，如荀悦《汉纪》、袁宏《后汉纪》是。所以称古史者，既以本纪、列传为正史，则依《春秋》之体纯为编年者，不得不称古史也。三、杂史，既非本纪，又异编年，《逸周书》、《吴越春秋》、《战国策》之类属之，此皆率尔而作，非史策之正也。四、霸史，记载割据、僭窃，不成正统者属之，《华阳国志》、《十六国春秋》之类是也——以上四种，史之经，亦史之本也。五、起居注，帝王每日一言一动，均详记之，《隋志》以《穆天子传》开端。六、旧事，杂记典章制度、帝王、臣下之事，如《汉武故事》是。七、职官，昉于《周礼》，《隋书》以《汉官解诂》、《汉官仪》开端。《汉官解诂》模拟《周礼》，当时此种著作甚少，后则有《唐六典》以及近世会典（较《唐六典》为扩大）。《六典》整齐，《解诂》不整齐，斯其异也。八、仪注，以《汉旧仪》为首。《汉旧仪》卫宏所作，记当时礼制，今已残缺，本亦不甚详也。六朝时礼书甚多，今皆散佚，唐《开元礼》亦不存，惟会典中略引数条，宋《太常因革礼》犹存，明有《集礼》，清有《大清通礼》，皆仪注类也。《汉旧仪》但记朝廷之礼，《开元礼》则稍及民间杂礼。其专讲民间冠、婚、丧、祭者，有《书仪》一类（《书仪》亦入仪注，始作者刘宋王弘，晋王导之孙也）。

《文公家礼》亦其属也。家礼六朝时已有之，或曰书仪，或曰家礼，名目异耳。九、律令，记历朝法律之作，不甚完备，《隋志》以《晋律》开端。十、杂传，包举今之志书，碑传集等，汉《三辅决录》专记三辅人物，《陈留耆旧传》、《襄阳耆旧传》体例亦同，《隋志》皆入杂传类，而今则入方志人物门。其中有与地理相混者，如《海岱志》、《豫章志》，观其标题，宛然地志。所以不入地志者，记地理者少，记人物者多故也。外此，《列女传》、《列仙传》亦入此类。要之，如方志之入物门矣。《隋书》有可议者，《搜神记》、《冤魂记》列入杂传，二书固传体，然鬼神之事，焉得入史部乎？十一、地理，地理书著录无几，单记一方者曰图经，如《幽州图经》、《齐州图经》是。其统记全国者，则有炀帝时所定之《区宇图志》一百二十九卷，体例仿佛后之一统志，今已不传。其后，唐有《元和郡县志》，宋有《太平寰宇记》、《元丰九域志》。此三书皆统记全国地理者也。而《寰宇记》一百九十三卷为最详；《元和志》仅四十余卷为最简。《明一统志》九十卷，《清一统志》五百卷，已觉繁而不杀，而《元一统志》有一千卷之多，虽领域寥廓，亦何至烦冗至此，今亦无传。《元和郡县志》于郡县之建立，山川之位置，财赋之丰啬，均极详明，而不载人物。隋《区宇志》今不可见，不知体例何如，恐亦不载人物也。故杂传、地理分而为二，凡以杂传载人物、地理不载人物故。十二、谱系，《世本》、《汉氏帝王谱》、《百家集谱》之类皆是。此种谱牒，专录贵族，不及齐民。至于六朝，人尚门第，所作綦繁，刘孝标《世说新语注》所引，多至数十家，当时重视谱牒可知。唐有《元和姓纂》（今缺数卷），此后作者渐近渐稀。宋郑樵《通志氏族略》，大体尚佳，而多附会，不及南宋邓名世《姓氏书辨正》之精确。此皆国家官修之谱，非私家著作可比。官修之谱者，唐以前各处皆设谱局，有司与闻其事。所以设谱局者，以六朝人尚门第，士大夫不得与舆、台、皂、隶通婚。设有干犯，有司得纠劾治罪，《文选》沈休文《奏弹王源》是也。门第之风替，而谱牒之学衰，欧阳修、苏洵辈之私谱代之而兴。此谱牒兴衰之大凡也。唐人封爵，以郡望为准（唐人封爵，或依郡望，或依祖宗籍贯，李白之所以不能确知为何处人者，以其所称陇西，本李广产地。乃郡望非地名故，或曰蜀，或曰山东，至今不可确知也。又唐人封爵，如依其所生之县名而有错误，可请更正。林宝《元和姓纂》之作，即为此故。宋以后封爵随便，然苏轼封武功伯亦因苏之远祖为苏味道，武功人，故轼虽生长四川，仍以武功封之也）。宋以后此风渐废，婚姻封爵不以谱系为准，则谱系乃一家私事，故不设局耳。十三、簿录，以刘向《七略》《别录》、荀勖《中经簿》为首，今所谓目录者是。此十三类，大体已具，犹有不足者，今姑不论。历代之所损益，但依清人四库分类论之。四库分类与《隋志》略近而稍变，名古史曰编年，别立纪事本末一门（纪事本末始于宋之袁枢）。又诏令奏议别为一类，有时令而无谱系。此其大较也。诏令奏议，于古收入文集。帝王亲制，入帝王一己之集；词臣代拟，亦入词臣一己之集。陆宣公奏议入《翰苑集》。宋人文集有内制、外制，是其证也（中书舍人知制诰所拟者曰外制，翰林学士所拟者曰内制）。宋人然，明人亦然，至清则文与诏令奏议有分。盖古人奏议美富，后世渐不成文。能文之士，不愿以奏议入集，故分编也（欧阳修论吕夷简云："夷简为陛下宰相十有九年，误了天下。"此与今白话文相似，甚且谓"盗贼一日多似一日，人民一日穷似一日"，则竟不成文理矣。然犹以之入集）。又古人奏议，多出己手，近世惟京官无幕友为之捉刀。地方督抚所上折，出幕友手者十七八。目不识丁之武夫，一为督抚，奏议亦有佳作。即如刘铭传辈亦何尝亲自操觚哉！以故，四库分之，亦不足怪。至于时令别为一类，最为可笑。时令者，于古有《夏小正》、《月令》之属，唐改《礼记·月令》作《唐月令》，颁行全国，且以冠《礼记》之首。当时重视《月令》，本不足怪。宋以后即不然，至近代则"是月也，东风解冻"等语，惟时宪书记之耳。此其语涉气候，本不成令，而四库别立一门者，清帝钦定之书，无可归类，又不可不录，故别立此门也。此门所录，只宋陈玄靓《岁时广记》及康熙钦定之《月令辑要》二书，存目虽立十余部，故为衬托而已，岂为正式收录哉？唐有官谱，谱系可信。宋以后不可信，以其不可信，故四库去谱系一门。然家谱自不甚可信，若《世本》以至《姓氏书辨正》，人皆称善，岂不可信？《元和姓纂》虽佚，依《永乐大典》辑成者亦略备。又《千家谱》乃官定之书，凌迪之《万姓统谱》，虽不足道，今其书犹在（北京图书馆有之），亦无甚荒谬处。其书体例如《尚友录》而较详，每一姓下，列入历代有名之人，梁贾执《英贤传》即如此作，见《广韵》所引，亦《万姓统谱》类也。迪之尚有《姓氏博考》，与谱系有关。以余观之，《世本》、《元和姓纂》、《千家谱》、《英贤传》、《姓氏博考》五书，应立一谱系门，如云书少，不足别为门类，则时令何以可别立一门耶？求其所以不立之故，殆以讲求谱系，即犯清室之忌。《广韵》每姓之下，注明汉姓、虏姓，如立谱系一门，必有汉姓、虏姓之辨，故不如迳删去耳。清修四库，于史部特注意；经部不甚犯忌，然皇侃《论语疏》犹须窜改；子部宋、元、明作者，亦有犯忌处；集部则更多——然皆不如史部之分明，故史部焚毁尤多。不立谱系，即其隐衷可见者也。《清史稿》史部有方略一门（清特开方略馆），《平定三藩方略》、《平定罗刹方略》、《平定粤寇方略》等属之。今案，方略列入史部，未为允当。《汉书·艺文志》有兵书略一门，四库入兵书于子部（诸子中有兵家一门）。然子部之兵书，本与其他有异。《孙子兵法》，《艺文志》有图九卷，魏武、诸葛之书，全属行军号令之作，戚继光《纪效新书》、《练兵实纪》亦然（《纪效新书》记御倭寇时行军法令，《练兵实纪》记守边时之军中法令，与《孙子兵法》略不同），皆兵家之方略也。由此观之，方略应入兵家。人谓著书无可归类，则入子部，余谓史部亦然。行军方略，略似纪事，故入史部，不知子部亦有纪事之作也。要而论之，清四库添诏令奏议一门，无可非议；时令一门，全属无谓；方略虽四库所无，而《清史稿》有之，然当入兵家，不当列入史部，而谱系一门，仍当补入者也。故以《隋志》较之，只应加诏令奏议一门而已。《隋志》所可议者，前所举《搜神记》、《冠魂记》不当入史部是也。又《竹谱》、《钱谱》之属，列入谱系，亦为不当。谱者，人之谱也，非物之谱也。四库于子部立谱录一门，则《竹谱》与《群芳谱》相等者当入此门。至于《钱谱》，有金石一门在，可列入也。要之，《隋志》大旨不谬，小有出入，今为纠正如此。然此就已分之四部言耳。如依《汉志》，则正史以下，皆当归入春秋家。不但《汉志》为然，齐王俭仿《七略》而作《七志》，亦入史部于经（《汉志·六艺略》入史部于春秋家，王俭《经典志》亦有史部之书）。详论源流，分部本宜如此，今以《隋志》为准，乃一时之权宜耳。

正史之名，昉于《隋志》，今以二十四史当之，《隋志》所录正史三千八十三卷，今二十四史三千二百四十卷。历年千余而所增益者无多，此何以故？今之所谓正史，以官定者为准。不颁学官，则不得谓之正史（自明以来以十三经、二十一史颁发学官）。而《隋志》所录，则只论其合于正史体裁与否，不问其官定私修也。故《后汉书》录八种，《晋书》亦录八种，皆不嫌重复（今二十四史惟唐、五代重复，李延寿《南、北史》略与魏、晋、齐、梁重复，但此系通史，与断代为书者不同）。盖史具五志三长者，皆得称为正史，如必立学官而后谓之正史，则当问去取之间，究以何者为准？假以官修为限，则范书是私修之史，《新五代史》亦然，即《史记》亦未纯为官修之书。司马迁为太史令，修史固其职责，惟其成书，乃在为中书令时（后代中书令士人为之，汉则阉人为之，掌出入奏事，与明司礼监之掌印秉笔随堂太监所掌略同）。迁续父业，未成而下蚕室，故其《报任少卿书》曰："草创未就，惜其不成，是以就极刑而无愠色。"《自序》又云："藏之名山，副在京师。"是其书生时未宣布也。殁后，书稍出。宣帝时，外孙杨恽，祖述其书，遂宣布焉。后代官修之史，须进呈于朝，《史记》则不然，知其本为官史，后则私家著述矣。《三国志》，陈寿除著作郎时所撰（晋以后太史令为著作郎，不掌修史事）。寿殁，梁州大中正范頵等表请就家写其书，则寿书生时亦未进呈，不得谓为官书也。寿又撰《古国志》五卜篇，寿师谯周著《古史考》乃考证之作，非记事之书。寿本之而作《古国志》。《古国志》今佚不见，以意求之，殆与《三国志》同类。《三国志》直称晋武为司马炎，如为官书，焉得不避讳乎？然则，《三国志》亦私史也。今二十四史并取《史记》、《三国志》、《后汉书》、《新五代史》，则所谓正史者，岂得以官修为准哉！古代史自《史记》外，别无他作可代。三国史当时虽有多种，后皆散佚无存，仅存寿书。《后汉书》谢承、华峤各有著述，然自宋以后，独范书具存。《五代史》自金章宗新定学令削薛存欧，而旧史遂微。然其书明代尚存，虽体例未善，而本末赅具。故司马温公作《通鉴》，于唐事则多采旧书，于五代则专据薛史。欧阳修作《五代史记》，自负上法《春秋》，于唐本纪大书契丹立晋，为通人所笑。此学《春秋》而误也。《春秋》书法，本不可学，"卫人立晋"云者，晋为卫宣之名，今契丹所立之晋，国名而非人名。东家之颦，不亦丑乎？欧书私家之作，如求官书，当以薛史为正，否则亦当二书并列。明代屏弃旧史，过矣（薛史至清而亡，四库诸臣依《永乐大典》排纂而成今书。昔皖人汪允中自言家有《旧五代史》原本，汪殁后不知其书所在。商务印书馆影印百衲本二十四史，欲得薛史原本，久征未得，人疑已入异域，后乃知在丁乃扬家。丁珍惜孤本，托言移家失去，世遂无有见者。修四库时，清政府若以帝王之力，多方访求，何至不获真本哉！惜其不求也）。

清儒以不立学官者为别史，王偁之《东都事略》是也（书述北宋九朝之事，王为南宋时人）。元修《宋史》，繁简失当；卷数之多，几及五百；一人二传，往往而有。自明以来，屡议改修。嘉靖中拟以严嵩为总裁，设局重修，其事未行。时有柯维骐者，作《宋史新编》二百卷。至清陈黄中作《宋史稿》一百七十卷。虽去取未能尽善，然纠谬补遗，足备一格。《元史》仓卒成书，纰漏最多。清末柯劭忞作《新元史》，屠寄作《蒙兀儿史记》。柯书征引繁博，体例似不及屠。屠书不载太祖、太宗等庙号，直称成吉思皇帝、完者笃皇帝、薛禅皇帝，谓元代诏令碑版，多如此称。称之曰太祖、太宗者，华人以尊号加之耳，未必合彼意也。应准名从主人之例，改为是称。余谓元人以鼠儿、牛儿纪年，则纪年似亦更改，而屠书未能从也。柯书繁富，屠有笔削，皆视旧史为优。列入正史，可无愧色，至宋史之柯、陈二家，可否列入正史，一时尚难论定。要之，正史范围，当从宽大，如《隋志》之尽量收入，亦无妨耳。

正史云云，又有当论述者，正统之说是也。《隋志》于正史之外，别有霸史，以霸匹正，则正言正统，霸言僭伪割据也。正统之说，论者纷然。北人以北朝为正统，唐初尚尔。而《隋志》则南北朝史并入正史。盖南北朝究竟以何方为正统，未易定也。若依夷夏之辨立论，自当以南朝为正，北朝非华人也；如以正统予元魏，则前之刘渊、石勒、苻坚，皆将以正统归之矣。斥刘、石而予魏、齐，岂持论之平哉！苻坚奄有中原，强逾东晋。而王猛临终语之曰："晋正朔相承，愿不以晋为图。"是猛固视晋为正统也。北魏初亦不敢自大，及魏收作《魏书》，始称东晋为僭晋，谥南朝曰岛夷（此亦报复之道，沈约作《宋书》，号北朝曰索虏。托跋编发为辫，故曰索头虏），助桀为虐，信为移史，唐人承隋，不得不以北朝为正。开元时萧颖士以为南朝正统，至萧梁而绝，作《梁不禅陈论》。实则梁敬帝禅位于陈，不能言陈无所受，而温公有陈氏何所受之说，殆为萧氏所误也。案，萧颖士为梁鄱阳王恢七世孙，梁氏宗室，自相构难，萧詧至以妻子质魏，导魏兵伐江陵，杀梁元帝。元帝之子敬帝，称帝建业，后禅位于陈，詧亦在襄阳即位，号后梁，至隋开皇七年，国废。党伐之见，萧家子弟，锢蔽最深。颖士偏私之言，岂可尽信？皇甫湜作《东晋元魏正闰论》，亦谓江陵之灭，则为周矣。陈氏自树而夺，无容于言。此盖唐人立言，不得不尔。《资治通鉴》则取宋、齐、梁、陈年号，以记诸国之事。自宋至陈，主国者皆汉人，自宜以正统予之，而朱晦庵作《纲目》，不分主从，并列南北朝年号。晦庵生于南宋，不知何以昧于夷夏之义如此。温公《通鉴》于三国则正魏闰蜀，《纲目》反之，以蜀为正统，此晦庵长于温公处。温公谓昭烈之于汉，虽云中山靖王之后，而族属疏远，不能记其世数名位，亦犹南唐烈祖之称吴王恪后，不当以光武为比（自长沙、靖王至光武，世系甚明）。此温公之偏见。徐知诰幼时为徐温所虏，其世系人无知者。若昭烈之称汉后，为当时敌国所共认，为汉中王时，群臣表于献帝，称肺腑枝叶、宗子藩翰，若果世系无考，曹操焉有不揭破其诈者？又吴蜀交恶，诸葛瑾与备笺云："关羽之亲，何如先帝？"设非汉裔，瑾何为此言哉？故以昭烈比徐知诰，亦温公之一失也。温公自言正闰之际，非所敢知，不过假其年号以识事之先后，故五代梁唐，亦取其年号纪事。而王船山则以为称五代者，宋人之辞，黥卒剧盗，犬羊之长，不能私之以称代。必不得已，于斯时也，而欲推一人以为之主，其杨行密、徐温、王建、李昪、钱镠、王潮之犹愈乎？尚有长人之心，而人或依之以偷安也。周自威烈王以后，七国交争，十二侯画地以待尽，赧王纳土朝秦，天下后世，固不以秦代周，而名之曰战国。然则天祐以后、建隆以前，谓之战国焉，允矣，何取于偏据速亡之盗夷而推崇为共主乎？严衍《通鉴补》亦言周社虽亡，秦命未集；昭襄虽强，犹齐楚耳。朱温篡唐毒浮于地；敬瑭巨虏，殄殃万民。梁、晋之罪，甚于黄巢。世有鲁连，必当蹈海。其书以周赧入秦，七雄分据，改称前列国；唐昭陨洛，五代迭兴，改称后列国。论甚公允。惟书之于册，甚不易于纪年。当时十国中称帝者四（吴、南唐、前蜀、后蜀，又南汉刘龑亦称帝），究以何人之年号为纲而附之以事乎？严书分注列国年号。按：分注之例，始于《纲目》，前之前、后《汉纪》，皆不分注。《纲目》与《通鉴》体例不同，毕沅《续通鉴》，于宋代纪年而下，旁注辽、金年号，显然违乱《通鉴》体例。严之《通鉴补》亦然。故空言甚易，成书则难。史家于此，所当郑重考虑也。霸史中如马令、陆游《南唐书》，吴任臣《十国春秋》，谢启昆《西魏书》（魏收在北齐作《魏书》，不载西魏，谢纂录故籍成此），皆足以资考订。至何者方可谓之正史，则清代以颁立学官者为限。民国以来，无此限制，亦不能再立范围矣。

《史记》于纪、传、表、志之外，[①] 别立世家，以纪列国诸侯。一统之朝，不宜有此。记僭伪之国曰载记，《晋书》有之，其体昉于《东观汉记》（东汉初年之群雄，如刘玄、公宾就等悉入载记）。《新五代史》立十国世家。十国中，如吴、越、荆南奉中原正朔者列入世家，固无不可，若南唐、孟蜀则帝制自为，不受册命，岂应列入世家？《宋史》亦以世家载开国时未灭诸国，实则皆当以载记称之，不当列入世家也。今《清史稿》沿前史之例，立《叛臣》、《逆臣》二传。其中如郑成功为残明孤忠，洪秀全亦未尝事清，志在光复，安得以叛逆目之？此皆当入载记者也。

《史记》十表最佳，《汉书》因之，范晔、陈寿已不能为，而宋熊方作《后汉书年表》十卷，补所未备，厥意可师。盖传所不能容者，见之于表，亦严密得中之道。故亲若宗房，贵如宰执，传有所不登，名未可竟灭者，皆可约之以表。《汉书·百官公卿表》所载，多功业低微之辈。后汉政归台阁，三公无权，选举诛赏，一由尚书（台阁者，尚书省也。尚书官小而势尊，出纳王命，敷奏万机，一如帝王之秘书厅矣），三公惟伴食耳。故范书立传不多，熊方补之，读者得一览了然，诚快事也。《新唐书》之《宰相世系表》，《汉书》之《古今人表》，皆属无谓（《宰相世系表》，推其始祖，记其后裔，宰相之家谱耳）。其《新唐书》之《方镇表》，《明史》之《七卿表》（六部尚书及都察院），《清史稿》之《疆臣表》（各省督抚），则增设而得当者也。

《史记》八书，未曾完具：《礼书》录自《荀子》，《乐书》全袭《乐记》，盖十[②]篇有录无书，后人杂取他篇以补之也。其实，太史公时，礼乐

---

① 吴永坤校记："'志'，似应作'书'。"
② 吴永坤校记："'十'，应作'八'。"

已有制作。叔孙通所定之朝仪，可入《礼书》；铙歌、楚调，可入《乐书》。不知何以剿袭充数也。《天官书》专载天文，夫星座方位，古今如一，似不必代有其书。然测天历代不同，则又不可省也。律、历二书，亦寡精要，史公所注意者，盖在《河渠》、《平准》、《封禅》三书耳。《前汉书》之《礼乐》、《律历》二志，较《史记》为详，其《天文志》则略同《史记》，加《五行志》以记灾异，则汉人最信五行也（《五行志》，后来史书无不有之，均法《汉书》之说怪异。《明史》则但载事物之变异，一无影射之言，斯为优矣）。后沈约《宋书》增《符瑞志》，斯无谓矣。《沟洫》、《食货》二志，亦较《史记》为详，《郊祀》意续《封禅》，《刑法》增而未尽。《地理》、《艺文》，《史记》不志，而《汉书》增之，沾溉后人不少。此班志之特长也。范蔚宗不能为志，后世以司马彪《续汉书》志补之。《百官》、《舆服》二志，彪所新设。《百官》述官制而不详，《舆服》可与礼乐同入一类。自此以后，书、志分门，无大变动。兵制为国家要政，而各史阙如。《新唐书》补之，可称特识。又有《选举志》，亦补前史所未备。天文一志，似无所用，惟《晋书》、《隋书》之天文志，详备可观，盖李淳风等所定也。又《隋书·律历志》，比较古今度量权衡而详列之，此亦《隋书》之特长，亦李淳风等所定也。《明史》天文、历法参用西术，详列图表。此皆后人特优之处。惟典章制度，史志所记不详。专门之书，则有《通典》《通考》诸书在。

《史记》《刺客》、《游侠》诸传，极形容之能事，史公意有不平，故为此激宕之文，非后人所当仿佛者也。《汉书》有《佞幸传》，载外嬖邓通、董贤之流，善柔便佞，虽无奸臣之气魄，而为祸则烈。若清代之和珅，亦可以入《佞幸传》也（初修《清史》时，人谓《清史》不当列《奸臣传》，以无人可当奸臣也。余谓和珅一流，入《佞幸传》可矣）。《史》、《汉》有《儒林传》，《后汉书》更益之以《文苑传》，《史记》之《司马相如传》、《汉书》之《杨雄传》，皆无大事可记，仅取其赋篇入传。

晋以后之文人，史传亦往往录其赋篇。是皆可入《文苑传》，举其篇名，不必全载其文。《后汉书》有《列女传》，搜次不行，不专节操（刘向《列女传》善恶兼收，不专崇节操），宋以后则为《烈女传》，专以激扬风教为事，与前史之旨趣违异。《后汉书》有《党锢传》，《宋史》析《儒林》而别传《道学》，清人颇致讥议。其实《道学》一传，可改称《党锢》，蔡京立元祐党人碑，韩侂胄禁伪学（当时士子应试，须先声明与伪学无关），程、朱皆在党禁之内，可不必分《儒林》、《道学》也，《明史》有《阉党传》，载刘瑾之党焦芳、魏忠贤之党魏广微等，皆阉官爪牙，交扇毒焰者。若入《宦者传》，则实非宦者；若入《奸臣传》，则不足名之曰奸臣；号曰阉党，亦无可奈何者也。王敦、桓温诸人，逆迹昭著，《晋书》置诸最后，示外之于晋。《新唐书》分《叛臣》、《逆臣》为二，自称王号不奉朝命者曰叛臣，称兵犯阙者曰逆臣。《明史》记民间揭竿而起如张献忠、李自成之辈，为《流寇列传》，此亦无可奈何者也（汉之黄巾无列传，唐之黄巢入《逆臣传》，张、李等未受朝官，不当入《逆臣传》而又不能无传，故曰无可奈何也）。前史于域外诸国，皆为列传，如《匈奴传》、《西域传》是。明之土司，在中国境内，不能与外国等视，《明史》因增《土司传》。凡此皆增补得当者也。

史传诸体，应增即增，不必限于前例。今若重修清史，应增《幕友》、《货殖》二传。前代虽有参军一职，实系军府僚属，与清代布衣参地方官之幕者不同（明代只有军幕，职掌奏启文移，无所谓刑名钱谷；至清则地方官多有之）。其始，满人出任地方官者，于例案一无所知，不得不延幕友以为辅佐；其后，虽非满人，亦延聘幕友。浙江巡抚李卫幕中有邬先生者，雍正曾予密谕，其势焰可以想见。此文幕也。至于军幕，如明季徐文长之参胡宗宪幕，不过管书记而已。清之军幕则不然。左宗棠初亦为幕友，靳辅幕中有陈潢，皆参与帷幄，自露头角者也。至《货殖列传》，则清末富商大贾，每足以左右国家财政。列之于策，亦足以使后来者觇国政焉。

乙部之书，编年与正史并重。《史记》以前，《春秋》为编年之史。《竹书纪年》虽六国人作，亦编年类也。盖史体至汉而备。《史记》、《汉书》、《东观汉记》三史之外（晋时以《史》、《汉》、《汉记》为三史，人多习之），又有荀悦《汉纪》（悦与彧、攸同宗，不附曹操，以建安十四年卒）。悦书奉诏而作。献帝以班书文繁难省，令悦依左氏传体为《汉纪》三十篇，则编年体也。其后有袁宏《后汉纪》，孙盛《魏氏春秋》、《晋阳秋》（不称春秋者，避简文宣太后讳也），习凿齿《汉晋春秋》。六朝人衍其绪余者，不可悉举。至司马温公之《资治通鉴》而集其大成。踵其后者，有李焘之《通鉴长编》，李心传之《建炎以来系年要录》，陈桱之《通鉴续编》。《长编》纪北宋一代之事，上接《通鉴》；《要录》述高宗一朝之事，与《长编》相接。至陈桱《通鉴续编》，体例不纯，有自为笔削处，当厕诸《通鉴纲目》之间。明薛应旂作《宋元通鉴》，清徐乾学作《通鉴后编》，毕沅作《续通鉴》，夏燮作《明通鉴》，其体例皆法《左氏传》，而不法《春秋经》，其兼法《春秋》而意存笔削者，则文中子《元经》、朱晦庵《纲目》是已。自明以来，作史者喜学《纲目》，清有《通鉴辑览》亦属《纲目》一类，而与《通鉴》体例不同。徐鼒《小腆纪年》，亦效法《纲目》，盖《通鉴》准则《汉纪》，虽有褒贬，无自存笔削之意，与沾沾以衮钺自喜者异也。

荀悦序《汉纪》，言立典有五志：一曰达道义，二曰章法式，三曰通古今，四曰著功勋，五曰表贤能。今案：班固之作《汉书》，其义亦不外此。志即所以章法式而通古今，传即所以著功勋而表贤能。至达道义一义，则为华夏史书所同具。袁宏生东晋之季，好发议论（荀《纪》议论甚劣），谓荀书足为佳作，然名教之本，帝王高义，则无有也。以余论之，袁书亦未为详尽，特议论甚长耳。盖彦伯所据，有谢承、华峤、司马彪。谢、沈诸家之书，点窜抉择，极费苦心，故其自序，言经营八年疲而不能定也（荀书只就班书旧文剪裁联络成书，较袁书为易）。彦伯之议论，有自相违异处，如《三国名臣赞》称荀彧云："英英文若，灵鉴洞照，始救生人，终明风概。"而《后汉纪》则言"魏氏得以代汉者，文若之力也"。盖赞主褒美，史须直笔，体例各有所当耳。《后汉纪》有可与范书比勘者，如一人之言语应对，两书不同；章奏文字，互有增省（章奏有案可稽，不应彼此不同；盖史官润色，故生歧异也）是也。孙、习二家之书，今不可见。《三国志》裴松之注略有称引。孙于魏氏，无甚卓见，其余晋事，则不可知。习书以蜀汉为正统，所以然者，习氏与桓温同时，见温觊觎非分，故著《汉晋春秋》以正之。然晋受魏禅，外魏则晋无所受。而习氏则以为魏文虽受汉禅，不得免于篡逆；平蜀以后，汉真亡耳，于是晋室始兴。故以晋承汉，不认曹魏。故名其书曰《汉晋春秋》。于司马昭弑高贵乡公，亦用直笔书之。晦庵《纲目》之正蜀闰魏，即导源于此也。南北朝之史籍，如《三十国春秋》等，至今一字无存，温公之作《通鉴》也，采撮甚广，异同互出，不敢自擅笔削之权，因有《考异》之作。盖传闻每多异辞，正史或有讹谬。温公既取可信者录之，复考校同异，辨证谬误，作《考异》以示来世，真所谓良工心苦也。至褒贬笔削之说，温公所不为。例之《太史公书》，亦无自存笔削之意也。观史公自序答壶遂之言曰："余所谓述故事，整齐其世传，非所谓作也。而君比之《春秋》，谬矣。"盖《春秋》有一定之凡例，而褒贬之释，三传不同，故《春秋》不可妄拟。《通鉴》之志，亦犹史公之志耳。

《通鉴》成书，较袁《纪》更难。荀《纪》所载，不过二百年事；袁《纪》不及二百年；《通鉴》则综贯一千三百六十余年之事，采撮之书，正史而外，杂史多至三百三十二种（华峤《后汉书》，温公恐不及见）。此一千三百六十余年中，事迹纷乱，整齐不易。荀《纪》点窜班《书》，无大改异，事固易为。袁《纪》略有异同，而当时史籍尚寡，不难考校。自三国至隋，史家著述，为数綦众，观《三国志》裴注征引者已有十余家。裴尚仅以陈寿为主，其余诸家，不甚依据。温公则兼收并蓄，不遗巨细。两晋南北朝之事，自《晋书》外，有王隐等十余家书，温公多采之。又如五胡十六国事迹，最为纷乱，而《通鉴》所叙，条理秩然。皆可以见其书功力之深也。

南北朝史，均病夸大，而《魏书》尤甚。《史通》反对南北朝史最烈。其实南朝之史尚优于北朝。南朝之史有可笑者，如沈约《晋书》阑入以牛易马之语于禅让之间，常以忠于前朝者为不知天命，其失仅在文章褒贬之间，不如魏收《魏书》之诬诞。《魏书》志官氏则曰"以鸟名官，远师少皞"，无怪《史通》之斥之也（《史通》之语曰："魏氏始兴边朔，少识典坟，鸟官创置，岂关郯子"）。又北人不读《诗》、《书》，而诏令口语，多引经典，亦无怪《史通》之赞王劭《齐志》也（王劭《齐志》多录当时鄙语，《史通》曰渠们、底个，江左彼此之辞；乃若君、卿，中朝汝我之义。氓俗有殊，土风有类，劭之所录，弘益多矣"）。《通鉴》于此，不甚别白，殆以为无关宏旨乎？《唐书》之外，周、齐二书，亦为夸大，至李延寿作《南、北史》，稍为减杀。是故整理南、北朝史，殊非易事。又《新唐书》采撷小说甚多，温公则依《旧唐书》，删存去取，其难百倍于他书也。通观《通鉴》所采，西汉全采《史》、《汉》；东汉采范《书》十之七八；魏晋至隋，采正史者，十之六七；唐则采正史者，十不及五（温公于《旧唐书》亦不甚满意）；至五代则全据薛《史》。编辑之时，汉魏属之刘攽；晋至六朝属之刘恕；唐及五代属之范祖禹。三人分修，而笔墨相近，盖温公颇加斟酌于其间也。大事之后，又系以"臣光曰"之论断，较之袁书，此为简易；较之荀书，此为透彻。书成上表，谓精力尽于此书，信不诬矣。书以资治为名，则无关政治之处，自非所重，是以不甚信四皓之事，于严子陵亦仅略著数笔，至于文人，尤为疏略，如欲考究文化，仅读《通鉴》，仍有所不足也。

史家载笔，直书其事，其义自见，本不必以一二字为褒贬。书法固当规定，正统殊可不问，所谓不过假年号以记事耳。《通鉴》视未成一统之局，与列国相等。如以魏为正统，而记载仍与吴、蜀相同，南北朝亦然。凡一统之君，死称崩，否则称殂。《通鉴》于三国魏主死称殂，蜀、吴二主亦称殂；南北朝南主称殂，北朝亦称殂。一统之国，大臣死称薨，否则称卒，与春秋列国大夫相同。此温公之书法，所以表示一统与否者也。其在一年中改元者，温公以后者为准，若受禅之际，上半年属胜代，下半年为新朝，亦以后者为准。如汉献帝二十五年之冬，禅于曹魏，纪汉则献帝止于二十四年，二十五年即为黄初元年；南北朝以南朝纪年，至隋开皇九年灭陈，始立隋纪。其在汉献未禅位之前，魏称王，汉称帝；开皇九年前，以陈称帝，隋称主，灭陈之岁，陈称主而隋称帝。温公书法如此，其实一年两纪，亦无不可。温公不欲两纪，故以后者为准。后人言温公夺汉太速，实亦逼于书法，无可如何也。《纲目》以蜀为正统，分注魏、吴二国年号于下，《通鉴》则止有大书，无分注之一法，后陈桱作《通鉴续编》二十四卷（桱生元末，入明为翰林编修），大书分注，全仿《纲目》，虽曰《通鉴续编》，实《纲目》之流亚也。沈周《客座新闻》载，桱著此书时，书宋太祖云"匡胤自立而还"，未辍笔，迅雷击案，桱端坐不慑，曰："虽击吾手，终不易也。"桱书颇有存亡继绝之意，如：后汉刘知远族裔据太原称北汉，《续编》仍存北汉年号；金哀宗之后，末帝承麟立仅一日，亦为之纪年；西辽传国数十年，《续编》详为分注；宋益王昰、卫王昺在瀛国公降元之后，播迁海岛，《续编》亦皆记之，以存宋统（元修《宋史》附《恭宗本纪》后）。清代君主对于此事，深恶痛疾，其不愿福、桂、唐三王得称正统，观御批《通鉴辑览》可知。甚至李光地《榕村语录》云："凡历代帝王，均有天质，不得随人私意，尊为正统。蜀汉之尊为正统者，重视诸葛武侯故耳。"乾隆时更发特谕，谓元人北去，在汉北称汗，其裔至清初始尽，设国灭统存，则元祚不当尽于至正；武王灭纣，武庚亦将仍为正统。此不知史为中国之史，胡元非我族类，驱出境外，宁有再系其年号之理？武庚已受周封，备位三恪，岂可与益、卫二王即位岭海者同年而语哉！然戴名世即以《南山集》论二王应称正统而得祸。由今观之，爱新觉罗氏既作此国亡统绝之论，则辽东之溥仪，自不得再有统绪之说可以藉口也。

薛应旂《宋元通鉴》无所取裁，重沓疏漏，不胜枚举。徐、毕二家之《续通鉴》，亦有误学《纲目》处，如年号之大书分注是也。宋、元二史，本文不佳，故采摭所得，不足动人。《通鉴》于可以发议论者，著以“臣光曰”之论断，此盖仿《左传》“君子曰”之例，荀、袁两纪亦然。毕沅《续通鉴》，不著议论。不知既无一字之褒贬，自不得不有论断，而毕书无之，难乎其为续矣。至夏燮之《明通鉴》，未免有头巾气。故资毕、夏二家之书可以上继《通鉴》者，谬也。

《纲目》本之《资治通鉴》，非晦庵亲著，乃其弟子赵师渊所作。“孔子作《春秋》，笔则笔、削则削，游、夏之徒不能赞一词”。晦庵则付之弟子，而自居其名。唐乔补阙知之有婢曰碧玉，善歌，知之为之不婚。不婚者，不娶妇也。《纲目》去一不字，曰：“知之为之婚。”纰缪之处，可见一斑。其所褒贬，颇欲与温公立异。三国以正统予蜀，持义固胜；而以南北朝年号并列，则昧夷夏之辨矣。温公推崇扬雄，既为《法言》作注，又言孟、荀不及扬雄。雄阿附巨君，《颜氏家训》已致诽议，苏子瞻鄙其为人。然《纲目》于天凤五年下大书“莽大夫扬雄死”六字，则有意与温公立异。官职卑微者，史不必书其死。史书凡例，蛮夷君长盗贼酋帅曰死，大夫则称卒称薨。故曹操、司马懿之奸恶，其死也，亦不能不曰卒。乃于扬雄特书曰死，此晦庵不能自圆其说者也。惟此书出赵师渊手，故有此体例不纯之事。其后，尹起莘为之作发明，刘益友为之作书法。恐亦彼辈逞臆之说，不免村学究之陋习耳。

作史而存《春秋》笔削之意，本非所宜。其谬与《太玄》拟《易》相同。王通作《元经》，大书“帝正月”，传为笑柄。明人作编年史，多法

《纲目》。乾隆御批《通鉴辑览》，亦依仿《纲目》，更不足道。盖以一人之私意为予夺也。其有自以为无误而适得其反者。如唐狄仁杰，人皆曰为良臣（中宗复位，得力于张柬之。柬之，狄所举也），而《辑览》则以为狄仕于周，于同平章事上应书周字。是非背于大公，即此可见。其夺益王、卫王之纪年，更无论矣。徐鼒作《小腆纪年》，专纪南明三王之事，自宜以三王纪年，而仍大书分注，以清帝纪年。然则称大清纪年可矣，何谓小腆哉？徐鼒生道光时，鸦片战争之后，已无文字之狱，尚有此纰缪，难乎免于刘知几之所谓"党护君亲"矣。笔削之书，孔子而后，世无第二人。太史公、司马温公所不敢为，而后人纷纷为之，不得不叹《纲目》为始作之俑也。《明史》文章，视《宋史》为胜，惟其书法有不如《宋史》者。《宋史》于益、卫二王附本纪之末，一如《后汉书》之于未逾年之君著之先帝本纪之后者。王鸿绪《明史稿》以福、唐、桂三王列入宗室诸王传，尚可谓之特笔。至乾隆时重修《明史》，则以之附于先王传后。须知本纪如经，列传如传，有君而不立本纪，其臣将何所附丽哉？如福王时史可法、唐王时何腾蛟，桂王时瞿式耜、李定国等，读其传者，将不知所事何人，此《明史》荒谬之处也。徐书更不足道矣。

要之，褒贬笔削，《春秋》而后，不可继作。《元经》一书，真伪不可知。《纲目》则晦庵自视亦不甚重。尊《纲目》为圣书者，村学究之见耳。编年之史，较正史为扼要，后有作者，只可效法《通鉴》，不可效法《纲目》，此不易之理也。

正史编年而外，学者欲多识前言往行，则三通尚已。《四库提要》以《通典》、《通考》入政书类，《通志》入别史类。不知《通志》二十略，郑渔仲之创作；本纪、列传，则史抄也。《四库》不加辨别，概归之于别史，失其实矣。作《通典》者杜君卿，唐德宗时人。先是，刘知几之子秩作《政典》三十五卷，分门诠次，大体略具。杜氏以为未备，复博采史志，综贯历代典章制度，而为是书（典章制度之散在列传者，《通典》不备取）。杜氏之意，重在政治，故天文、五行，摈而不录。全书二百卷，分八门，礼占卷帙之半。《开元礼》原书已佚，杜氏撷其精要，存三十六卷，其隆礼如此。书成，德宗时上之（此书上溯黄、虞，下讫天宝，可谓体大思精之作）。至宋，有宋白作《续通典》，今无可见。马贵与作《文献通考》，盖有因于宋书者。马氏以杜书为未备，故离析增益，而列二十四门。实则《经籍》、《象纬》、《物异》诸考，无关政治，不过充数而已（《经籍考》尚与文化有关）。然其书出后，继起而无愧色者，亦不可得矣。《通典》事实多而议论少，《通考》录议论至多。宋人素好议论，固其所也。明王圻作《续通考》二百五十四卷，盖不足上规马氏。清高宗时，辑宋、辽、金、元、明五朝事迹，作《续文献通考》二百五十二卷。高宗好胜好名，以《通典》终天宝之末，复敕修《续通典》一百四十四卷（自唐肃宗至德元年迄明崇祯末年）。实则既续《通典》，何必又续《通考》？同时，更撰《皇朝通典》一百卷，此其命名已不通。所谓通者，贯数代而为言也。事止一代，安得谓之通乎？《通志》二十略，大半本于《通典》。《六书》、《七音》二略，是其得意之作。帝纪列传，迻录原史，不合《通典》、《通考》之例。《四库提要》不以与杜、马之书并列，殆为此也。然《通志》疏漏殊甚，不仅言天文可笑，言地理亦可笑。《地理略》全抄《通典》之文。所以然者，南宋时两河沦陷，郑氏无从考证，只得抄撮成书耳。故朱晦庵已云《通志》所载，而北方人所言不合。夫记载地理，本须亲自涉览，郑氏不知而作，纰缪固宜。至于《六书略》与《说文》全不相涉，《七音略》则以三十六字母为主。谓三十六字母可以贯一切之音，且矜贵其说，云得之梵书。今按：《华严》字母，与梵语无关。《涅槃》文字品四十七字，尚与梵语相近。三十六字母者，唐宋间人摹拟《华严》之作也。然反切之学，中土所固有。世但知起于三国孙炎，实则《经典释文》即有汉儒反语数条。《史记》《索隐》、《集解》，《汉书》颜注及《文选》李注皆载反切不少。《玉篇》亦有反切，此皆在创制字母之前，其为先有反切后有字母无疑。反切行世既久，归纳而生字母，此殆必然之理。郑氏考古太疏，妄谓江左之儒知有四声，而不知七音，尊其学出于天竺，谬矣。其《校雠》一略，为章实斋所推崇。实则郑氏校雠之学，不甚精密，其类例一依《七略》、《七志》，不欲以四部分类，亦但袭古人成注耳。揆郑氏初志，盖欲作一通史，而载笔之时，不能熔铸剪裁，以致直抄纪传，成为今书耳。

《续通志》无本纪、列传，《续通典》、《续通考》大体尚佳，惟嫌重复，二者有一已足，不必重规叠矩也。又其所载官制，名实殊不相应。清制在未设军机处以前，内阁沿袭明代故事，有票拟批答之权（即中外章奏，阁臣拟批签进也）。既设军机处，则此权归军机处，而《续通典》、《续通考》仍言内阁掌票拟进呈。又给事中自唐至明，职权甚大（宋无此官），制敕诏令，皆须经给事中之手，苟有不合，可以封还。此前代政治之善，可以减杀皇帝之专制。至清，嫌恶此职，以之归入都察院。从前台谏分列，至清而并之。密谕由军机处传发，给事中不得寓目。明代大赦归内阁，由给事中颁发，清亦不然。而《续通典》、《续通考》仍载给事中掌封驳之说，此皆名实不相应者也（是否赋之以封驳之权而给事中者有所不敢封驳，或抑夺其权而但存其名，均不可知。观密谕给事中不得寓目，可知《续通典》、《续通考》所载，实自欺欺人语矣）。《皇朝通志》亦有《六书略》一门。夫六书之法，限于中国文字，而此则以满文、蒙文、回回文充之。见篆书有倒薤、悬针、垂露诸体，亦被满文、蒙文、回回文以倒薤、悬针、垂露之名。又以大写者为大篆，小写者为小篆，称大篆为史籀作，小篆为李斯作，岂非可笑之甚耶？当时若仅续一部，或《通典》或《通考》，自唐至明，附以清制，固未尝不可。无如高宗之好夸大，欲多成巨帙，以掩前代所作，不知适以招叠床架屋之讥也（清帝康熙最为聪明，天算诗文，确有长处；雍正专意政治，不甚留意文学，其朱批上谕，宛然讼棍口吻；乾隆天资极钝，而好大喜功，颇思囊括中国全部学问。当时考据之风盛，故《乐善堂集》中亦有考据文。又好作诗，其在苏杭一带石刻者，皆可笑）。要之，清代政书，终以《大清会典》为少疵。《通典》、《通考》皆不足观。是故，九通之中独杜氏《通典》最当详究，不仅考史有关，以言经学，亦重要之书也。

章实斋因当时戴东原辈痛诋《通志》，故作斥马申郑之论，谓《通志》示人以体例，本非以考证见长。不知郑氏所志，若果在标举纲领，则作论文可矣，何必抄袭史传，曾不惮烦如此。以此知郑氏之作，正欲以考证见长耳。章氏所言，适得其反。然章氏讥弹《通考》之言，固自不谬。谓天下有比次之书，有独断之学，有考索之功。独断、考索欲其智，比次之书欲其愚。马贵與无独断之学，《通考》不足以成比次之切，其智既无所取，而愚之为道，又有未尽。此论也，切中《通考》之失。然不知官修之书，分门纂集，比次自不至疏陋；马氏以一人之力，成此巨著，一人之力有限，宜其不能尽比次之愚，又何其论考索之智耶？

《通典》、《通考》而外，会要亦掌故要籍。《唐会要》，元和时苏冕所作，后杨绍复等奉诏续之，宋王溥复续成今书。溥又撰《五代会要》三十卷，南宋徐天麟更撰《东、西汉会要》，取两汉之事，分为若干门，不专记典章制度。《四库》无可归类，入之政书，实非纯粹政书也。《东、西汉会要》，用以搜检两《汉书》甚便。《五代会要》，学者不之重，然所记政典，颇足补《五代史》之阙。五代旧史不全，新史亦有所未详也。如经籍镂版昉之长兴（唐明宗长兴三年校正九经，刻板印卖，学者从此不必手抄），《五代会要》详载其事。然明宗不甚识字，《通鉴》载李绍真、孔循请自建国号，明宗问左右何谓国号。愚陋如此，安能阐扬经术？于时冯道当国，可见九经镂版，冯道之力为多。宋初儒者，鄙夷冯道，新史削而不书（冯之雕印九经，与张宗昌之翻刻唐石经，后先辉映）。不有《五代会要》，后代何从知冯道之功耶？大抵会要一类，只唐、五代二书较为重要，余皆无用。其附于《通典》、《通考》之次者，以体例相近故尔。

清秦蕙田作《五礼通考》，依《周礼》吉、凶、宾、军、嘉立为五纲，凡历代典章制度，一一收入。此书由戴东原、钱竹汀、方观承等参酌而成，观象授时一门，戴氏之力居多。全书记载详尽，胜于《通志》。曾涤笙尝言：三通之外，可益此而为四通。然其分门之法实不合。先是，徐乾学作《读礼通考》一百二十卷，特详凶礼。于是秦书于凶独略，名为五礼，实止四礼，此一失也；又古今典章制度，本非五礼所能包举，秦书二百六十二卷，吉礼占其大半，且多祭祀一类，考古有余，通今不足，此又一失也（《通典》、《通考》之礼，今尚有用）。《通考》综朝觐巡狩诸事，称曰王礼；选举、学校，分门别立，而秦书一皆入之嘉礼。其中又设观象授时、体国经野诸题，以统天文、舆地，此又极可笑者也。彼以为《周礼》朝觐属于宾礼，后世帝王一统，宾礼止行于外藩，臣工入见，无所谓宾礼，故以朝礼入嘉礼，巡狩之礼，亦并入焉，不知其为大谬也。夫体国经野，设官分职，《周礼》六官皆然，而吉、凶、军、宾、嘉五礼，为春官大宗伯所掌（此封建时代之礼制，后世有不能沿袭者）。《周礼》大宗伯掌邦礼以佐王和邦国，以吉礼事邦国之鬼神示，以凶礼哀邦国之忧，以宾礼亲邦国（朝觐会同），以军礼同邦国，以嘉礼亲万民（冠、昏、宾、射、飨燕皆在嘉礼）。以五礼为纲，其目三十有六。周代众建诸侯，礼则宜然。后世易封建为郡县，五礼之名，已不甚合。且嘉礼以亲万民，焉得以政治制度当之？故《五礼通考》之名与其分类皆未当也。《礼记》云："经礼三百，曲礼三千。"郑康成谓："经礼者，《周礼》也；曲礼者，《仪礼》也。"余以为观象授时、体国经野、设官分职、学校制度、巡狩朝觐，皆可谓之经礼。《左传》所谓礼"经国家、定社稷、序民人、利后嗣"，《孝经》所谓"安上治民莫善于礼"是也。经礼之外，别立曲礼一项，然后依五礼分之。如是，始秩然不紊。今但以五礼分配，于是舆地归体国经野，职官归设官分职，一切驱蛇龙而放之菹。不识当时戴东原、钱竹汀辈何以不为纠正也。

就政治而言，《通典》一书为最重要，其言五礼亦备。外此则《通考》亦有用。曾氏家书命其子熟读《通考》序，可见注重《通考》矣。凡人于所得力，往往不肯明言，曾氏实得力于《通考》，四通之说，欺人语也。

民国以还，在官多寡学之徒。叶德辉尝告余：康氏自以为是，不足与言学问；梁氏之徒，尚知谦抑，尝问欲明典章制度，宜读何书？则告以可读《通考》。余问何以不举《通典》？叶笑曰：尚不配读《通典》也。余谓应用于政治，读《通考》已足。《五礼通考》之类，政治中人，未有好读之者，读之亦无所用。徒以曾氏一言，遂增其声价。实则此书非但不及《通典》，亦不如《通考》甚远。至于皇朝三通，通非所通。《五礼通考》以行政制度归入五礼，亦不通也。今人欲读政书，自以《通典》、《通考》为最要，《通志》已无所用。至读皇朝三通，则不如读《大清会典》。要之，九通之中，有用而须熟读者，只《通典》、《通考》二书已耳。

余于星期讲习会中，曾言经史实录不应无故怀疑。所谓无故怀疑者，矜奇炫异，拾人余唾，以哗众取宠也。若核其同异，审其是非，憭然有得于心，此正学者所有事也。《太史公》记六国事，两《汉书》记王莽事，史有阙文，语鲜确证。《唐书》记太宗阋墙之变及开国功业，虽据实录，不无自定之嫌。明初靖难之祸，建文帝无实录可据。举此四者，可见治史者宜冥心独往，比勘群书而明辨之也。

《史记·六国表序》言："秦既得意，烧天下《诗》、《书》，诸侯史记尤甚，为其有讥刺也。《诗》、《书》所以复见者，多藏人家；而史记独藏周室，以故灭。"夫诸侯史记既灭，则太史公所恃以秉笔者，惟《秦记》耳。《六国表》，凡秦与六国战争之事悉载之，六国自相攻伐，如乐毅破齐等亦载之。此事之可信者也。至列传中琐屑之事，则不可尽信，如苏秦合纵，秦兵不敢窥函谷者十五年；鲁仲连义不帝秦，秦军为却五十里是也。又记载人物，往往奇伟非常，信陵君、蔺相如辈，其行谊皆后人所难能。六国既无史记，史公何从知之？曾涤笙谓《庄子》多寓言，《史记》所载，恐亦太史公之寓言。不知庄子自称"卮言日出，和以天倪"，其书固多寓言。至于国史，事须征实，焉得以《庄子》为比？案：苏秦、鲁连辈各有著述，《汉志》载《苏子》三十一篇、《鲁连子》十四篇、《魏公子兵法》二十一篇。盖太史公据彼辈自著之书、采撷成文耳。余观常人立言，每好申己绌人，孟、荀大儒，有所不免，与人辩难，恒自夸饰，见绌于人，则略而弗书。《苏子》语本纵横，于事实或有增饰。鲁连围城辩难，何由入秦将之耳？却秦军五十里，是李同战死之功。归之鲁连者，必其自夸之辞。公子无忌敬礼侯生，事或有之；朱亥椎杀晋鄙，亦不足怪；独如姬窃符，颇为诡异；一战而胜，战法亦不详言，止于战前略为铺叙，恐亦袭魏公子书之夸辞也。又叙蔺相如奉璧秦廷，怒发冲冠，秦王即为折服，事亦难信。相如有无著述，今不可知，观其为人，盖任侠一流（史言司马相如好读书、学击剑，慕蔺相如之为人。司马相如之所慕者，当是任侠使气也）。或当时刺客、游侠盛道其事。史公好奇，引以入列传耳。《左传》人物皆平实不奇，汉人亦然，独六国时人行谊往往出恒情之外。然扬子云评《左氏》曰品藻、《史记》曰实录。实录者，实录当时传记也。苏秦有《苏子》，鲁连有《鲁连子》，魏公子有《兵法》，史公皆取以作传，故曰实录，事之确否，史公固不负责，须读者自为分辨耳。

《汉书·王莽传赞》言："莽折节力行，以要名誉，岂所谓色取仁而行违者耶？"又曰："莽既不仁，而有佞邪之材，肆其奸慝，以成篡盗之祸。"今观莽传，莽未篡位前，钓名沽誉，谲诈甚著；既移汉祚，则如顽钝无知之辈，如天下盗贼蜂起，莽乃令太史推三万六千岁历纪，以六岁一改元，布告天下。夫秦皇一世万世之说，至今人笑其愚。莽之此言，不尤可笑乎？又因叛者日众，率群臣至南郊，陈其符命本末，仰天曰："皇天既命授臣莽，何不殄灭众贼？即令臣莽非是，愿下雷霆诛臣莽。"因搏心大哭，气尽，伏而叩头。此与村姬之诅咒何异？又刘歆、王涉自杀后，殿中钩盾土山仙人掌旁有白头公、青衣，郎吏见者，私谓之国师公。衍功侯喜素善卦，莽使筮之，曰："忧兵火。"莽曰："小儿安得此左道？是乃予之皇祖叔父子侨欲来迎我也。"既云莽佞邪，则其容止何其愚呆也。假六艺以文奸言，事固有之；假神仙以欺天下，其愚恐不至此。《史通·曲笔篇》言："《后汉书·更始传》称其懦弱也，其初即位，南面立，朝群臣，羞愧流汗，刮席不敢视。夫以圣公身在微贱，已能结客报仇，避难绿林，名为豪杰；安有贵为人主，而反至于斯者乎？将作者曲笔阿时，独成光武之美，谀言媚主，用雪伯升之怨也。且中兴之史，出自东观，或明皇所定，或马后攸刊，而炎祚灵长，简书莫改，遂使他姓追撰，空传伪录者矣。"余谓草莽之人，初登帝位，羞愧流汗，事所恒有。《史记·高祖本纪》言诸侯将相尊汉王为皇帝，汉王三让，不得已，曰："诸君必以为便，便国家。"观此一语，当时局促不安之状，居然如画。又袁项城洪宪元年元旦，命妇人贺，项城起立，曰："不敢当，不敢当。"夫以汉高、项城之雄鸷，骤当尊位，犹有此惶愧之状，则无怪乎更始之羞愧流汗、刮席不敢视矣。《后汉书》又称："更始居长乐宫，升前殿，郎吏以次列庭中。更始羞怍，俯首刮席不敢视。诸将后至者，更始问掳掠得几何，左右侍官皆宫省久吏，各惊相视。"此又一事也。夫羞愧刮席，事或有之；问掳掠几何，恐不可信。此盖与王莽之愚呆，同为东汉人所缘饰耳。《通鉴考异》凡事有异同，则于本事之下，明注得失，若无异说，无从考校，则仍而录之，王莽更始之事是也。

　　唐太宗之事，《新、旧唐书》之外，有温大雅之《大唐创业起居注》在。温书称建成为大郎，太宗为二郎。据所载二人功业相等，不若《新、旧唐书》归功于太宗一人也。案，唐高祖在太原，裴寂、刘文静劝高祖起事，太宗赞成之，时建成在河东。击西河时，建成、太宗同时被命进军贾胡堡。天雨粮尽，高祖欲还，建成、太宗苦谏，乃止。在长安攻伐，二人之功亦相等。后太宗出关，平王世充、擒窦建德，建成不安于位，王珪、魏征劝立功以自封，时刘黑闼尽有窦建德之地，建成率众破灭之。创业之功，彼此既堪为伯仲；自非夷、齐，其谁克让？若玄宗讨平韦氏，宋王宪固辞储副，此因玄宗有定国之功，宋王毫无建树，故涕泣固让，与建成、太宗功业相等者绝异。温公乃谓隐太子有泰伯之贤，则乱何自而生？不悟建成自视功业不让太宗，岂肯遽为吴泰伯乎？且唐初本染胡俗，未必信守立嫡以长之说。但监于隋文之废太子勇而立炀帝（炀帝亦有平陈之功），卒召祸乱；而建成、太宗之功，又无高下，所以迟迟不肯废太子耳。《唐书》言建成私募四方骁勇及长安恶少年二千人为宫甲，屯左右长林门，号长林兵；又募幽州突厥兵三百，纳宫中。将攻西宫，或告于帝，帝召建成责之。杨文干素凶诐，建成昵之，使为庆州总管，遣募兵送京师，欲为变尔。朱焕等白反状，文干遽发兵反，建成入谒，叩头请死，投手于地，不能起。高祖遣太宗自行讨文干，曰："还，立汝为太子。吾不能效隋文帝自诛其子，当封建成为蜀王。"刘𬤇《小说》言人妄告东宫，妄告之事，或即太宗为之。盖高祖以隋废太子，语多诬罔，职成乱阶，殷鉴不远，故于废立事极为犹豫。《唐书》又言建成等召秦王夜宴，毒酒而进之，王心中暴痛，吐血数升。今案，建成之臣有魏征、王珪，设计当不至下劣如此，心痛又何尝不可伪作？太宗密奏建成、元吉淫乱后宫，此暧昧之事，难于征信。高祖许太宗明当鞫问，而太宗先命长孙无忌伏兵门侧。建成入参，并未持兵，则建成无杀弟之意可知。建成、元吉至临湖殿，觉变，反走，太宗从而呼之，元吉张弓射太宗，再三不彀，太宗射建成杀之，元吉中矢走，尉迟敬德追杀之。既系彼此争讼，则静待鞫治可耳，何必伏兵侧门、推刃同气？可见密告之事，全非事实也。夫新旧《唐书》悉本实录。史载太宗命房玄龄监修国史，帝索观实录，房玄龄以与许敬宗等同作之高祖，今上实录呈览，太宗见书六月四日事，语多隐讳，谓玄龄曰："周公诛管、蔡以安周，季友鸩叔牙以存鲁，朕之所为，亦类是耳，史官何讳焉？"即命削去浮词，直书其事。观此，则唐初二朝实录，经太宗索观之后，不啻太宗自定之史实矣。开国之事，尚有温大雅《起居注》可以考信，其后则无异可考，温公亦何能再为考校哉！

明人郑晓论建成事，谓中国开创之君，其长子多不得安。今案，夏启嗣禹、而太康失国；太甲、汤之长孙而被放；文王舍伯邑考而立武王；秦杀太子扶苏；汉惠帝立而无后，主汉祀者为文帝子孙；东汉光武长子东海王强被废；刘禅，昭烈嫡子，而舆榇降魏；孙亮乃权之少子；晋司马师无后；惠帝庸劣，怀、愍皆惠帝之子；宋营阳王被弑；齐郁林王为明帝所杀；梁昭明太子早卒，武帝舍长孙而立简文，后为侯景所弑；陈武帝殂时，其子昌殁于长安，兄子文帝入嗣大统；隋文帝废太子勇而立炀帝；唐太子建成为太宗所杀；五代异姓为继，不足论；宋太祖不得传位于子；明懿文太子早卒，太祖嫡孙为燕王所篡。综观数千年来，自周而后，开国之君，长子每多不利，形家言震为长子，方位在东，中国西北高而东南下，故长子屯蹇者多。形法虽不足信，亦甚可怪也。

太宗尝称房谋杜断。今观唐人记载，当定天下之初，二人实未尝有所建树。历代开国勋臣，皆有定国大计。萧何入关，首收图籍；高祖封于汉中，心怀不平，何谓犹愈于死；进韩信为大将；居关中，转漕给军，补所不足。刘基佐明，其谋虽秘密，亦有可知者——明祖初奉韩林儿正朔，岁首设御座行礼，基独不拜，曰："牧竖耳，奉之何为？"明祖问征讨大计，时陈友谅据上流，张士诚据下流，基谓先灭陈则张氏势孤，天下可一举而定也。萧、刘二人，有定国大计，彼房、杜何有焉？其所谓谋断者，恐即为太宗谋夺宗嗣而已。今观房、杜之才，守成有余，开创不足。然气度亦自恢廓，魏征、王珪入参帷幕，房、杜未尝排挤；马、周上书，数年间阶位特进，房、杜亦不嫌忌。玄龄自言最慕袁安，尝集古今家诫，书于屏风，以教诸子：汉袁氏累叶忠节，吾心所尚，尔宜师之。然玄龄子遗直袭爵，幼子遗爱欲夺之，卒以谋反伏诛，此即效乃父之佐人杀兄也。杜如晦子荷，参太子承乾逆谋，欲废太宗为太上皇，及败坐诛，此亦效乃父之与人家事也。以逆为训，故子姓效尤。王绩（无功，王通之弟）尝上书玄龄，劝其功成身退，否则有灭族之祸。有识之士，见之审矣（绩称玄龄为梁公，则玄龄非文中子弟子可知）。

明成祖兴靖难之师，入都后，革除建文年号，以建文四年为洪武三十五年（洪武讫三十一年）。建文无实录，故事迹可信者少。其初忌讳至深，至嘉靖、万历而稍弛，逊国时事渐见记录，稗官野史亦有记载，言人人殊，莫衷一是。史称建文即位，即兴削藩之议。周、代、湘、齐、岷诸王，相继以罪废黜，此一事也。燕王，建文所深忌，而《明史》纪事则称建文元年，燕王入觐，由皇道入，登陛不拜，御史曾凤韶劾以大不敬。帝诏，至亲勿问。三月，燕王还国。修《明史》时，朱竹垞备论此事之非（见《史馆上总裁第四书》），此又一事也。建文之谋主为齐泰、黄子澄，而方孝孺亦建文所深信。理学之徒虽竭力为方氏辩护，实则反间燕王父子者，方氏也。时燕兵掠沛，方氏以燕世子仁厚，其弟高煦狡谲有宠，有夺嫡之谋。因白帝遣人赍玺书往北平赐世子，世子得书不启封，送之燕军。由此观之，削藩之事，不仅齐、黄诸人矣。明人小说载成祖待建文诸臣至为惨酷，云：铁铉守济南，突破燕兵，几擒成祖，后被执，成祖烹之，今南京铁汤池即铉就义地也。又云：戮杀建文臣子之妻，命上元县扛尸至远城与狗子吃。又云：发建文臣子妻女入教坊，所生儿长大作小龟子。又云：程济从建文出为僧（案：程济事迹，《明史》亦略有记载，谓济本岳池教谕，建文即位，济上书言某月日北方兵起，建文以为非所宜言，逮捕将杀之，济大呼请囚，云：如言不验，诛死未晚。乃下狱。及燕兵起，释之，改官编修，参北征将军。徐州之捷，诸将树碑纪功，济一夜往祭，人莫测。后燕王过徐，见碑大怒，趣左右椎之，再椎，遽曰："止，为我录文来！"已，按碑行诛，无得免者。而济名适在椎脱处。济尝与人书曰"君为忠臣，我为智士"）。凡此所载，其皆可信耶？否耶？吾读《致身录》、《从亡录》诸书，终觉其似黎邱眩人。《致身录》为吴江史仲彬所作，潘次耕坚持无此等事，至与史氏子孙互殴。故建文一代，无实录可据，采之野史，失实者多矣。

以上所述，皆非无故怀疑。一则太史公纪六国时事，无所取材，取诸其人自著之书，不免失之浮夸；二则王莽之事，同此一人，而前后愚智悬绝，当出光武诸臣之曲笔；三则建成、元吉之事，有温大雅《起居注》可供参证，房玄龄主修之国史，太宗不无自定之嫌；四则建文逊国之事，世无实录，采之野史，未必可信。孔子曰："多闻阙疑，多见阙殆。"故必博学、审问、慎思、明辨，方足以言怀疑。若矜奇炫异，抹杀事实，则好学之士不当尔也。

诸 子 略 说

　　讲论诸子，当先分疏诸子流别。论诸子流别者，《庄子·天下篇》、《淮南·要略训》、太史公《论六家要指》及《汉书·艺文志》是已。此四篇中，《艺文志》所述最备，而《庄子》所论多与后三家不同，今且比较而说明之。

　　《天下篇》论儒家，但云其在于《诗》、《书》、《礼》、《乐》者，邹鲁之士，搢绅先生多能明之，而不加批判。其论墨家，列宋钘、尹文；而《艺文志》以宋钘入小说家，以尹文入名家。盖宋钘以禁攻寝兵以外，以情欲寡浅为内，周行天下，上说下教，故近于小说；而尹文之名学，不尚坚白同异之辨，觭偶不仵之辞，故与相里勤、五侯之徒——南方之墨异趣。其次论彭蒙、田骈、慎到，都近法家；《艺文志》则以慎到入法家，以田骈入道家，是道家、法家合流也。田骈当时号为天口骈，今《尹文子》又有彭蒙语，是道家、名家合流也。道家所以流为法家者，即老子、韩非同传可以知之。《老子》云："鱼不可脱于渊，国之利器不可以示人。"此二语是法家之根本，唯韩非能解老、喻老，故成其为法家矣。其次论老聃、关尹同为道家，而己之道术又与异趣。盖老子之言，鲜有超过人格者，而庄子则上与造物者游，下与外死生、无终始者为友，故有别矣。惠施本与庄周相善，而庄子讥之曰："由天地之道，观惠施之能，其犹一蚊一虻之劳，与物何庸？"即此可知尹文、惠施同属名家，而庄子别论之故。

盖尹文之名，不过正名之大体，循名责实，可施于为政，与荀子正名之旨相同；若惠施、公孙龙之诡辩，与别墨一派，都无关于政治也。然则庄子之论名家，视《艺文志》为精审矣。其时荀子未出，故不见著录。若邓析者，变乱是非，民献襦裤而学讼，殆与后世讼师一流，故庄子不屑论及之欤？

《要略》首论太公之谋为道家，次论周、孔之训为儒家，又次论墨家，又次论管子之书为道家，晏子之谏为儒家，又次论申子刑名之书、商鞅之法为法家。比于《天下篇》，独少名家一流，

太史公论六家要旨，于阴阳、儒、墨、名、法五家，各有短长，而以黄老之术为依归。此由身为史官，明于成败利钝之效，故独有取于虚无因循之说也。昔老聃著五千言，为道家之大宗，固尝为柱下史矣。故曰道家者流，出于史官。

《艺文志》列九流，其实十家。其纵横家在七国力政之际，应运而起，统一之后，其学自废。农家播百谷、勤耕桑，则《吕览》亦载其说；至于君臣并耕，如孟子所称许行之学，殆为后出，然其说亦不能见之实事。杂家集他人之长，以为己有，《吕览》是已；此在后代，即《群书治要》之比，再扩充之，则《图书集成》亦是也。小说家街谈巷议，道听途说，固不可尽信；然宋钘之流，亦自有其主张，虞初九百，则后来方志之滥觞。是故纵横、农、杂、小说四家，自史公以前，都不数也。

虽然，纵横之名，起于七国。外交专对，自春秋已重之。又氾胜之区田之法，本自伊尹，是伊尹即农家之发端。田蚡所学盘盂书，出自孔甲，是孔甲即杂家之发端。方志者，《周官》土训、诵训之事。今更就《艺文志》所言九流所从出而推论之。

《艺文志》云：儒家出于司徒之官。此特以周官司徒掌邦教，而儒者主于明教化，故知其源流如此。又云道家出于史官者，老子固尝为柱下史，伊尹、太公、管子，则皆非史也；唯管子下令如流水之原，令顺民

心，论卑而易行，此诚合于道家南面之术耳。又云墨家出于清庙之守者，墨家祖尹佚，《洛诰》言："蒸祭文王、武王，逸祝册。"逸固清庙之守也。又《吕览》云："鲁惠公使宰让请郊庙之礼于天子，桓王使史角往，惠公止之，其后在于鲁，墨子学焉。"是尤为墨学出于清庙之确证。又云，名家出于礼官。此特就名位礼数推论而知之。又云法家出于理官者，理官莫尚于皋陶。皋陶曰："余未有知，思曰赞赞襄哉！"此颇近道家言矣，赞者，老子所称辅万物之自然而不敢为也；襄者，因此，即老子所称圣人无常心，以百姓心为心也。庄子称慎到无用贤圣、块不失道，此即理官引律断案之法矣。然《艺文志》法家首列李悝，以悝作《法经》，为后来法律之根本。自昔夏刑三千，周刑二千五百，皆当有其书，子产亦铸刑书，今悉不可见，独《法经》六篇，萧何广之为九章，遂为历代刑法所祖述。后世律书，有名例，本于曹魏之刑名法例，其原即《法经》九章之具律也。持法最重名例，故法家必与名家相依。又云：阴阳家出于羲和之官。今案，管子称述阴阳之言颇多，《左传》载苌弘之语，亦阴阳家言也。又云：农家出于农稷之官。此自不足深论。又云纵横家出于行人之官者，此非必行人著书传之后代，特外交成案，有可稽考者尔。《张仪传》称仪与苏秦俱事鬼谷先生学术。《风俗通》云："鬼谷先生，六国时纵横家。"更不知鬼谷之学何从受之。又云杂家出于议官者，汉官有议郎，即所谓议官也，于古无征。又云小说家出于稗官者，如淳曰："王者欲知闾巷风俗，故立稗官，使称说之。"是稗官为小官近民者。

诸子之起，孰先孰后，史公、刘、班都未论及，《淮南》所叙，先后倒置，亦不足以考时代。今但以战国诸家为次，则儒家宗师仲尼，道家传于老子，此为最先。墨子或曰并孔子时，或曰在其后。案墨子亟说鲁阳文子，当楚惠王时。惠王之卒，在鲁悼公时。盖墨子去孔子亦四五十年矣。观墨子之论辩，大抵质朴迟钝，独经说为异。意者，经说别墨所传，又出墨子之后。法家李悝，当魏文侯时；名家尹文，当齐宣王时；阴阳家邹衍当齐湣王、燕昭王时，皆稍稍晚出。纵横家苏秦，当周显王时；小说家淳于髡，当梁惠王时：此皆与孟子并世者。杂家当以《吕览》为大宗，《吕览》集诸书而成，备论天地万物古今之事。盖前此无吕氏之权势者，亦无由办此。

然更上征之春秋之世，则儒家有晏子，道家有管子，墨家则鲁之臧氏近之。观于哀伯之谏，首称清庙，已似墨道；及文仲纵逆祀、祀爰居，则明鬼之效也；妾织蒲则节用之法也。武仲见称圣人，盖以巨子自任矣。至如师服之论名，即名家之发端。子产之铸刑书，得法家之大本；其存郑于晋楚之间，则亦尽纵横之能事。若烛之武之退秦师，是纯为纵横家。梓慎、禆灶，皆知天道，是纯为阴阳家。蔡墨之述畜龙，盖近于小说矣。唯农家、杂家，不见于春秋。

以上论九流大旨。今复分别论之，先论儒家：

《汉书·艺文志》谓儒家出于司徒之官，大旨是也。《周礼·大司徒》以乡三物教万民六德、六行、六艺。六德者，智、仁、圣、义、中、和，此为普遍之德，无对象。六行者，孝、友、睦、姻、任、恤，此为各别之行，有对象（如孝对父母、友对兄弟、睦姻对戚党、任恤对他人）。六艺者，礼、乐、射、御、书、数，礼乐不可斯须去身，射御为体育之事，书数则寻常日用之要，于是智育、德育、体育俱备。又师氏以三德教国子，曰：至德以为道本，敏德以为行本，孝德以知逆恶。盖以六德、六行概括言之也。又，大司徒以五礼防万民之伪而教之中，以六乐防万民之情而教之和；大司乐以乐德教国子中和祗庸孝友。大宗伯亦称中礼和乐。可知古人教士，以礼乐为重。后人推而广之，或云中和，或云中庸。孔子曰："中庸之为德，其至矣乎，民鲜能久矣。"中庸联称，不始于子思，至子思乃谓："喜怒哀乐之未发谓之中，发而皆中节谓之和。"其始殆由中和祗庸孝友一语出也。

儒者之书，《大学》是至德以为道本（明明德止于至善，至德也），

《儒行》是敏德以为行本，《孝经》是孝德以知逆恶，此三书实儒家之总持。刘、班言儒家出于司徒之官，固然；然亦有出于大司乐者，中庸二字是也。以儒家主教化，故谓其源出于教官。

《荀子·儒效》称周公为大儒，然则儒以周公为首，《周礼》云："师以贤得民，儒以道得民。"师之与儒殆如后世所称经师、人师。师以贤得民者，郑注谓以道行教民；儒以道得民者，郑注谓以六艺教民。此盖互言之也。

儒之含义綦广。《说文》："儒，柔也。术士之称。"术士之义亦广矣，草昧初开，人性强暴，施以教育，渐渐摧刚为柔。柔者，受教育而驯扰之谓，非谓儒以柔为美也。受教育而驯扰，不惟儒家为然；道家、墨家未尝不然；等而下之，凡宗教家莫不皆然，非可以专称儒也。又《庄子·说剑》："先生必儒服而见王，事必大逆。"庄子道家，亦服儒服。司马相如《大人赋》："列仙之儒，居山泽间，形容甚臞。"仙亦可称为儒。而《宏明集》复有九流皆儒之说，则宗教家亦可称儒矣。今所论者，出于司徒之儒家，非广义之术士也。

周公、孔子之间，有儒家乎？曰：有！晏子是也。柳子厚称晏子为墨家，余谓晏子一狐裘三十年，尚俭与墨子同，此外皆不同墨道。春秋之末，尚俭之心，人人共有，孔子云："礼，与其奢也，宁俭。"老子有三宝，二曰俭。盖春秋时繁文缛礼，流于奢华，故老、墨、儒三家，皆以俭为美，不得谓尚俭即为墨家也。且晏子祀其先人，豚肩不掩豆。墨家明鬼，而晏子轻视祭祀如此，使墨子见之，必辇躄而去。墨子节葬，改三年服为三月服，而晏子丧亲尽礼，亦与墨子相反。可见晏子非墨家也。又儒家慎独之言，晏子先发之，所谓"独立不惭于影，独寝不惭于魂"是也。当时晏子与管子并称，晏之功不如管，而人顾并称之，非晏以重儒学而何？故孔子以前，周公之后，惟晏子为儒家。蘧伯玉虽似儒家，而不见有书，无可称也。

孔子之道，所包者广，非晏子之比矣。夫儒者之业，本不过大司徒之言，专以修己、治人为务。《大学》、《儒行》、《孝经》三书，可见其大概。然《论语》之言，与此三书有异。孔子平居教人，多修己、治人之言；及自道所得，则不限于此。修己、治人，不求超出人格；孔子自得之言，盖有超出人格之外者矣。子绝四：毋意、毋必、毋固、毋我。毋意者，意非意识之意，乃佛法之意根也。有生之本，佛说谓之阿赖耶识。阿赖耶无分彼我，意根执之以为我，而其作用在恒审思量。有意根即有我，有我即堕入生死。癫狂之人，事事不记，惟不忘我。常人作止语默，绝不自问谁行谁说，此即意根之力。欲除我见，必先断意根。毋必者，必即恒审思量之审。毋固者，固即意根之念念执着。无恒审思量，无念念执着，斯无我见矣。然而绝四即是超出三界之说。六朝僧人好以佛老孔比量，谓老孔远不如佛；玄奘亦云。皆非知言之论也（然此意以之讲说则可，以之解经则不可。何者？讲说可以通论，解经务守家法耳）。

儒者之业，在修己、治人。以此教人，而不以此为至。孔门弟子独颜子闻克己之说。克己者，破我执之谓。孔子以四科设教，德行：颜渊、闵子骞、冉伯牛、仲弓。然孔子语仲弓，仅言"出门如见大宾，使民如承大祭"而已。可知超出人格之语，不轻告人也。颜子之事不甚著，独庄子所称心斋、坐忘，能传其意。然《论语》记颜子之语曰："仰之弥高，钻之弥坚。瞻之在前，忽焉在后。"盖颜子始犹以为如有物焉，卓然而立。经孔子之教，乃谓"如有所立卓尔。虽欲从之，末由也已"（如当作假设之辞，不训似）。此即本来无物，无修无得之意。然老子亦见到此，故云"上德不德，是以有德；下德不失德，是以无德"。德者得也。有所得非也，有所见亦非也。扬子云则见不到此，故云颜苦孔之卓。实则孔颜自道之语，皆超出人格语。孟子亦能见到，故有"望道而未之见"语。既不见则不必望，而犹曰望者，行文不得不尔也。孔子曰；"吾有知乎哉？无知也。"此亦非谦辞。张横渠谓"洪钟无声，待叩乃有声；圣人无知，待问乃有知"。其实答问者有依他心，无自依心。待问而知之知，非真知也，依他而为知耳。佛法谓一念不起，此即等于无知。人来问我，我以彼心照我之心，据彼心而为答，乌得谓之有知哉？横渠待问有知之语犹未谛也。佛法立人我、法我二执：觉自己有主宰，即为人我执；信佛而执着佛，信圣人而执着圣人，即为法我执，推而至于信道而执着道，亦法我执也。绝四之说，人我、法我俱尽。"如有所立卓尔，虽欲从之，末由也已"者，亦除法我执矣。此等自得之语，孔颜之后，无第三人能道（佛、庄不论）。

子思之学，于佛注入天趣一流。超出人格而不能断灭，此之谓天趣。其书发端即曰"天命之谓性"，结尾亦曰"与天地参，上天之载，无声无臭"。佛法未入中土时，人皆以天为绝顶。佛法既入，乃知天尚非其至者。谢灵运言：成佛升天，居然有高下。如以佛法衡量，子思乃中国之婆罗门。婆罗门者，崇拜梵天王者也。然犹视基督教为进。观基督教述马利亚生耶稣事，可知基督教之上常，乃欲界天，与汉儒所称感生帝无别。（佛法所谓三界者：无色界天、色界天、欲界天。欲界天在人之上而在色界天之下。）而子思所称之"无声无臭"，相当于佛法之色界天，适与印度婆罗门相等。子思之后有孟子。孟子之学，高于子思。孟子不言天，以我为最高，故曰"万物皆备于我"。孟子觉一切万物、皆由我出。如一转而入佛法，即三界皆由心造之说，而孟子只是数论。数论立神我为最高，一切万物，皆由神我流出。孟子之语，与之相契，又曰"反身而诚，乐莫大焉"者，反观身心，觉万物确然皆备于我，故为可乐。孟子虽不言天，然仍入天界。盖由色界天而入无色界天，较之子思，高出一层耳。夫有神我之见者，以我为最尊，易起我慢。孟子生平夸大，说大人则藐之。又云"我善养吾浩然之气，至大至刚，以直养而无害，塞乎天地之间"。其我慢如此。何者？有神我之见在，不自觉其大耳。以故孟子之学，较孔颜为不逮。要之，子思、孟子均超出人格，而不能超出天界，其所得与婆罗门、数论相等。然二家于修己治人之道，并不抛弃，则异于婆罗门、数论诸家。子思作《中庸》，孟子作七篇，皆论学而及政治者也。子思、孟子既入天趣，若不转身，必不能到孔、颜之地，惟庄子为得颜子之意耳。

荀子语语平实，但务修己治人，不求高远。论至极之道，固非荀子所及。荀子最反对言天者，《天论》云："圣人不求知天。"又云："星坠木鸣，日月有蚀，怪星党见，牛马相生，六畜为妖：怪之，可也；畏之，非也。"揆荀子之意，盖反对当时阴阳家一流（邹衍之说及后之《洪范五行传》一流），其意以为天与人实不相关。

《非十二子》云："案往旧造说，谓之五行。子思唱之，孟轲和之。"今案：孟子书不见五行语，《中庸》亦无之。惟《表记》（《表记》、《坊记》、《中庸》、《缁衣》皆子思作）有水尊而不亲、土亲而不尊、天尊而不亲、命亲而不尊、鬼尊而不亲诸语。子思五行之说，殆即指此。（《汉书·艺文志》：《子思》二十三篇。今存四篇，见戴记。余十九篇不可见，其中或有论五行语。）孟子有外书，今不可见，或亦有五行语。荀子反对思、孟，即以五行之说为的。盖荀子专以人事为重，怪诞之语（五行之说，后邹衍辈所专务者），非驳尽不可也。汉儒孟、荀并尊，余谓如但尊荀子，则《五行传》、纬书一流不致嚣张。今人但知阴阳家以邹衍为首，察荀子所云，则阴阳家乃儒家之别流也（《洪范》陈说五行而不及相生相克，《周本纪》武王问箕子殷所以亡，箕子不忍言殷恶，武王亦丑，故问以天道。据此知《洪范》乃箕子之闲话耳。汉文帝见贾生于宣室，不问苍生问鬼神。今贾生之言不传，或者史家以为无关宏旨，故阙而不书。当时武王见箕子心怀惭疚，无话可说，乃问天道。箕子本阳狂，亦妄称以应之。可见《洪范》在当时并不着重，亦犹贾生宣室之对也。汉儒附会，遂生许多怪诞之说。如荀子之说早行，则《五行传》不致流衍）。墨子时子思已生、邹衍未出。《墨经》有"五行无常胜，说在宜"一语。而邹衍之言，以五胜为主。五胜者，五行相胜：水胜火、火胜金、金胜木、木胜土、土胜水也。然水火间承之以釜，火何尝不能胜水？水大则怀山襄陵，土又何尝能胜水？墨子已言"五行无常胜"，而孟子、邹衍仍有五行之说，后乃流为谶纬，如荀子不斥五行，墨家必起而斥之。要之，荀子反对思、孟，非反对思、孟根本之学，特专务人事，不及天命，即不主超出人格也。

荀子复言隆礼乐（或作仪）、杀《诗》、《书》，此其故由于孟子长于《诗》、《书》，而不长于礼。（孟子曰："诸侯之礼，吾未之学也。"）墨子时引《诗》、《书》（引《书》多于孟子）而反对礼乐。荀子偏矫，纯与墨家相反。此其所以隆礼乐、杀《诗》、《书》也（《非十二子》反对墨家最甚，宁可少读《诗》、《书》，不可不尊礼乐，其故可知）。其所以反对子思、孟子者，子思、孟子皆有超出人格处，荀子所不道也。

若以政治规模立论，荀子较孟子为高。荀子明施政之术，孟子仅言五亩之宅树之以桑，使民养生送死无憾而已。由孟子此说，乃与龚遂之法相似，为郡太守固有余，治国家则不足，以其不知大体，仅有农家之术尔。又孟子云："尧舜性之也、汤武反之也、五霸假之也。"又谓："仲尼之门无道桓文之事者。"于五霸甚为轻蔑。荀子则不然，谓义立而王、信立而霸、权谋立而亡，于五霸能知其长处。又《议兵》云："齐之技击，不可以遇魏氏之武卒；魏氏之武卒，不可以遇秦之锐士；秦之锐士，不可以当桓文之节制；桓文之节制，不可以敌汤武之仁义。"看来层次分明，不如孟子一笔抹杀。余谓《议兵》一篇，非孟子所能及。

至于性善、性恶之辩，以二人为学入门不同，故立论各异。荀子隆礼乐而杀《诗》、《书》，孟子则长于《诗》、《书》。孟子由诗入，荀子由礼入。诗以道性情，故云人性本善；礼以立节制，故云人性本恶。又，孟子邹人，邹鲁之间，儒者所居，人习礼让，所见无非善人，故云性善；荀子赵人，燕赵之俗，杯酒失意，白刃相雠，人习凶暴，所见无非恶人，故云性恶。且孟母知胎教，教子三迁，孟子习于善，遂推之人性以为皆善；荀子幼时教育殆不如孟子，自见性恶，故推之人性以为尽恶。

孟子论性有四端：恻隐为仁之端、羞恶为义之端、辞让为礼之端、是非为智之端。然四端中独辞让之心为孩提之童所不具，野蛮人亦无之。荀子隆礼，有见于辞让之心，性所不具，故云性恶，以此攻击孟子，孟子当无以自解。然荀子谓礼义辞让，圣人所为。圣人亦人耳，圣人之性亦本恶，试问何以能化性起伪？此荀子不能自圆其说者也。反观孟子既云性善，亦何必重视教育，即政治亦何所用之。是故二家之说俱偏，惟孔子"性相近、习相远"之语为中道也。

扬子云迂腐，不如孟荀甚远，然论性谓善恶混，则有独到处。于此亦须采佛法解之，若纯依儒家，不能判也。佛法阿赖耶识，本无善恶。意根执着阿赖耶为我，乃生根本四烦恼：我见、我痴、我爱、我慢是也。我见与我痴相长，我爱与我慢相制。由我爱而生恻隐之心，由我慢而生好胜之心。孟子有见于我爱，故云性善；荀子有见于我慢，故云性恶；扬子有见于我爱、我慢交至为用，故云善恶混也。

孟、荀、扬三家，由情见性，此乃佛法之四烦恼。佛家之所谓性，浑沌无形，则告子所见无善无不善者是矣。扬子生孟、荀之后，其前尚有董仲舒。仲舒谓人性犹谷，谷中有米，米外有糠。是善恶之说，仲舒已见到，子云始明言之耳。子云之学，不如孟、荀，唯此一点，可称后来居上。

然则论自得之处，孟子最优，子思次之，而皆在天趣。荀子专主人事，不务超出人格，则但有人趣。若论政治，则荀子高于思孟。子云投阁，其自得者可知。韩昌黎谓孟子醇乎醇，荀与扬大醇而小疵，其实，扬不如荀远甚。孟疏于礼，我慢最重，亦未见其醇乎醇也，司马温公注《太玄》、《法言》，欲跻扬子于孟、荀之上。夫孟、荀著书，不事摹拟，扬则摹拟太甚，绝无卓然自立之处，若无善恶混一言，乌可与孟、荀同年而语哉！温公所云，未免阿其所好。至于孔、颜一路，非惟汉儒不能及，即子思、孟子亦未能步趋，盖逊乎远矣。以上略论汉以前之儒者。

论汉以后之儒家，不应从宋儒讲起，六朝隋唐亦有儒家也。概而言之，须分两派：一则专务修己治人，不求高远；一则顾亭林所讥明心见性之儒是矣（明心见性，亭林所以讥阳明学派者，惟言之太过，不如谓尽心知性为妥）。修己治人之儒，不求超出人格；明心见性，则超出人格矣。

汉以后专论修己治人者，隋唐间有文中子王通（其人有无不可知，假定为有），宋有范文正（仲淹）、胡安定（瑗）、徐仲车（积），南宋有永嘉派之薛士龙（季宣）、陈止斋（傅良）、叶水心（适），金华派之吕东莱（祖谦），明有吴康斋（与弼、白沙、阳明，均由吴出）、罗一峰（伦），清有顾亭林（炎武）、陆桴亭（世仪。稍有谈天说性语）、颜习斋（元）、戴东原（震）。此数子者，学问途径虽不同（安定修己之语多，治人之语少；仲车则专务修己，不及治人；永嘉诸子偏重治人，东莱亦然；习斋兼务二者，东原初意亦如此，惟好驳斥宋人，致人棘丛），要皆以修己治人为归，不喜高谈心性。此派盖出自荀子，推而上之，则曾子是其先师。

明心见性之儒，首推子思孟子。唐有李习之（翱），作《复性书》，大旨一依《中庸》。习之曾研习禅宗。一日，问僧某"'黑风吹堕鬼国'，此语何谓"？僧呵曰："李翱小子，问此何为？"习之不觉怒形于色，僧曰："此即是'黑风吹堕鬼国'。"今观《复性书》虽依《中庸》立论，其实阴袭释家之旨。宋则周濂溪（敦颐）开其端。濂溪之学本于寿涯。濂溪以为儒者之教，不应羼杂释理。寿涯教以改头换面，又授以一偈，云"有物先天地，无形本寂寥，能为万象主，不逐四时凋"（此诗语本《老子》"有物混成，先天地生。寂兮寥兮，独立而不改，周行而不殆，可以为天下母。吾不知其名，强字之曰道"一章。"有物先天地"，即"有物混成，先天地生"也；"无形本寂寥"，即"寂兮寥兮"也；"能为万象主，不逐四时凋"，即"独立不改，周行不殆，可以为天下母"也。寿涯不以佛法授濂溪，而采《老子》，不识何故）。后濂溪为《太极图说》、《通书》，更玄之又玄矣。张横渠（载）《正蒙》之意，近于回教。横渠陕西人，唐时景教已入中土，陕西有大秦寺，唐时立，至宋嘉祐时尚在，故横渠之言，或有取于彼。其云"清虚一大之谓天"，似回教语；其云"民吾同胞、物吾与也"，则似景教。人谓《正蒙》之旨，与墨子兼爱相同。墨子本与基督教相近也。然横渠颇重礼教，在乡拟兴井田，虽杂景教、回教意味，仍不失修己治人一派之旨。此后有明道（程颢）、伊川（程颐）世所称二程子者。伊川天资不如明道，明道平居燕坐，如泥塑木雕（此非习佛家之止观，或如佛法所称有宿根耳）；受濂溪之教，专寻孔颜乐处，一生得力，从无忧虑，实已超出人格，著《定性书》，谓不须防检力索、自能从容中道。以佛法衡之，明道殆入四禅八定地矣。杨龟山（时）、李延平（侗）传之。数传而为朱晦庵（熹）。龟山取佛法处多，天资高于伊川，然犹不逮谢上蔡（良佐）。上蔡为二程弟子天资最高者。后晦庵一派，不敢采取其说，以其近乎禅也。龟山较上蔡为有范围，延平范围渐小。迨晦庵出，争论乃起，时延平以默坐、澄心、体认、天理教晦庵（此亦改头换面语，实即佛法之止观）。晦庵读书既多，言论自富，故陆象山（九渊），王阳明（守仁）讥为支离。阳明有朱子晚年定论之说，据与何叔京一书（书大意谓，但因良心发现之微，猛省提撕，使心不昧，即为学者下功夫处），由今考之，此书乃庵晦三十四岁时作，非真晚年。晚年定论，乃阳明不得已之语，而东原非之，以为堕入释氏。阳明以为高者，东原反以为歧。实则晦庵恪守师训，惟好胜之心不自克，不得不多读书，以资雄辩。虽心知其故，而情不自禁也。至无极、太极之争，非二家学问之本，存而不论可矣（象山主太极之上无无极，晦庵反之，二人由是哄争。晦庵谓如曰未然，则各尊所闻，各行所知；象山答云，通人之过虽微，针药久当自悟。盖象山稍为和平矣）。

　　宋儒出身仕宦者多，微贱起家者少。唯象山非簪缨之家（象山家开药肆），其学亦无师承。常以为二程之学，明道疏通，伊川多障。晦庵行辈，高出象山，论学则不逮。象山主先立乎其大者（宋人为学，入手之功，各有话头：濂溪主静，伊川以后主敬，象山则谓先立乎其大者），不以解经为重，谓"六经注我，我不注六经"。顾经籍烂熟，行文如汉人奏议，多引经籍，虽不如晦庵之尽力注经，亦非弃经籍而不读也。其徒杨慈湖（简慈湖成进士为富阳主薄时，象山犹未第。至富阳，慈湖问"何谓本心"？象山曰："君今日所断扇讼，彼讼扇者必有一是、有一非，若见得孰是孰非即决定为某甲是某乙非，非本心而何？"慈湖呕问曰："止如斯耶？"象山厉声答曰："更何有也！"慈湖退，拱坐达旦，质明纳拜，遂称弟子）作《绝四记》，多参释氏之言，然以意为意识，不悟其为意根，则于佛法犹去一间。又作《己易》，以为易之消息，不在物而在己，己即是易。又谓衣冠礼乐、娶妻生子。学周公孔子，知其余不学周孔矣。既殁，弟子称之曰"圆明祖师"（不知慈湖自称抑弟子尊之云尔）。宋儒至慈湖，不讳佛如此，然犹重视礼教，无明人猖狂之行。盖儒之有礼教，亦犹释之有戒律。禅家呵佛骂祖，猖狂之极，终不失僧人戒律。象山重视礼教，弟子饭次交足，讽以有过。慈湖虽语言开展，亦守礼惟谨，故其流派所衍，不至如李卓吾辈之披猖也。

明儒多无师承，吴康斋与薛敬轩（瑄）同时，敬轩达官，言语谨守矩矱，然犹不足谓为修己治人一流。英宗复辟，于谦凌迟处死，敬轩被召入议，但谓三阳发生，不可用重刑，诏减一等。凌迟与斩，相去几何？敬轩于此固当力争，不可则去，乌得依违其间如此哉（此事后为刘蕺山所斥）？康斋父溥与解缙、王艮、胡广比舍居，燕兵薄京城，城陷前一夕皆集溥舍，缙陈说大义，广亦奋激慷慨，艮独流涕不言。三人去，康斋尚幼，叹曰："胡叔能死，是大佳事。"溥曰："不然，独王叔死耳。"语未毕，隔墙闻广呼外喧甚：谨视豚！溥顾曰："一豚尚不能舍，肯舍生乎？"然己亦未尝死节。康斋之躬耕不仕，殆以此故。敬轩之学不甚广传，而康斋之传甚广（陈白沙献章即其弟子；又有娄一斋谅以其学传阳明。白沙之学传湛甘泉若水。其后，两家之传最广，皆自康斋出也）。康斋安贫乐道，无超过人格语。白沙讲学，不作语录，不讲经，亦无论道之文。惟偶与人书，或托之于诗，常称曾点浴沂风雩之美，而自道功夫，则谓静中养出端倪（端倪一语，刘蕺山谓为含糊。其实孟子有四端之说，四端本不甚著，故须静中养之）。亦复时时静坐，然犹不足以拟佛法，盖与四禅八定近耳。弟子湛甘泉（若水），与阳明同时。阳明成进士，与甘泉讲学，甚相得，时阳明学未成也。阳明幼时，尝与铁柱宫道士交契，三十服官之后，入九华山，又从道士蔡蓬头问道。乃为龙阳驿丞，忧患困苦之余，忽悟知行合一之理。谓宋儒先知后行，于事未当。所谓"如恶恶臭"、"如好好色"，即知即行，非知为好色而后好之，知为恶臭而后恶之也。其致良知之说，在返自龙场之后。以为昔人之解致知格物，非惟朱子无当，司马温公辈亦未当（温公以格为格杀勿论之格。然物来即格之，惟深山中头陀不涉人事者为可，非所语于常人也）。朱子以穷知事物之理为格物（宋人解格物者均有此意，非朱子所创也），阳明初信之，格竹三日而病，于是斥朱子为非是。朱子之语，包含一切事物之理，一切事物之理，原非一人之知所能尽，即格竹不病，亦与诚意何关，以此知阳明之斥朱子为不误。然阳明以为格当作正字解。格物者，致良知以正物。物即心中之念，致良知，则一转念间，知其孰善孰恶，去其恶，存其善，斯意无不诚。余谓阳明之语虽踔，顾与《大学》原文相反。《大学》谓物格而后致知，非谓致知而后物格。朱子改窜《大学》，阳明以为应从古本。至解格物致知，乃颠倒原文，又岂足以服朱之心哉（后朱派如吕泾野楠辈谓作止语默皆是物，实袭阳明之意而引申之。顾亭林谓"为人君止于仁、为人臣止于敬、为人子止于孝、为人父止于慈、与国人交止于信"，斯即格物。皆与阳明宗旨不同，而亦不采朱子穷至事物之理之说。然打破朱子之说，不可谓非阳明之力也）？

格物致知之说，王心斋（艮）最优。心斋为阳明弟子（心斋初为盐场灶丁，略语《四书》，制古衣冠、大带、笏板服之，曰："言尧之言、行尧之行，而不服尧之服，可乎哉？"闻其论曰："此绝类王巡抚之谈学也。"

时阳明巡抚江西，心斋即往谒，古服举笏立于中门，阳明出迎于门外。始入，据上坐；辩难久之，心折，移坐于侧；论毕，下拜称弟子。明日复见，告之悔，复上坐，辩难久之，乃大服，卒为弟子。本名银，阳明为改为艮)，读书不多，反能以经解经，义较明白。谓《大学》有"物有本末，事有始终，知所先后，则近道矣"语：致知者，知事有终始也；格物者，知物有本末也。格物致知，原空文，不必强为穿凿。是故诚意是始，平天下是终；诚意是本，平天下是末。知此即致知矣。刘蕺山（宗周）等崇其说，称之曰："淮南格物论，谓是致知格物之定论。"盖阳明读书多，不免拖沓；心斋读书少（心斋入国子监，司业问："治何经？"曰："我治总经。"又作《大成歌》，亦有寻孔、颜乐处之意，有句云"学是学此乐，乐是乐此学"），故能直截了当，斩除葛藤也。心斋解"在止于至善"，谓身名俱泰，乃为至善；杀身成仁，便非至善。其语有似老子。而弟子颜山农（钧）、何心隐辈，猖狂无度，自取戮辱之祸，乃与师说相反。清人反对王学，即以此故。颜山农颇似游侠，后生来见，必先享以三拳，能受，乃可为弟子。心隐本名梁汝元，从山农时，亦曾受三拳，而终不服，知山农狎妓，乃伺门外，山农出，以三拳报之。此诚非名教所能羁络矣。山农笃老而下狱遣戍，心隐卒为张江陵所杀（江陵为司业，心隐问曰："公居太学，知《大学》道乎？"江陵目摄之，曰："尔意时时欲飞，却飞不起。"江陵去，心隐曰："是夫异日必当国，必杀我。"时政由严氏，而世宗幸方士蓝道行，心隐侦知嵩有揭帖，嘱道行假乩神降语："今日当有一奸臣言事。"帝迟之，而嵩揭帖至，由此疑嵩。御史邹应龙避雨内侍家，侦知其事，因抗疏极论嵩父子不法，严氏遂败，江陵当国，以心隐术足以去宰相，为之心动，卒捕心隐下狱死)，盖王学末流至颜何辈而使人怖畏矣。

阳明破宸濠，弟子邹东廓（守益）助之，而欧阳南野（德）、聂双江（豹）辈，则无事功可见。双江主兵部，《明史》赞之曰："豹也碌碌，弥不足观。"盖皆明心见性，持位保宠，不以政事为意。湛甘泉为南京吏部尚书亦然。罗念庵（洪先）辞官后，入山习静，日以晏坐为事，谓"理学家辟佛乃门面语。周濂溪何尝辟佛哉"？阳明再传弟子万思默（廷言）、王塘南（槐时）、胡正甫（直）、邓定宇（以赞）官位非卑，亦无事功可见。思默语不甚奇，日以晏坐为乐。塘南初曾学佛，亦事晏坐，然所见皆高于阳明。塘南以为一念不动，而念念相续，此即生生之机不可断之意（一念不动，念念相续，即释家所谓阿赖耶识，释家欲传阿赖耶以成涅槃，而王学不然，故仅至四禅四空地）。思默自云静坐之功，若思若无思，则与佛法中非想非非想契合，即四空天中之非想非非想天耳。定宇语王龙溪（畿）曰："天也不做他，地也不做他，圣人也不做他。"张阳和（元忭）谓此言骇听。定宇曰："毕竟天地也多动了一下，此是不向如来行处行手段。"正甫谓天地万物，皆由心造，独契释氏旨趣。前此，理学家谓天地万物与我同体，语涉含混，不知天地万物与我，孰为宾主，孟子"万物皆备于我"亦然，皆不及正甫之明白了当。梨洲驳之，反为支离矣。甘泉与阳明并称。甘泉好谈体认天理。人有不成寐者，问于甘泉。甘泉曰："君恐未能体认天理耳。"阳明讥甘泉务外，甘泉不服，谓心体万物而无遗，何外之有？后两派并传至许敬庵（孚远），再传而为刘蕺山（宗周）。蕺山绍甘泉之绪，而不甚心服。三传而为黄梨洲（宗羲）。梨洲余姚人，蕺山山阴人。梨洲服膺阳明而不甚以蕺山为然，盖犹存乡土之见。蕺山以常惺惺为教。常惺惺者，无昏愦时之谓也，语本禅宗，非儒家所有。又蕺山所以不同于阳明者，自阳明之徒王心斋以致知为空文，与心意二者无关，而心意之别未明也。心斋之徒王一庵（栋）以为意乃心之主宰（即佛法意根），于是意与心始别。蕺山取之，谓诚意者，诚其意根，此为阳明不同者也。然蕺山此语，与《大学》不合。《大学》语语平实，不外修己治人。明儒强以明心见性之语附会，失之远矣。诚其意根者，即堕入数论之神我，意根愈诚，则我见愈深也。余谓《中庸》"诚者物之终始，不诚无物"二语甚确。盖诚即迷信之谓。迷信自己为有，迷信世界万物为有，均迷信也。诚之为言，无异佛法所称无明。信我至于极端，则执一切为实有。无无明则无物，故曰不诚无物。《中庸》此言，实与释氏之旨符合。惟下文足一句曰"是故，君子诚之为贵"，即与释氏大相径庭。盖《中庸》之言，比于婆罗门教，所谓"参天地、赞化育"者，是其极致，乃入摩醯首罗天王一流也。儒释不同之处在此，儒家虽采佛法，而不肯放弃政治社会者亦在此。若全依释氏，必至超出时间，与中土素重世间法者违反，是故明心见性之儒，谓之为禅，未尝不可。惟此所谓禅，乃曰禅八定，佛家与外道共有之禅，不肯打破意根者也。昔欧阳永叔谓"孔子罕言性，性非圣人所重"，此言甚是。儒者若但求修己治人，不务谈天说性，则譬之食肉不食马肝，亦未为不知味也。

儒者修己之道，《儒行》言之甚详，《论语》亦有之，曰"行己有耻"，曰"见利思义，见危授命"。修己之大端，不过尔尔。范文正开宋学之端，不务明心见性而专尚气节，首斥冯道之贪恋。《新五代史》之语，永叔袭文正耳。其后学者渐失其宗旨，以气节为傲慢而不足尚也，故群以极深研几为务。于是风气一变，国势之弱，职此之由。宋之亡，降臣甚多，其明证也。明人之视气节，较宋人为重。亭林虽诮明心见性之儒，然入清不仕，布衣终身，信可为百世师表。夫不贵气节，渐至一国人民都无豪迈之气，奄奄苟活，其亡岂可救哉？清代理学家甚多，然在官者不可以理学论。汤斌、杨名时、陆陇其辈，江郑堂《宋学渊源记》所不收，其意良是。何者？炎黄之胄，服官异族，大节已亏，尚得以理学称哉？若在野而走入王派者，则有李二曲（颙）、黄梨洲（宗羲）。其反对王派者，今举顾亭林、王船山（夫之）、陆桴亭、颜习斋、戴东原五家论之。此五家皆与王派无关，而又非拘牵朱派者也。梨洲、二曲虽同祖阳明，而学不甚同。梨洲议论精致，修养不足；二曲教以悔过为始基，以静坐为入手，李天生（因笃，陆派也）之友欲从二曲学，中途折回，天生问故，曰："人谓二曲王学之徒也。"二曲闻之叹曰："某岂王学乎哉！"盖二曲虽静坐观心，然其经济之志，未曾放弃。其徒王心敬（尔缉），即以讲求区田著称。此其所以自异于王学也。梨洲弟子万季野（斯同）治史学，查初白（慎行）为诗人，并不传其理学。后来全谢山（祖望）亦治史学，而于理学独推重慈湖，盖有乡土之见焉。

阳明末流，一味猖狂，故清初儒者皆不愿以王派自居。顾亭林首以明心见性为诟病。亭林之学，与宋儒永嘉派不甚同，论其大旨，亦以修己治人为归。亭林研治经史最深，又讲音韵、地理之学，清人推为汉学之祖。其实，后之为汉学者仅推广其《音学五书》以讲小学耳。其学之大体，则未有步趋者也。惟汪容甫（中）颇有绍述之意，而日力未及。观容甫《述学》，但考大体，不及琐碎，此即亭林矩矱。然亭林之学，枝叶蔚为大国而根本不传者，亦因种族之间，言议违禁，故为人所忌耳（《四库提要》称其音韵之学，而斥经世之学为迂阔，其意可知）。种族之见，亭林胜于梨洲。梨洲曾奉鲁王命乞师日本，后遂无闻焉，亭林则始终不渝。今通行之《日知录》，本潘次耕（耒）所刻，其中胡字、虏字，或改作外国、或改作异域，我朝二字，亦被窜易。《素夷狄行乎夷狄》一条，仅存其目。近人发现雍正时抄本，始见其文，约二千余言。大旨谓孔子云："居处恭、执事敬、与人忠，虽之夷狄不可弃也。"此之谓"素夷狄行乎夷狄"，非谓臣事之也。又言，管仲大节有亏而孔子许之者，以管仲攘夷，过小而功大耳。以君臣之义，较夷夏之防，则君臣之义轻，夷夏之防重，孔子所以亟称之也。又《胡服》一条，刻本并去其目。忌讳之深如此，所以其学不传。亭林于夷夏之防，不仅腾为口说，且欲实行其志，一生奔驰南北，不遑宁居，到处开垦，隐结贤豪，凡为此故也。山东、陕西、山西等处，皆有其屯垦之迹。观其意，殆欲于此作发展计。汉末田子泰（或作田子春，名畴），躬耕徐无山《今河北玉田县），百姓归之者五千余家。子泰为定法律、制礼仪、兴学校，众皆便之。乌丸、鲜卑并遣译致贡。常忿乌丸贼杀冠盖，有欲讨之意，而曹操北征，子泰为向导，遂大斩获，追奔逐北。使当时无曹操，则子泰必亲自攘夷矣。亭林之意，殆亦犹是。船山反对王学，宗旨与横渠相近，曾为《正蒙》作注。盖当时王学猖狂，若以程朱之学矫之，反滋纠纷，惟横渠之重礼教乃足以惩之。船山之书，自说经外，只有抄本，得之者，什袭珍藏。故黄书流传甚广，而免于禁网也。船山论夷夏之防，较亭林更为透彻，以为六朝国势不如北魏远甚。中间又屡革命，而能支持三百年之久者，以南朝有其自立精神故也。南宋不及百六十年，未经革命，而亡于异族，即由无自立精神故也。此说最中肯綮，然有鉴于南宋之亡，而谓封建藩镇，可以抵抗外侮，此则稍为迂阔。特与六朝人主封建者异趣：六朝人偏重王室，其意不过封建亲戚以为藩屏而已；船山之主封建，乃从诸夏夷狄着想，不论同姓异姓，但以抵抗外侮为主，此其目光远大处也。要之，船山之学，以政治为主，其理学亦不过修己治人之术，谓之骈枝可也。

陆桴亭《思辨录》，亦无过修己治人之语，而气魄较小。其论农田水利，亦尚有用。顾足迹未出江苏一省，故其说但就江苏立论，恐不足以致远。

北方之学者，颜（习斋）、李（刚主）、王（昆绳）、刘（继庄）并称，而李行辈略后。习斋之意，以为程、朱、陆、王都无甚用处，于是首举《周礼》乡三物以为教，谓《大学》格物之物，即乡三物之物，其学颇见切实。盖亭林、船山但论社会政治，却未及个人体育。不讲体育，不能自理其身，虽有经世之学，亦无可施。习斋有见于此，于礼、乐、射、御、书、数中，特重射、御，身能盘马弯弓，抽矢命中，虽无反抗清室之语，而微意则可见世。昆绳、刚主，亦是习斋一流，惟主张井田，未免迂腐。继庄精舆地之学。《读史方舆纪要》之作，继庄周游四方，观察形势；顾景范考索典籍，援古证今，二人联作，乃能成此巨著。此后徐乾学修《一统志》，开馆洞庭山，招继庄纂修。继庄首言郡县宜记经纬度，故《一统志》每府必记北极测地若干度。此事今虽习见，在当时实为创获。

大概亭林、船山，才兼文武。桴亭近文，习斋近武，桴亭可使为地方官，如省长之属；习斋可使为卫戍司令，二人之才不同，各有偏至。要皆专务修己治人，无明心见性之谈也。

东原不甘以上列诸儒为限，作《原善》、《孟子字义疏证》。其大旨有二：一者，以为程、朱、陆、王均近禅，与儒异趣；一者，以为宋儒以理杀人，甚于以法杀人。盖雍乾间，文字之狱，牵累无辜，于法无可杀之道，则假借理学以杀之。东原有感于此，而不敢正言，故发愤为此说耳。至其目程、朱、陆、王均近禅，未免太过。象山谓"六经注我，我注六经"，乃扫除文字障之谓，不只谓之近禅。至其驳斥以意见为理，及以理为如有物焉得于天而具于心之说，只可以攻宋儒，不足以攻明儒。阳明谓理不在心外，则非如有物焉，凑泊附着于气之谓也。罗整庵（钦顺）作《困知记》，与阳明力争理气之说，谓宋人以为理之外有气，理善，气有善有不善。夫天地生物，惟气而已，人心亦气耳。以谓理者，气之流行而有秩序者也，非气之外更有理也。理与气不能对立。东原之说，盖有取于整庵。然天理、人欲，语见《乐记》，《乐记》本谓穷人欲则天理灭，不言人欲背于天理也。而宋儒则谓理与欲不能并立。于是东原谓天理即人欲之有节文者，无欲则亦无理，此言良是，亦与整庵相近。惟谓理在事物而不在心，则矫枉太过，易生流弊。夫能分析事物之理者，非心而何？安得谓理在事物哉？依东原之说，则人心当受物之支配，丧其所以为我，此大谬矣。至孟子性善之说，宋儒实未全用其旨。程伊川、张横渠皆谓人有义理之性，有气质之性。义理之性善，气质之性不善。东原不取此论，谓孟子亦以气质之性为善，以人与禽兽相较而知人之性善，禽兽之性不善（孟子有"人之异于禽兽者几希"语）。余谓此实东原之误。古人论性，未必以人与禽兽比较。详玩《孟子》之文，但以五官与心对待立论。孟子云："从其大体为大人，从其小体为小人。""耳目之官不思而蔽于物。物交物，则引人而已矣。心之官则思，不思则不得也。"其意殆谓耳目之官不纯善，心则纯善。心纵耳目之欲，是养其小体也；耳目之欲受制于心，是养其大体也。今依生理学言之，有中枢神经，有五官神经。五官不能谓之无知，然仅有欲而不知义理，惟中枢神经能制五官之欲，斯所以为善耳。孟子又云："口之于味，目之于色，耳之于声，鼻之于臭，四肢之于安佚，性也。有命焉，君子不谓性也。"是五官之欲固可谓之性。以五官为之主宰，故不以五官之欲为性，而以心为性耳。由此可知，孟子亦不谓性为纯善，惟心乃纯善。东原于此不甚明白，故不取伊川、横渠之言，而亦无以解孟子之义。由今观之，孟、荀、扬三家论性虽各不同，其实可通。孟子不以五官之欲为性，此乃不得已之论。如合五官之欲与心而为真，亦犹扬子所云善恶混矣。孟子谓恻隐、羞恶、辞让、是非四端，性所具有。荀子则谓人生而有好利焉，顺是则争夺生而辞让亡矣。是荀子以辞让之心非性所本有，故人性虽具恻隐、羞恶、是非三端，不失其为恶。然即此可知荀子但云性不具辞让之心，而不能谓性不具恻隐、羞恶、是非之心。是其论亦同于善恶混也。且荀子云："途之人皆可以为禹。"孟子云："人皆可以为尧舜。"是性恶、性善之说，殊途同归也。荀子云："人皆有可以知仁义法正之质，皆有可以能仁义法正之具。"孟子云："乃若其情则可以为善矣，乃所谓善也。"此其语趣尤相合（孟子性善之说，似亦略有变迁。可以为善曰性善，则与本来性善不同矣）。虽然，孟子曰："仁、义、礼、知，非由外铄我也，我固有之也。"荀子则谓礼义法度，圣人所生，必待圣人之教，而后能化性起伪。此即外铄之义，所不同者在此。

韩退之《原性》有上中下三品说。前此，王仲任《论衡》记周人世硕之言，谓人性有善有恶。举人之善性，养而致之则善长；举人之恶性，养而致之则恶长，故作《养书》一篇。又言宓子贱、漆雕开、公孙尼子之徒，亦论情性，与孟子相出入。又孔子已有"生而知之者上、学而知之者次、困而学之又其次、困而不学民斯为下"语。如以性三品说衡荀子之说，则谓人性皆恶可也。不然，荀子既称人性皆恶，则所称圣人者，必如宗教家所称之圣人，然后能化性起伪尔。是故，荀子虽云性恶，当兼有三品之义也。

告子谓性无善、无不善，语本不谬，明阳亦以为然。又谓生之谓性，亦合古训。此所谓性，即阿赖耶识。佛法释阿赖耶为无记性（无善无恶），而阿赖耶之义即生理也。古人常借生为性字。《孝经》"毁不灭性"，《左传》"民力凋尽，莫保其性"皆是。《庄子》云："性者生之质也。"则明言生即性矣。故"生之谓性"一语，实无可驳。而孟子强词相夺，驳之曰："犬之性犹牛之性，牛之性犹人之性欤？"若循其本，性即生理。则犬之生与牛之生，有何异哉？至杞柳杯棬之辨，孟子之意谓戕贼杞柳以为杯棬可、戕贼人以为仁义不可。此因告子不善措辞，致受此难。如易其语云性犹金铁也，义犹刀剑也；以人性为仁义，犹以金铁为刀剑，则孟子不能谓之戕贼矣。

东原以孟子举犬性、牛性、人性驳告子，故谓孟子性善之说，据人与禽兽比较而为言。余谓此非孟子本旨，但一时口给耳。后人视告子如外道，或曰异端，或曰异学。其实儒家论性，各有不同。赵邠卿注《孟子》，言告子兼治儒墨之学，邠卿见《墨子》书亦载告子（《墨子》书中之告子，与孟子所见未必为一人，以既与墨子同时，不得复与孟子同时也），故为是言。不知《墨子》书中之告子，本与墨子异趣，不得云兼治儒墨之学也。宋儒以告子为异端，东原亦目之为异端，此其疏也。

《孟子字义疏证》一书，惟说理气语不谬（大旨取罗整庵），论理与欲亦当。至阐发性善之言，均属难信。其后承东原之学者，皆善小学、说经、地理诸学，惟焦里堂（循）作《孟子正义》，不得不采《字义疏证》之说（近黄式三亦有发挥东原之言）。要之，东原之说，在清儒中自可卓然成家，若谓可以推倒宋儒（段若膺作挽词有"孟子之功不在禹下"语，太过），则未敢信也。

道咸间方植之（东树）作《汉学商兑》，纠弹东原最力。近胡适尊信东原之说，假之以申唯物主义。然"理在事物而不在心"一语，实东原之大谬也。

数道家当以老子为首。《汉书·艺文志》道家首举《伊尹》、《太公》。然其书真伪不可知，或出后人依托。《管子》之书，可以征信，惟其词意繁富，杂糅儒家、道家，难寻其指归。太史公言其"善因祸而为福、转败而为功"，盖管子之大用在此。黄老并称，始于周末，盛行于汉初。如史称环渊学黄老道德之术；陈丞相少时，好黄帝、老子之术；胶西有盖公善治黄老言；窦太后好黄帝、老子言；王生处士善为黄老言。然黄帝论道之书，今不可见。《儒林传》，黄生与辕固争论汤武革命，曰："冠虽敝必加于首，履虽新必贯于足。"其语见《太公六韬》。然今所传《六韬》不可信，故数道家当以老子为首。

《庄子·天下篇》自言与老聃、关尹不同道。老子多政治语，庄子无之；庄子多超人语，老子则罕言。虽大旨相同，而各有偏重，所以异也。《老子》书八十一章，或论政治，或出政治之外，前后似无系统。今先论其关于政治之语。老子论政，不出因字，所谓"圣人无常心，以百姓心为心"是也。严几道（复）附会其说，以为老子倡民主政治。以余观之，老子亦有极端专制语，其云"鱼不可脱于渊，国之利器不可以示人"，非极端专制而何？凡尚论古人，必审其时世。老子生春秋之世，其时政权操于贵族，不但民主政治未易言，即专制政治亦未易言。故其书有民主语，亦有专制语。即孔子亦然。在贵族用事之时，唯恐国君之不能专制耳。国君苟能专制，其必有愈于世卿专政之局，故曰"鱼不可脱于渊，国之利器不可以示人。"然此二语法家所以为根本。

太史公以老子、韩非同传，于学术源流最为明了。韩非解老、喻老而成法家，然则法家者，道家之别子耳。余谓老子譬之大医，医方众品并列，指事施用，都可疗病。五千言所包亦广矣，得其一术，即可以君人南面矣。

汉文帝真得老子之术者，故太史公既称孝文好道家之学，以为繁礼饰貌无益于治；又称孝文帝本好刑名之言。盖文帝貌为玄默躬化，其实最擅权制。观夫平、勃诛诸吕，使使迎文帝。文帝入，即夕拜宋昌为卫将军，领南北军；以张武为郎中令、行殿中。其收揽兵权，如此其急也。其后贾谊陈治安策，主以众建诸侯而少其力，文帝依其议，分封诸王子为列侯。吴太子入见，侍皇太子饮博，皇太子引博局提杀之，吴王怨望不朝，而文帝赐之几杖，盖自度能制之也。且崩时，诫景帝，即有缓急，周亚夫真可任将兵。盖知崩后，吴楚之必反也，盖文帝以老、庄、申、韩之术合而为一，故能及此。然谓周云成、康，汉言文、景，则又未然。成康之世，诸侯宗周；文帝之世，诸侯王已有谋反者。非用权谋，乌足以制之？知人论世，不可同年而语矣。

后人往往以宋仁宗拟文帝，由今观之，仁宗不如文帝远甚。虽仁厚相似，而政术则非所及也。仁宗时无吴王叛逆之事；又文帝之于匈奴与仁宗之于辽、西夏不同。仁宗一让之后，即议和纳币，无法应付；文帝则否，目前虽似让步，却能养精蓄锐，以备大举征讨，故后世有武帝之武功。周末什一而税，以致颂声。然汉初但十五而取一（高帝、惠帝皆然），文帝出，常免天下田租，或取其半，则三十而一矣。又以缇萦上书，而废肉刑。此二事可谓仁厚。然文帝有得于老子之术。老子之术，平时和易，遇大事则一发而不可当，自来学老子而至者，惟文帝一人耳。

《老子》书中有权谋语，"将欲歙之，必固张之；将欲弱之，必固强之；将欲废之，必固兴之；将欲夺之，必固与之"是也。凡用权谋，必不明白告人。而老子笔之于书者，以此种权谋，人所易知故尔。亦有中人权谋而不悟者，故书之以为戒也。

历来承平之世，儒家之术，足以守成；戡乱之时，即须道家，以儒家权谋不足也。凡戡乱之傅佐，如越之范蠡（与老子同时，是时《老子》书恐尚未出），汉初之张良、陈平（二人纯与老子相似。张良尝读《老子》

与否不可知，陈平本学黄老），唐肃宗时之李泌，皆有得于老子之道。盖拨乱反正非用权谋不可，老子之真实本领在此。然即"无为而无不为"一语观之，恐老子于承平政事亦优为之，不至如陈平之但说大话（文帝问左丞相周勃："天下一岁决狱几何？"勃谢不知。问："天下钱谷一岁出入几何？"勃又谢不知，惶愧汗出浃背。帝问左丞相陈平，平曰："有主者。"帝曰："君所主者何事？"平曰："宰相上佐天子理阴阳、顺四时，下遂万物之宜，外镇抚四夷、诸侯，内亲附百姓，使卿大夫各得任其职焉。"盖周勃武夫，非所能对；陈平粗疏，亦不能对也）。承平而用老子之术者，文帝之前曹参曾用盖公，日夜饮酒而不治事，以为法令既明，君上垂拱而臣下守职，此所谓"无为而无不为"也。至于晋人清淡，不切实用，盖但知无为，而不知无不为矣。

至于老子之道最高之处，第一看出常字，第二看出无字，第三发明无我之义，第四倡立无所得三字，为道德之极则。《老子》首章云："道可道，非常道。名可名，非常名。"常道、常名，王注不甚明白，韩非《解老》则言之燎然，谓"物之一存一亡、乍死乍生、初盛而后衰者，不可谓常；唯与天地之剖判也俱生，至天地消散也不死不衰者，谓常"，盖常道者，不变者也。《庄子·天下篇》称"老聃建之以常无有，主之以太一"。常无有者，常无、常有之简语也。老子曰："常无欲以观其妙，常有欲以观其徼。"又云："无名天地之始，有名万物之母。"无名故为常，有名故非常。徼者边际界限之意。夫名必有实，实非名不彰，彻去界限，则名不能立，故云"常有欲以观其徼也"。圣人内契天则、故常无以观其妙。外施于事，故常有以观其徼。建之以常无有者，此之谓也。

《老子》云："天下万物生于有，有生于无。"后之言佛法者，往往以此斥老子为外道，谓"无何能生有"？然非外道也。《说文》："无，奇字无也①，通于元者。"虚无，道也。《尔雅》："元，始也。"夫万物实无所始。《易》曰："大哉乾元。"首出庶物，是有始也。又曰："见群龙无首。"天德不可为首，则无始也。所谓有始者，毕竟无始也。《庄子》论此更为明白，云："有始也者，有未始有始也者，有未始有夫未始有始也者。"《说文系传》云："无通于元者，即未始有始之谓也。"又佛法有缘起之说，唯识宗以阿赖耶识为缘起；《起信论》以如来藏为缘起。二者均有始。而《华严》则称无尽缘起，是无始也。其实缘起本求之不尽，无可奈何，乃立此名耳。本无始，无可奈何称之曰始，未必纯是；无可奈何又称之曰无始，故曰无通于元。儒家无极、太极之说，意亦类是。故老子曰："天下万物生于有，有生于无。"语本了然，非外道也。

无我之言，《老子》书中所无，而《庄子》详言之。太史公《孔子世家》："老子送孔子曰：'为人臣者毋以有己，为人子者毋以有己。'"二语看似浅露，实则含义宏深。盖空谈无我，不如指切事状以为言，其意若曰一切无我，固不仅言为人臣、为人子而已。所以举臣与子者，就事说理，《华严》所谓事理无碍矣。于是孔子退而有犹龙之叹。夫唯圣人为能知圣，孔子耳顺心通，故闻一即能知十，其后发为"毋意、毋必、毋固、毋我"之论，颜回得之而克己。此如禅宗之传授心法，不待繁词，但用片言只语，而明者自喻。然非孔子之聪明睿智，老子亦何从语之哉（老子语孔子之言，《礼记·曾子问》载三条，皆礼之粗迹，其最要者在此。至无我、克己之语，则《庄子》多有之）！

《德经》以上德、下德开端（是否《老子》原书如此，今不可知），云："上德不德，是以有德；下德不失德，是以无德。"德者得也，不德者，无所得也。无所得乃为德，其旨与佛法归结于无所得相同，亦与文王视民如伤、望道而未之见符合。盖道不可见，可见即非道。望道而未之见

---

① 程千帆校记："《说文》无'也'字。"

者，实无有道也。所以望之者，立文不得不如此耳，其实何尝望也。佛家以有所见为所知障，又称理障。有一点智识，即有一点所智障。纵令理想极高，望去如有物在，即所知障也。今世讲哲学者不知此义，无论剖析若何精微，总是所知障也。老子谓"玄之又玄，众妙之门"，玄之一字，于老子自当重视。然老子又曰"涤除玄览"，玄且非扫除不可，况其他哉！亦有极高极深之理，自觉丝毫无谬，而念念不舍，心存目想，即有所得，即所谓所知障，即不失德之下德也。孔子云："吾有知乎哉？无知也。"无知故所知障尽。颜子语孔子曰："回益矣，忘仁义矣。"孔子曰："可矣，犹未也。"他日复见曰："回益矣，忘礼乐矣。"孔子曰："可矣，犹未也。"他日复见曰："回益矣，坐忘矣。"孔子乃称："而果其贤乎！丘请从而后。"盖坐忘者，一切皆忘之谓，即无所得之上德也。此种议论，《老子》书所不详，达者观之立喻；不达者语之而不能明。非如佛书之反复申明，强聒而不舍。盖儒以修己治人为本；道家君人南面之术，亦有用世之心。如专讲此等玄谈，则超出范围，有决江救涸之嫌。政略示其微而不肯详说，否则，其流弊即是清淡。非惟祸及国家，抑且有伤风俗，故孔老不为也。印度地处热带，衣食之忧，非其所急；不重财产，故室庐亦多无用处；自非男女之欲，社会无甚争端。政治一事，可有可无，故得走入清淡一路而无害。中土不然，衣食居处，必赖勤力以得之，于是有生存竞争之事。团体不得不结，社会不得不立，政治不得不讲。目前之急，不在乎有我无我，乃在衣食之足不足耳。故儒家、道家，但务目前之急；超出世间之理，不欲过于讲论，非智识已到修养已足者，不轻为之语。此儒、道与释家根本虽同，而方法各异之故也。

六朝人多以老、庄附佛法（如僧祐《宏明集》之类），而玄奘以为孔、老两家，去佛甚远，至不肯译《老子》，恐为印度人所笑。盖玄奘在佛法中为大改革家，崇拜西土，以为语语皆是，而中国人语都非了义。以玄奘之智慧，未必不能解孔子、老子之语，特以前人注解未能了然，虽或浏览，不足启悟也。南齐顾欢谓孔、老与佛法无异，中国人只须依孔、老之法、不必追随佛法，虽所引不甚切当，而大意则是。（《南齐书》五十四载欢之论曰："国师、道士，无过老、庄；儒林之宗，孰出周、孔？若孔、老非佛，谁则当之？二经所说，如合符契，道则佛也，佛则道也。其圣则符，其迹则反。"又云："理之可贵者道也；事之可贱者俗也。舍华效夷，义将安取？"）至老子化胡，乃悠谬之语。人各有所得，奚必定由传授也。

　　道士与老子无关，司马温公已见及此。道士以登仙为极则，而庄子有齐死生之说，又忘老聃之死，正与道士不死之说相反也。汉武帝信少翁、栾大、李少君之属以求神仙，当时尚未牵合神仙、老子为一。《汉书·艺文志》以神仙、医经、经方同入方技，可证也。汉末张道陵注《老子》（《宏明集》引），其孙鲁亦注《老子》（曰：想余注《老子》。想余二字不可解），以老子牵入彼教，殆自此始。后世道士，乃张道陵一派也。然少翁辈志在求仙，道陵亦不然，仅事祈祷或用符箓捉鬼，谓之劾禁。盖道士须分两派：一为神仙家，以求长生、觊登仙为务；一为劾禁家，则巫之余裔也。北魏寇谦之出，道士之说大行。近代天师打醮、画符、降妖而不求仙，即是劾禁一派。前年，余寓沪上，张真人过访，余问炼丹否？真人曰："炼丹须清心寡欲。"盖自以不能也。

　　梁陶弘景为《本草》作注，又作《百一方》，而专务神仙。医家本与神仙家相近，后世称陶氏一派曰茅山派；张氏一派曰龙虎山派。二派既不同，而炼丹又分内丹、外丹二派。《抱朴子》载炼丹之法，唐人信之，服大还而致命者不少，后变而为内丹之说，《悟真篇》即其代表。然于古有汉人所作《参同契》，亦著此意。元邱处机（即长春真人，作《西游记》者），亦与内丹相近，白云观道士即此派也。此派又称龙门派。是故，今之道士，有此三派，而皆与老子无关者也。

　　神仙家、道家，《隋志》犹不相混。清修《四库》，始混而为一。其实炼丹一派，于古只称神仙家，与道家毫无关系。宋元间人集《道藏》，凡诸子书，自儒家之外，皆被收录。余谓求仙一派，本属神仙家，前已言之。劾禁一派，非但与老子无关，亦与神仙家无关。求之载籍，盖与《墨子》为近。自汉末至唐，相传墨子有《枕中五行记》（其语与墨子有无关系，不可知）。《后汉书·刘根传》："根隐居嵩山，诸好事者就根学道。太守史祈，以根为妖妄，收而数之曰：'汝有何术，而惑诬百姓？'根曰：'实无他异，颇能令人见鬼耳。'于是左顾而啸，祈之亡父、祖及近亲数十人皆反缚在前，向根叩头。祈惊惧，顿首流血。根默然，忽俱去不知所在。"余按：其术与《墨子·明鬼》相近。刘根得之何人不可知，张道陵之术与刘根近似，必有所受之也。盖劾禁一派，虽与老子无关，要非纯出黄巾米贼，故能使晋世士大夫若王羲之、殷仲堪辈皆信之也。

庄子自言与老聃之道术不同，"死与、生与？天地并与？神明往与？"此老子所不谈，而庄子闻其风而悦之。盖庄子有近乎佛家轮回之说，而老子无之。庄子云："若人之形老，万化而未始有极也，其为乐可胜计邪？"此谓虽有轮回而不足惧，较之"精气为物、游魂为变"二语，益为明白。老子但论摄生，而不及不死不生，庄子则有不死不生之说。《大宗师》篇，南伯子葵问乎女偊，女偊称卜梁倚守其道三日，而后能外天下；又守之七日，而后能外物；又守之九日，而后能外生。已外生矣，而后能朝彻；朝彻而后能见独；见独而后能无古今；无古今而后能入于不死不生。天下者，空间也。外天下则无空间观念。物者实体也。外物即一切物体不足撄其心。先外天下，然后外物者，天下即佛法所谓地水火风之器世间，物即佛法所谓有情世间也。已破空间观念，乃可破有情世间，看得一切物体与己无关，然后能外生。外生者，犹未能证到不死不生，必须朝彻而见独。朝彻犹言顿悟，见独则人所不见，己独能见，故先朝彻而后能见独。人为时间所转，乃成生死之念。无古今者，无时间观念，死生之念因之灭绝，故能证知不死不生矣。佛家最重现量，阳明亦称留得此心常现在。庄子云无古今而后能入于不死不生者，亦此意也。南伯子葵、女偊、卜梁倚，其人有无不可知。然其言如此，前人所未道，而庄子盛称之，此即与老聃异趣。老子讲求卫生，《庚桑楚》篇，老聃为南荣趎论卫生之经可见。用世涉务必先能卫生。近代曾国藩见部属有病者辄痛呵之，即是此意。《史记·老子列传》称老子寿一百六十余。卫生之效，于此可见。然庄子所以好言不死不生，以彭祖、殇子等量齐观者，殆亦有故。《庄子》书中，自老子而外，最推重颜子，于孔子尚有微词，于颜子则从无贬语。颜子之道，去老子不远，而不幸短命，是以庄子不信卫生而有一死生、齐彭殇之说也。

内篇以《逍遥》、《齐物》开端，浅言之，逍遥者，自由之义；齐物者，平等之旨。然有所待而逍遥，非真逍遥也。大鹏自北溟徙于南溟，经时六月，方得高飞；又须天空之广大，扶摇、羊角之势，方能鼓翼。如无六月之时间，九万里之空间，斯不能逍遥矣。列子御风，似可以逍遥矣，然非风则不得行，犹有所待，非真逍遥也。禅家载黄龙禅师说法，吕洞宾往听，师问道服者谁，洞宾称云水道人。师曰："云干水涸，汝从何处安身？"此袭庄子语也。无待，今所谓绝对。唯绝对乃得其自由。故逍遥云者，非今通称之自由也。如云法律之内有自由，固不为真自由；即无政府，亦未为真自由。在外有种种动物为人害者；在内有饮食男女之欲，喜怒哀乐之情，时时困其身心，亦不得自由。必也一切都空，才得真自由，故后文有外天下，外物之论，此乃自由之极至也。

齐物论三字，或谓齐物之论，或谓齐观物论，二义俱通。庄子此篇，殆为战国初期，学派纷歧、是非蜂起而作。"彼亦一是非，此亦一是非"，庄子则以为一切本无是非。不论人物，均各是其所是，非其所非，惟至人乃无是非。必也思想断灭，然后是非之见泯也。其论与寻常论平等者不同，寻常论平等者仅言人人平等或一切有情平等而已。是非之间，仍不能平等也。庄子以为至乎其极，必也泯绝是非，方可谓之平等耳。

揆庄子之意，以为凡事不能穷究其理由，故云"恶乎然？然于然；恶乎不然？不然于不然"，然之理即在于然，不然之理即在于不然。若推寻根源，至无穷，而然、不然之理终不可得，故云然于然、不然于不然，不必穷究是非之来源也。《逍遥》、《齐物》之旨，大略如是。

《养生主》为常人说法，然于学者亦有关系。其云"生也有涯、知也无涯，以有涯随无涯，殆已"。斯言良是。夫境无穷，生命有限，以有限求无穷，是夸父逐日也。《养生主》命意浅显，颇似老子卫生之谈。然不以之为七篇之首，而次于第三，可知庄子之意，卫生非所重也。世间惟愚人不求知，稍有智慧，无不竭力求知。然所谓一物不知儒者之耻，天下安有此事？如此求知，所谓殆已。其末云："指穷于为薪，火传也，不知其尽也。"以薪喻形骸，以火喻神识。薪尽而火传至别物。薪有尽而火无穷，喻形体有尽而神识无尽。此佛家轮回之说也。

《人间世》论处世之道，颜子将之卫、叶公问仲尼二段可见，其中尤以心斋一语为精。宋儒亦多以晏坐为务。余谓心斋犹晏坐也。古者以《诗》、《书》、礼、乐教士，《诗》、《书》属于智识，礼乐属于行为。古人守礼，故能安定。后人无礼可守，心常扰扰。《曲礼》云："坐如尸，立如斋。"此与晏坐之功初无大异。常人闲居无事，非昏沉即掉举。欲救此弊，惟有晏坐一法。古人礼乐不可斯须去身，非礼勿动（动者，非必举手投足之谓，不安定即是动）、非礼勿言（心有思想即言也），自不必别学晏坐。"子之燕居，申申如也，天天如也"。申申挺直之意，天天屈曲之意，申申、天天并举，非崛强、亦非伛偻，盖在不申不屈之间矣。古有礼以范围，不必晏坐，自然合度。此须观其会通，非谓佛法未入中土之时，中土绝无晏坐法也。心斋之说与四勿语（"非礼勿视、非礼勿听、非礼勿言、非礼勿动"）相近，故其境界，亦与晏坐无异。向来注《庄子》者，于"瞻彼阕者，虚室生白，吉祥止止"十二字多不了然，谓室比喻心，心能空虚则纯白独生，然阕字终不可解。按：《说文》，"事已闭门"为阕。此盖言晏坐闭门，人从门隙望之，不见有人，但见一室白光而已。此种语，佛书所恒道，而中土无之，故非郭子玄所知也。

《德充符》言形骸之不足宝，故以兀者王骀发论，至谓王骀之徒与孔子中分鲁国，则其事有无不可知矣。中有二语，含意最深，自来不得其解，曰："以其知，得其心；以其心，得其常心。"余谓此王骀之绝诣也。知者，佛法所谓意识；心者，佛法所谓阿赖耶。阿赖耶恒转如瀑流，而真如心则无变动。常心者，真如心之谓。以止观求阿赖耶，所得犹假；直接以阿赖耶求真如心，所得乃真。此等语与佛法无丝毫之异。世间最高之语，尽于此矣。

《大宗师》篇有不可解处，如"真人之息以踵，众人之息以喉"。喉踵对文，自当训为实字，疑参神仙家言矣。至乎其极，即为卜梁倚之不死不生，如此方得谓之大宗师。

《应帝王》言变化不测之妙。列子遇季咸而心醉，归告其师壶子。季咸善相人，壶子使之相，示之以地文、示之以天壤、示之以太冲，最后示之以虚而委蛇。季咸无从窥测，自失而走。此如《传灯录》所载忠国师事，有西僧能知人心事，师往问之，僧曰："汝何以在天津桥上看猢狲耶？"师再问之，僧又云云。最后一无所念而问之，僧无从作答，此即壶子对季咸之法矣。

要之，内篇七首，佛家精义俱在。外篇、杂篇与内篇稍异。盖《庄子》一书，有各种言说，外篇、杂篇，颇有佛法所谓天乘（四禅四空）一派。《让王篇》主人事，而推重高隐一流。盖庄子生于乱世，用世之心，不如老子之切，故有此论。郭子玄注，反薄高隐而重仕宦。此子玄之私臆，未可轻信。子玄仕于东海王越，招权纳贿，素论去之，故其语如此，亦其所也，惟大致不谬耳。外篇、杂篇，为数二十六；更有佚篇，郭氏删去不注，以为非庄子本旨。杂篇有孔子见盗跖及渔父事，东坡以为此二篇当删。其实《渔父》篇末为揶揄之言，《盗跖》篇亦有微意在也。七国儒者，皆托孔子之说以糊口，庄子欲骂倒此辈，不得不毁及孔子，此与禅宗呵佛骂祖相似。禅宗虽呵佛骂祖，于本师则无不敬之言。庄子虽揶揄孔子，然不及颜子，其事正同。禅宗所以呵佛骂祖者，各派持论，均有根据，非根据佛即根据祖，如用寻常驳辨，未必有取胜之道，不得已而呵佛骂祖耳。孔子之徒，颜子最高，一生从未服官，无七国游说之风。自子贡开游说之端，子路、冉有皆以从政终其身。于是七国时仕宦游说之士，多以孔子为依归，却不能依傍颜子，故庄子独称之也。东坡生于宋代，已见佛家呵佛骂祖之风，不知何以不明此理，而谓此二篇当删去也。

太史公谓庄子著书十余万言，剽剥儒墨。今观《天下》篇开端即反对墨子之道，谓墨子虽能任，奈天下何？则史公之言信矣。惟所谓儒者乃当时之儒，非周公、孔子也。其讥弹孔子者，凡以便取持论，非出本意，犹禅宗之呵佛骂祖耳。

老子一派，传者甚众，而《庄子》书，西汉人见者寥寥。史公而外，刘向校书，当曾见之。桓谭号为博览，顾独未见《庄子》。班嗣家有赐书，谭乞借《庄子》，而嗣不许。《法言》曾引《庄子》，殆扬子云校书天禄阁时所曾见者。班孟坚始有解《庄子》语，今见《经典释文》。外此，则无有称者。至魏晋间，《庄子》始见重于世，其书亦渐流传。自《庄子》流传，而清谈之风乃盛。由清谈而引进佛法，魏晋间讲佛法者，皆先究《庄子》（东晋支遁曾注《庄子》），《宏明集》所录，皆庄佛并讲者也。汉儒与佛法捍格，无沟通之理。明帝时佛经虽入中土，当时视之，不过一种神教而已。自庄子之说流行，不啻为研究佛法作一阶梯，此亦犹利玛窦入中国传其天算之学，而中国人即能了悟。所以然者，利玛窦未入之前，天元、四元之术，已研究有素，故易于接引也。

清儒谓汉称黄老，不及老庄，黄老可以致治，老庄惟以致乱。然史公以老、庄、申、韩同传，老子有治天下语。汉文兼参申韩，故政治修明。庄子政治语少，似乎遗弃世务。其实，庄在老后，政治之论，老子已足；高深之论，则犹有未逮，故庄子偏重于此也。漆园小吏，不过比今公安局长耳，而庄子任之。宦愈小，事愈繁剧，岂庄子纯然不涉事务哉！清谈之士，皆是贵族，但借庄子以自高，故独申其无为之旨。然不但清谈足以乱天下，讲理学太过，亦足以乱天下。亭林谓今之心学，即昔之清谈，比喻至切。此非理学之根本足以乱天下，讲理学而一切不问，斯足以乱天下耳。以故，黄老治天下、老庄乱天下之语，未为通论也。

墨子，据高诱《吕览注》谓为鲁人。《史记·孟荀列传》或曰并孔子时，或曰在其后。盖墨子去孔子不远，与公输般同时。据《礼记·檀弓》：季康子之母死，公输般请以机封，事在哀公之末，或悼公之初。墨子见楚惠王时，盖已三四十岁，是时公输般已老，则墨子行辈，略后于般也。《亲士》篇言吴起之裂。考吴起车裂，在周安王二十一年，上去孔子卒已逾百年，墨士虽寿考，当不及见。至《所染》篇言宋康染于唐鞅田不礼。宋康之灭，在周赧王二十九年，去吴起之裂又九十余年，则决非墨子所及见矣，是知《墨子》书有非墨子自著而后人附益之者。韩非《显学》篇，称孔墨之后，儒分为八，墨离为三——有相里氏之墨、相夫氏之墨、邓陵氏之墨。《庄子·天下》篇亦云相里勤之弟子，五侯之徒，南方之墨者，若获已齿、邓陵子之属，俱诵《墨经》，而倍谲不同，相谓别墨。今观墨子《尚贤》、《尚同》、《兼爱》、《非攻》、《节用》、《节葬》、《天志》、《明鬼》、《非乐》、《非命》，皆有上中下三篇，文字虽小异，而大体则同。一人所著，决不如此重沓，此即墨离为三之证。三家所传不同，而集录者兼采之耳。《汉书》称《墨子》七十一篇，今存五十三篇。

墨子之学，以兼爱、尚同为本。兼爱、尚同则不得不尚贤。至于节用，其旨专在俭约，则所以达兼爱之路也。节葬、非乐，皆由节用来。要之，皆尚俭之法耳。明鬼之道，自古有之，墨子传之，以为神道设教之助，亦有所不得已。依墨子之道，强本节用，亦有用处，而孟子、荀子非之。孟子斥其兼爱（攻其本体），荀子斥其尚俭（攻其办法）。夫兼爱之道，乃人君所有事，墨子无其位而有其行，故孟子斥为无父。汪容甫谓孟子厚诬墨子，实非知言。近世治墨学者，喜言《经上》、《经下》，不知墨子本旨在兼爱、尚同，而尚贤、节用、节葬、非乐是其办法，明鬼则其作用也。

明鬼自是迷信。春秋战国之间，民智渐启，孔子无迷信之语，老子语更玄妙，何以墨子犹有尊天明鬼之说？近人以此致疑老子不应在墨子之前，谓与思想顺序不合。不知老子著书，关尹所请，关尹自当传习其书。《庄子·达生》篇有列子问关尹事，则老子传之关尹，关尹传之列子矣。今《列子》书虽是伪托，《庄子》记列子事则可信。《让王》篇言郑子阳遗粟于列子，据《史记·六国表》、《郑世家》，子阳之死在周安王四年，是时上去孔子之卒八十一年。列子与子阳同时，遗粟之时，盖已年老，问关尹事，当在其前。关尹受老子之书，又在其前，如此上推，则老孔本同时，列子与墨子同时。然老子著书传关尹，关尹传列子，此外有无弟子不可知。齐稷下先生盛言老子，则在墨子之后五六十年。近人以为思想进步必须有顺序，然必须一国之中交通方便，著书易于流布，方足言此。何者？一书之出，人人共见，思想自不致却退也。若春秋之末，各国严分疆界，交通不便，著书则传诸其人，不若后世之流行，安得以此为论？且墨子足迹，未出鲁、宋、齐、楚四国。宋国以北，墨子所未至；老子著书在函谷关，去宋辽远；列子郑人，与宋亦尚异处，故谓墨子未见老子之书可也。墨子与孔子同为鲁人，见闻所及，故有非儒之说。然《论语》一书，恐墨子亦未之见。《论语》云曾子有疾，孟敬子问之。而《礼记》悼公之丧，孟敬子食食，可见《论语》之成，在鲁悼之后，当楚简王之世。是时墨子已老，其说早已流行，故《论语》虽记孔子"天何言哉"之言，而墨诸①子犹言天志也。

又学派不同，师承各别，墨子即见老孔之书，亦未必遽然随之而变。

---

① 冥吴永坤校记："'诸'字疑'衍'。"

今按：儒家著书在后（儒家首《晏子》），道墨著书在前。《伊尹》、《太公》之书，《艺文志》所不信，《辛甲》二十九篇则可信也（辛甲，道家，见《左传》襄四年）。墨家以《尹佚》二篇开端。，尹佚即史佚也。《艺文志》所称某家者流出于某官，多推想之辞。惟道家之出史官，墨家之出清庙之守，确为事实。道家辛甲为周之太史，墨家不但史角为清庙之守，尹佚亦清庙之守。《洛诰》逸祝册可证也。师承之远。历五百余载，学派自不肯轻易改变。故公孟以无鬼之论驳墨子，墨子无论如何不肯信也。春秋之前，道家有辛甲，墨家有尹佚。《左传》引尹佚之语五，《国语》引之者一，而辛甲则鲜见称引，可见尹佚之学流传甚广，而辛甲之学则不甚传。老子本之辛甲，墨子本之尹佚，二家原本不同，以故墨子即亲见老子之书，亦不肯随之而变也。

《礼记》孔子语不尽可信，而《论语》及《三朝记》，汉儒皆以为孔子之语，可信。《三朝记·千乘篇》云："下无用则国家富，上有义则国家治，长有礼则民不争，立有神则国家敬，兼而爱之，则民无怨心，以为无命，则民不偷。昔者先王立此六者，而树之德，此国家所以茂也。"今按：孔子所言，与墨子相同者五——无用即不奢侈之意，墨子所谓节用也；上有义即墨子所谓尚同也；立有神即墨子所谓明鬼也；以为无命即墨子所谓非命也。盖尹佚有此言，而孔子引之。其中不及节葬、非乐者，据《礼记·曾子问》："下殇，土周，葬于园，遂舆机而往。"史佚有子而殇，棺敛于宫中，于此可见史佚不主节葬。周用六代之乐，史佚王官，亦断不能非之。节葬、非乐乃墨子量时度势之言。尹佚当太平时，本无须乎此。墨子经春秋之乱，目睹厚葬以致发冢（《庄子》有"诗礼发冢"语可证），故主节葬。春秋之初，乐有等级，及季氏僭用八佾，三家以雍彻，后又为女乐所乱（齐人馈女乐可见），有不得不非之势。盖节葬、非乐二者，本非尹佚所有，乃墨子以意增加者也。其余兼爱、尚同、明鬼、节用，自尹佚以来已有之。尚贤老子所非，其名固不始于墨子。墨子明鬼，但能称引典籍而不能明言其理,盖亦远承家法,非己意所发明也。

孔、老之于鬼神,措辞含蓄,不绝对主张其有,亦不绝对主张其无。老子曰:"以道莅天下,其鬼不神。"韩非解之曰:"夫内无痤疽瘅痔之害而外无刑罚法诛之祸者,其轻恬鬼也甚,故曰'以道莅天下,其鬼不神。'"盖天下有道,祸福有常,则鬼神不足畏矣。孔子曰:"敬鬼神而远之。"然《中庸》曰:"鬼神之为德,视之而弗见,听之而弗闻,体物而不可遗,洋洋乎如在其上,如在其左右。"如此旁皇周浃,又焉能远?盖孔、老之言,皆谓鬼神之有无,全视人之信不信耳。至公孟乃昌言无鬼之论,此殆由孔老皆有用世之志,不肯完全摧破迷信,正所谓不信者吾亦信之也。公孟在野之儒,无关政治,故公然论无鬼矣。凡人类思想,固由闭塞而渐进于开明,然有时亦未见其然,竟有先进步而后却退者。如鬼神之说,政治衰则迷信甚,信如老子之言。然魏有王弼、何晏崇尚清谈,西晋则乐广、王衍大扇玄风,于是迷信几于绝矣。至东晋而葛洪著《抱朴子》内外篇,外篇语近儒家,内篇则专论炼丹。尔时老庄一生死、齐彭殇之论已成常识,而抱朴犹信炼丹,以续神仙家之绪。又如阳明学派,盛行于江西,而袁了凡亦江西人,独倡为功过格,以承道教之风。夫清谈在前,而后有葛洪;阳明在前,而后有袁黄——皆先进步而后却退也。一人之思想,决不至进而复退。至于学说兴替,师承不同,则进退无常。以故老子之言玄妙,孔子之言洒落,而墨子终不之信也。且墨子明鬼亦有其不得已者在。墨子之学,主于兼爱、尚同,欲万民生活皆善,故以节用为第一法。节用则家给人足,然后可成其兼爱之事实,以节用故反对厚葬,排斥音乐。然人由俭入奢易,由奢反俭难。庄子曰:"以裘褐为衣,以跂蹻为服,墨子虽独能任,奈天下何?"墨子亦知其然,故用宗教迷信之言诱人,使人乐从,凡人能迷信,即处苦而甘。苦行头陀,不惮赤脚露顶,正以其心中有佛耳。南宋有邪教曰吃菜事魔,其始盖以民之穷困,故教之吃菜,然恐人之不乐从也,故又教之事魔,事魔则人乐吃菜矣。于是从之者,皆渐饶益，论者或谓家道之丰，乃吃菜之功，非事魔之报；当禁事魔，不禁吃菜，其言似有理，实可笑也。夫不事魔，焉肯吃菜？墨子之明鬼，犹此志矣。人疑墨子能作机械，又《经上》、《经下》辨析精微，明鬼之说，与此不类。不知其有深意存焉。

节用之说，孔、老皆同。老子以俭为宝，孔子曰宁俭。事俭有程度，孔子饭疏饮水，而又割不正不食，固以时为转移也。墨子无论有无，壹以自苦为极。其徒未必人人穷困，岂肯尽听其说哉？故以尊天明鬼教之，使之起信。此与吃菜事魔，雅无二致。若然，则公孟之论，宜乎不入耳矣。

《墨经》上下所载，即坚白同异之发端。坚白同异，《艺文志》称为名家。名家之前，孔子有正名之语，《荀子》有《正名》之篇，皆论大体，不及琐细。其后《尹文子》亦然。独《墨子》有坚白同异之说，惠施、公孙龙辈承之，流为诡辩，与孔子、荀子不同。鲁哀公欲学小辩，孔子云："奕固十棋之变，由不可既也，而况天下之言乎？"小辩，盖即坚白同异之流。小事诡辩，人以为乐。如云"火不热"、"犬可为羊"，语异恒常，耸人听闻，无怪哀公乐之也。

《经》上下又有近于后世科学之语，如："平，同高也；圆，一中同长也。"解释皆极精到。然物之形体，有勾股者，有三角者，有六觚者，但讲平圆二种，一鳞一爪，偏而不全，总不如几何学，事事俱备。且其书庞杂，无系统可寻，今人徒以其保存古代思想，故乐于研讨耳。其实不成片段，去《正名》篇远矣。

墨子数称道禹（《庄子·天下》篇），禹似为其教祖。《周髀算经》释矩字云："禹之所以治天下者，此数之所生也。"赵注云："禹治洪水，望山川之形，定高下之势，乃勾股之所由生。"《考工记》："有虞氏上陶；夏后氏上匠。"禹明于勾股测量之术，匠人世守其法以营造宫室，通利沟洫（《考工记》："匠人建国，水地以悬，置槷以悬，视以景，为规识日出之景与日入之景，昼参诸日中之景，夜考之极星，以正朝夕。"又："匠人为沟洫，凡行奠水磬折以参伍欲为渊，则勾于矩。"匠人明勾股测量之理，如此能建国行水。而行水、奠水，即禹治水之方也）。墨子既以禹为祖，故亦尚匠，亦擅勾股测量之术。公输般与之同时，世为巧匠。公输子削竹木以为鹊，成而飞之，三日不下，而墨子亦能作飞鸢。惟墨子由股术进求其理，故有"平，同高也"、"圆，一中同长也"、"端，体之无序而最前者也"诸语。此皆近于几何，所与远西不同者，远西先有原理，然后以之应用；中国反之，先应用然后求其理耳。

墨子、公输般皆生于鲁，皆能造机械、备攻守。其后，楚欲攻宋，二人解带为城，以牒为械，试于惠王之前。般九设攻城之机变，墨子九拒之。般之攻械尽，墨子之守圉有余。此虽墨子夸饰之辞，亦足征二人之工力相敌矣。

《艺文志》称法家者流，盖出于理官。余谓此语仅及其半。法家有两派：一派以法为主，商鞅是也；一派以术为主，申不害、慎到是也。惟韩非兼善两者，而亦偏重于术。出于理官者，任法一派则然，而非所可语于任术一流。《晋书·刑法志》："魏文侯师李悝，撰次诸国法，著《法经》六篇，商君受之以相秦。"此语必有所本。今案：商鞅本事魏相公叔座，为中庶子。秦孝公下令求贤，乃去魏之秦。《秦本纪》载其事，在孝公元年，当梁惠王十年，上距文侯之卒，仅二十六年，故商鞅得与李悝相接。商鞅不务术，刻意任法，真所谓出于理官者（《法经》即理官之书也）。其余，申不害、慎到，本于黄老，而主刑名，不纯以法为主。韩非作《解老》、《喻老》，亦法与术兼用者也。太史公以老、庄、申、韩同传，而商君别为之传，最为卓识。大概用法而不用术者，能制百姓、小吏之奸，而不能制大臣之擅权，商鞅所短即在于是。主术者用意最深，其原出于道家，与出于理官者绝异。春秋时世卿执政，国君往往屈服。反对世卿者，辛伯谏周桓公云"并后匹嫡，两政耦国，乱之本也"（《左传》桓十八年）。辛伯者，辛甲之后，是道家渐变而为法家矣。管子亦由道家而入法家，《法法》篇（虽云法法，其实仍是术也）谓："人君之势，能杀人、生人；富人、贫人；贵人、贱人。人主操此六者，以畜其臣；人臣亦望此六者，以事其君。六者在臣期年，臣不忠，君不能夺；在子期年，子不孝，父不能夺。故《春秋》之记，臣有弑其君、子有弑其父者。"其惧大权之旁落如此。老子则云："鱼不可脱于渊，国之利器不可以示人。"语虽简单，实最扼要。盖老子乃道家、法家之枢转矣。其后慎到论势（见《韩非子·难势》），申不害亦言术。势即权也，重权即不得不重术，术所以保其权者也。至韩非渐以法与术并论，然仍重术。《奸劫弑臣篇》所论，仅防大臣之篡夺，而不忧百姓之不从令，其意与商鞅不同。夫大臣者，法在其手，徒法不足以为防，必辅之以术，此其所以重术也。《春秋》讥世卿（三传相同，《左传》曰："是以为君，慎器与名，不可以假人"），意亦相同。春秋之后，大臣篡弑者多，故其时论政者，多主专制。主专制者，非徒法家为然，管子、老子皆然，即儒家亦未尝不然。盖贵族用事，最易篡夺，君不专制，则臣必擅主。是故孔子有不可以政假人之论。而孟子对梁惠王之言，先及弑君。惟孟子不主用术，主用仁义以消弭乱原，此其与术家不同处耳。庄子以法术仁义都不足为治，故云"窃钩者诛，窃国者侯"；"绝圣弃智，大盗乃止"。然其时犹无易专制为民主之说，非必古人未见及此，亦知即变民主、无益于治耳。试观民国以来，选举大总统，无非藉兵力贿赂以得之。古人深知其弊，故或主执术以防奸，或主仁义以弭乱。要使势位尊于上，觊觎绝于下，天下国家何为而不治哉！

后世学管、老、申、慎而至者，唯汉文帝；学商鞅而至者，唯诸葛武侯。文帝阳为谦让，而最能执术以制权臣，其视陈平、周勃，盖如骨在口矣。初即位，即令宋昌、张武收其兵权，然后以微词免勃，而平亦旋死。《史》、《汉》皆称文帝明申、韩之学，可知其不甚重法以防百姓。武侯信赏必罚，一意于法，适与文帝相反，虽自比管仲，实则取法商鞅（《魏氏春秋》记司马宣王问武侯之使，使对诸葛公夙兴夜寐，罚二十以上皆亲览焉，是纯用商君之法）。惟《商君书》列六虱：曰礼乐、曰诗书、曰修善、曰孝弟、曰诚信、曰贞廉、曰仁义、曰非兵、曰羞战。名为六虱，实有九事。商鞅以为六虱成群，则民不用；去其六虱，则兵民竞劝。而武侯《出师表》称"郭攸之、费祎、董允等，此皆良实，志虑忠纯"，可见武侯尚诚信、贞廉为重，非之极端用法，不须亲贤臣、远小人也。《商君书》云："善治者使跖可信，而况伯夷乎？不能治者使伯夷可疑，而况盗跖乎？势不能为奸，虽跖可信也；势得为奸，虽伯夷可疑也。"独不念躬揽大柄、势得犯上，足以致人主之疑乎？夫教人以可疑之道，而欲人之不疑之也，难矣。作法自毙，正坐此论。及关下求舍，见拒而叹，不已晚乎？韩非《法定》云："申不害言术，公申鞅为法，"二者不可相无。然申不害徒术而无法，"韩者，晋之别国也。晋之故法未息而韩之新法又生；先君之令未收，而后君之令又下。申不害不擅其法，不一其宪令，则奸多。故利在故法前令则道之，利在新法后令则道之，利在故新相反、前后相勃，则申不害虽十使昭侯用术，而奸臣犹有所谲其辞矣。故托万乘之劲韩、七十年而不至于霸王者，[1] 虽用术于上，法不勤饰于官之患也"。公孙鞅徒法而无术，其"治秦也，设告相坐而责其实，连什伍而同其罪，赏厚而信，刑重而必。是以其民用力劳而不休，逐敌危而不却，故其国富而兵强。然而无术以知奸，则以其富强资人臣而已矣。及孝公、商鞅死，惠王即位，秦法未败也，而张仪以秦殉韩魏；惠王死，武王即位，甘茂以秦殉周；武王死，昭襄王即位，穰侯越韩魏而东攻齐，五年而秦不益尺土之地，乃成其陶邑之封；应侯攻韩八年，成其汝南之封"。"故战胜则大臣尊，益地则私封立：主无术以知奸也。商君虽十饰其法，人臣反用其知。故乘强秦之资，数十年而不至于帝王者，法不[2]勤饰于官，主无术于上之患也"。其言甚是。以三国之事证之，魏文帝时兵力尚不足，明帝时兵力足矣，末年破

---

① 吴永坤校记："'七十'，顾广圻云：当作'十七'。"
② 吴永坤校记："'不'，顾广圻云当作'虽'。"

公孙渊，后竟灭蜀，而齐王被废、高贵乡公被弑。魏室之强，适以成司马氏奸劫弑臣之祸，其故亦在无术以制大臣也。是故韩非以术与法二者并重。申不害之术，能控制大臣，而无整齐百姓之法，故相韩不能致富强；商鞅之法，能致富强，而不能防大臣之擅权。然商鞅之法，亦惟可施于秦国耳。何者？春秋时，秦久不列诸侯之会盟，故《史记·六国表》云："秦始小国，僻远，诸夏宾之，比于戎翟。"商君曰："始秦戎翟之教，父子无别，同室而居；今我更制其教，而为其男女之别，大筑冀阙，营如鲁、卫。"可见商鞅未至之时，秦民之无化甚矣。唯其无化，故可不用六虱，而专任以法。如以商君之法施之关东，正恐未必有效。公叔痤将死，语惠王曰："公孙鞅年虽少，有奇才。愿王举国而听之；即不听用，必杀之，无令出境。"假令惠王用公叔之言，使商鞅行法于魏，魏人被文侯、武侯教化之后，宜非徒法之所能制矣。是故武侯治蜀，虽主于法，犹有亲贤臣、远小人之论。盖知国情时势不同，未可纯用商君之法也。其后学商鞅者，唐有宋璟，明有张居正。宋璟行法，百官各称其职，刑赏无私，然不以之整齐百姓。张居正之持法，务课吏职，信赏罚、一号令，然其督责所及，官吏而外则士人也，犹不普及氓庶。于时阳明学派，盛行天下，士大夫竞讲学议政，居正恶之，尽毁天下书院为公廨。又主沙汰生员，向时童子每年入学者，一县多则二十，少亦十人，沙汰之后，大县不过三四人，小县有仅录一人者，此与商鞅之法相似（沙汰生员，亭林、船山亦以为当然）。然于小民，犹不如商君持法之峻也。盖商君、武侯所治，同是小国。以秦民无化，蜀人柔弱，持法尚不得不异。江陵当天下一统之朝，法令之行，不如秦蜀之易。其治百姓，不敢十分严厉，固其所也。

　　商鞅不重孝弟诚信贞廉，老子有"不尚贤，使民不争"之语，慎到亦谓"块不失道，无用贤圣"。后人持论与之相近而意不同者，梨洲《明夷待访录》所云"有治法无治人"是也（梨洲之言，颇似慎到）。慎到语本老子。老子目睹世卿执政，主权下逮，推原篡夺之祸，始于尚贤。《吕氏春秋·长见篇》云："太公望封于齐，周公旦封于鲁，二君甚相善也。相谓曰：'何以治国？'太公望曰：'尊贤尚功。'周公旦曰：'亲亲上恩。'太公望曰：'鲁自此削矣。'周公旦曰：'鲁虽削，有齐者亦必非吕氏也。'其后齐日以大，至于霸，二十四世而田成子有齐国；鲁日以削，至于觐存，三十四世而亡。"盖尊贤上功，国威外达，主权亦必旁落，不能免篡弒之祸；亲亲尚恩，以相忍为国，虽无篡弒之祸，亦不能致富强也。老子不尚贤，意在防篡弒之祸；而慎到之意又不同。汉之曹参、宋之李沆，皆所谓块不失道者。曹参日夜饮醇酒，来者欲有言，辄饮以醇酒，莫得开说。李沆接宾客，常寡言，致有无口匏之诮；而沆自称居重位，实无补，惟中外所陈利害，一切报罢之，少以此报国尔。盖曹、李之时，天下初平，只须与民休息，庸人扰之，则百姓不得休息矣。慎到之言，不但与老子相近，抑亦与曹、李相近。庄子学老子之术，而评田骈、慎到为不知道。慎到明明出于老子，而庄子诋之者，庄子卓识，异于术法二家，以为有政府在，虽不尚贤，犹有古来圣知之法，可资假借。王莽一流，假周孔之道，行篡弒之事，固已为庄子所逆料。班孟坚曰："秦燔《诗》、《书》，以立私议；莽诵六艺，以文奸言。殊途同归。"是故《诗》、《礼》可以发冢，仁、义适以资盗。必也绝圣弃知，大盗为止。

有国者欲永免篡弒之祸，恐事势有所不能。日本侈言天皇万世一系。然试问大将军用事时，天皇之权何在？假令大将军不自取其咎，即可取天皇而代之，安见所谓万世一系耶？辛伯忧两政耦国，《公羊》讥世卿擅主，即如其说，遏绝祸乱之本，亦岂是久安长治之道？老子以为不尚贤则不争，然曹操、司马懿、刘裕有大勋劳于王室，终于篡夺，固为尚贤之过；若王莽无功，起自外戚，亦竟篡汉，不尚贤亦何救于争哉？若民主政体，选贤与能，即尚贤之谓，尚贤而争宜矣。

是故论政治者，无论法家、术家，要是苟安一时之计，断无一成不变之法。至于绝圣弃知，又不能见之实事。是故政治比于医药，医家处方，不过使人苟活一时，不能使人永免于死亡也。

《汉书·艺文志》："名家者流，出于礼官。古者名位不同，礼亦异数。"余谓此乃局于一部之言，非可以概论名家也。《荀子·正名篇》举刑名、爵名、文名、散名四项。刑名、爵名、文名，皆有关于政治，而散名则普及社会一切事务，与政治无大关系。《艺文志》之说，仅及爵名，而名家多以散名为主。荀子因孔子正名之言，作《正名》篇，然言散名者多，言刑名、爵名者少。《墨子·经上、下》以及惠施、公孙龙辈，皆论散名，故名家不全出于礼官也。

名家最得大体者，荀子；次则尹文。尹文之语虽简，绝无诡辩之风。惠施、公孙龙以及《墨子·经上、下》，皆近诡辩一派，而以公孙龙为最。《法言》称公孙龙诡辞数万以为法，而不及尹文、惠施。荀子讥惠施蔽于辞而不知实。其实，惠施尚少诡辩之习也。名家本出孔子正名一语，其后途径各别，遂至南辕北辙。

孔子正名之言有所本乎？曰：有。《礼记·祭法》云："黄帝正名百物，以明民共财"。《国语》作"成命百物"，韦注："命，名也。"郑注《论语》，"正名谓正书字也。古者曰名，今世曰字"。《礼记》曰："百名以上则书之于策。"然则黄帝正名，即仓颉造字矣。《易》曰："上古结绳而治，后世圣人易之以书契。"项籍云："书，足以记姓名。"造字之初，本以记姓名、造契约，故曰"明民共财"。《易》曰："理财正辞。"其意亦同。《管子·心术篇》曰：物固有形，形固有名。此言不得过实，实不得延名。姑形以形，以形务名，督言正名。延即延长之意，过也。形不能定形，故须以名定之，此谓名与实不可相爽。然则正名之说，由来已久，孔子特采古人之说尔。

名家主形名，形名犹言名实。孔子之后，名家首推尹文。尹文谓名有三科：一曰命物之名，方员白黑是也；二曰毁誉之名，善恶贵贱是也；三曰况谓之名，贤愚爱憎是也（《大道》上）。其语简单肤廓，不甚切当。

又云："有形者必有名，有名者未必有形（如墨子所称之鬼何有于实？只存名耳）。形而不名，未必失其方员白黑之实。名而不可寻名，以检其差，故亦有名以检形，形以定名，名以定事，事以检名。察其所以然，则形名之与事物，无所隐其理矣。"（《大道》上）盖尹文是循名责实一派，无荒诞琐屑病，惟失之太简，大体不足耳。荀子《正名》，颇得大体。其时惠施、公孙龙辈已出，故取当时诸家之说而破之。惠施、公孙龙二人之术，自来以为一派，其实亦不同。《庄子·天下篇》载惠施之说十条，与其他辩者之说卵有毛、鸡三足者不同。盖公孙龙辈来服官政，故得以诡辩欺人，而惠施身为卿相（惠施为梁惠王相，并见《庄子》、《吕览》），且庄子称其多方。多方者，方法多也，知其不但为名家而已。黄缭问天地所以不坠、不陷、风雨雷霆之故，惠施不辞而应，不虑而对，遍为万物说，说而不休，多而无已；犹以为寡，益之以怪。惠施之博学于此可见。叶水心尝称惠施之才高于孟子。今案：梁惠王东败于齐，长子死焉；西丧地于秦七百里；南辱于楚。意欲报齐，以问孟子。孟子不愿魏之攻齐，故但言可使制梃以挞秦楚之坚甲利兵。于是惠王问之惠施，惠施对以王若欲报齐，不如因变服折节而朝齐，楚王必怒；王游人而合其斗，则楚必伐齐，以休楚而伐疲齐，则必为楚禽，是王以楚毁齐也。惠王从之，楚果伐齐，大败之于徐州。于此知惠施之有权谋，信如水心之言矣。今就《庄子》所载惠施之说而条辨之，无非形名家言也。一曰至大无外谓之大一，至小无内谓之小一。小一几何学之点，点无大小长短可言，是其小无内也。大一即几何学之体，引点而为线，则有长短；引线而为面，则有方圆；引面而为体，是其大可以无外也。点为无内，故曰至小；体可无外，故曰至大。二曰无厚不可积也，其大千里（墨子亦有无厚语）。无厚者，空间也，故不可积。空间无穷，千里甚言其大耳。三曰天与地卑、山与泽平。卑当作比。《周髀算经》云："天象盖笠，地法覆盘。"如其说，则天与地必有比连之处矣。《大戴礼记·曾子·天圆篇》云："如诚天圆而地方，则是四角之不掩也。"曾子之意，殆与惠施同。山高泽下，人所知也。山上有泽，《咸》之象也。黄河大江，皆出昆仑之巅，松花江亦自长白山下注，故云山与泽平也。四曰日方中方睨、物方生方死。今之常言，时间有过去、现在、未来三者，其实无现在之时间，方见日中，而日已睨矣。生理学者谓人体新陈代谢，七年而血肉骸骨都非故我之物，此与佛法刹那、无常之说符合。故曰物方生方死，生死犹佛言生灭尔。五曰大同而与小同异，此之谓小同异；万物毕同毕异，此之谓大同异。此义亦见《荀子·正名》篇。同者荀子谓之共，异者荀子谓之别。其言曰："万物虽众，有时而欲遍举之，故谓之物。物也者，大共名也。推而共之，共则有共，至于无共然后止。有时而欲别举之，故谓之鸟兽。鸟兽也者，大别名也。推而别之，别则有别，至于无别然后止。"鸟兽皆物也，别称之曰鸟兽，此之谓小同异。动物、植物、矿物同称之曰物，是毕同也。物与心为对待，由心观物，是毕异也，此之谓大同异。六曰南方无穷而有穷，此言太虚之无穷，而就地上言之则有穷也。四方皆然，言南方者，举一隅耳。七曰今日适越而昔来（《齐物论》来作至）。谓之今日，其为时有断限；谓之昔，其为时无断限。就适越一日之程言之，自昧旦至于日入，无非今日也。就既至于越言之，可云昔至也。八曰连环可解。案《国策》，秦昭皇尝遣使者遗君王后连环，曰："齐多智，解此环不？"君王后以示群臣，群臣不知解。君王后引椎椎破之，谢秦使曰："谨以解矣。"杨升庵《丹铅录》尝论此事，以为连环必有解法，非椎破之也。今湖南、四川颇有习解连环者。然惠施之意，但谓既能贯之，自能解之而已，其时有无解连环之法则不可知。九曰我知天下之中央，燕之北、越之南是也。此依旧注固可通，然依实事亦可通。据《周髀算经》，以北极为中央，则燕之北至北极、越之南亦至南极，非天之中央而何？十曰泛爱万物。天地一体也，此系实理，不待繁辞。综上十条观之，无一诡辩。其下二十二条，虽有可通者，然用意缴绕，不可谓之诡辩。惠施与庄子相善，而公孙龙闻庄子之言，口呿而不合，舌举而不下（见《秋水》篇）。盖公孙龙纯为诡辩，故庄子不屑与为伍也。

惠施遗书，《汉志》仅列一篇。今欲考其遗事，《庄子》之外，《吕览》、《国策》皆可资采撷。庄子盛称惠施。惠施既殁，庄子过其墓，顾谓从者曰："自夫子之死，吾无以为质。吾无与言之。"（《徐无鬼》篇）其推重之如此。然又诋之曰：由天地之道，观惠施之能，犹一蚊一虻之劳（《天下》篇）。则自道术之大处言之尔。至于"惠子相梁，庄子往见之。或谓惠子曰：'庄子来，欲代子相。'于是惠子恐，搜于国中，三日三夜"（《秋水》篇），此事可疑。案：《史记·魏世家》称惠王卑礼厚币以招贤者，其时惠施为相，令自己出，宜无拒绝庄子之事。意者鹓雏、腐鼠之喻，但为寓言，以自明其高尚而已。《吕览·不屈篇》云，魏惠王谓惠子曰："寡人不若先生，愿得传国。"惠子辞。以子之受燕于子哙度之，《吕览》之言可信。以此可知惠施之为名家，非后世清谈废事者比。要而论之，尹文简单，而不玄远；惠施玄远矣，尚非诡辩；《墨经》上、下以及公孙龙辈，斯纯为诡辩矣。自此辈出，而荀子有《正名》之作。

《荀子·正名》本以刑名、爵名、文名、散名并举，而下文则专论散名。其故由于刑名随时可变，爵名易代则变；文名从礼，如《仪礼》之名物，后世改变者亦多矣；惟散名不易变。古今语言，虽有不同，然其变以渐，无突造新名以易旧名之事；不似刑名、爵名、文名之随政治而变也。有昔无而今有、昔微而今著者，自当增作新名。故荀子云："若有王者起，必有循于旧名，有作于新名。"散名之在人者，荀子举性、情、虑、伪、事、行、智、能、病、命十项。名何缘而有同异？荀子曰："缘天官。"此语甚是。人之五官，感觉相近，故言语可通，喜怒哀乐之情亦相近，故论制名之缘由曰缘天官也。其云"单足以喻则单，单不足以喻则兼"，此可以破白马非马之论。盖总而名之曰马，以色别之曰白马。白马非马之论，本无由成立也。至坚白同异之论，坚中无白，白中无坚；白由眼识，坚由身识；眼识有白而无坚，身识有坚而无白；由眼知白，由身知坚，由心综合而知其为石。于是名之曰石。故坚白同异之论，无可争也。如此则诡辩之说可破（公孙龙辈所以诡辩者，以其无缘天官一语为之限制，得荀子之说而诡辩自破）。大概草昧之民，思想不能综合，但知牛之为牛，马之为马，不知马与牛之俱为兽；知鸡之为鸡，鹜之为鹜，不知鸡与鹜之俱为鸟。稍稍进步，而有鸟兽之观念；再进步而有物之观念。有物之观念，斯人类开化矣（其于石也，先觉其坚与白，然后综合而名之曰石；由石而综合之曰矿；由草木鸟兽矿而一切包举之曰物）。荀子又曰："名无固宜。约之以命，约定俗成谓之宜；异于约则谓之不宜。"盖物之命名，可彼可此，犬不必定谓之犬，羊不必定谓之羊；惟既呼之为犬、为羊，则约定俗成，犬即不可以为羊也。制名之理，本无甚高深，然一经制定，则不可以变乱。孔子谓"名不正则言不顺；言不顺则事不成；事不成则礼乐不兴；礼乐不兴，则刑罚不中；刑罚不中则民无所措手足"，此推论至极之说。施于政治、文牍最要。若指鹿为马，则循名不能责实，其弊至于无所措手足矣。

要之，形与名务须切合，儒家正名之旨在此（《管子》已有此语）。为名家者，即此已定。惠施虽非诡辩，然其玄远之语，犹非为政所急，以之讲学则可，以之施于政治则无所可用。至其他缴绕之论，适足乱名实耳。

文 学 略 说

文学分三项论之：一论著作之文与独行之文有别；二论骈体、散体各有所施，不可是丹非素；三论周秦以来文章之盛衰。

一、著作之文与独行之文。著作之文云者，一书首尾各篇互有关系者也；独行之文云者，一书每篇各自独立，不生关系者也。准是论文，则《周易》、《春秋》、《周官》、《仪礼》、诸子，著作之文也（《仪礼》虽分十七篇而互有关系）；《诗》、《书》，独行之文也。孔子删诗，如后世之总集，惟商初、周初诸篇偶有关系，然各篇不相接者多，与《春秋》编年者异撰，或同时并列三篇，或旷数百年而仅存一篇。自尧至秦，一千七百年中，商书残缺；夏书则于后羿、寒浞之事，一无记载。盖书本各人各作，不相系联。孔了删而集之，亦犹夫诗矣。后人文集，多独行之文；惟正史为著作之文耳。以故著作之文，以史类为主；而周末诸子，说理者为后起，老、墨、庄、申、韩、孟、荀是也；惟《吕览》是独行之文编集而为著作者也。著作之盛，周末为最。顾独在诸子，史部不能与抗。至汉，《太史公》继《春秋》而作，史部始盛。此后子书，西汉有陆贾《新语》（真伪不可知）、贾谊《新书》、董仲舒《春秋繁露》（后人归入经部）、桓宽《盐铁论》（集当时郡国贤良商论盐铁榷沽事）、扬雄《法言》；东汉有王充《论衡》、王符《潜夫论》、仲长统《昌言》（全书不可见）、荀悦《申鉴》、徐干《中论》。持较周秦诸子，说理固不逮，文笔亦渐逊矣。然魏文帝论文，不数宴游之作，而独称徐干为不朽者，盖犹视著作之文尊于独行者也。

著作之文，本有史部、子部二类。王充谓："司马子长累积篇第，文以万数；然而因成前纪，无胸中之造。扬子云作《太玄经》，造于助思，极窈冥之深，非庶几之才，不能成也。"（《论衡·超奇》篇）此为抑扬太过。《史记》虽袭前文，其为去取，亦甚难矣。充又数称桓君山，谓说论之徒，君山为甲。今桓谭书不可见，惟《群书治要》略载数篇，亦无甚高深处。而充称为素丞相者，盖王、桓气味相投，能破坏不能建立，此即邱光庭《兼明书》之发端也（东汉人皆信阴阳五行，王充独破之，故蔡中郎得其书，秘之帐中。中郎长于碑版，能为独行之文而不能著作者）。至于三国，《典论》全书不可见。刘劭《人物志》论官人之法，行文精炼，汉人所不能为，《隋志》入之名家，以其书品评人物，综核名实，于名家为近也。其论英雄，谓"张良英而不雄，韩信雄而不英。体分不同，以多为目，故英雄异名，皆偏至之材，人臣之任也。故英可为相，雄可为将。若一人之身兼有英雄，则能长世，高祖、项羽是也。然英之分以多于雄，而英不可以少。英分少则智者去之，故项羽气力盖世，明能合变，而不能听采奇异；有一范增不用，是以陈平之徒，皆亡归高祖。英分多故群雄服之，英材归之，两得其用，故能吞秦破楚，宅有天下。然则英雄多少，能自胜之数也。徒英而不雄，则雄才不服也；徒雄而不英，则智者不归也。故雄能得雄，不能得英；英能得英，不能得雄。故一人之身兼有英雄，乃能役英与雄。能役英与雄，故能成大业也。"语似突梯，而颇合当时情理。晋世重清谈，宜多著作之文；然而无有者，盖清谈务简，异于论哲学也。乐广擅清言，而不著书。《世说新语》云："客问乐令旨不至者，乐亦不复剖析文句，直以麈尾柄确几曰：'至不？'客曰：'至。'乐因又举麈尾曰：'若至者，那得去？'于是客乃悟服。广辞约而旨达、皆此类。"故无长篇大论。其时子书有《抱朴子》等（《抱朴子》外篇论儒术，内篇论炼丹），颜之推讥之，以为"魏晋以来，所著诸子，理重事复，递相模学，犹屋下架屋、床上施床耳"。《颜氏家训》言处世之方，不及高深之理。精于小学，故有《音辞篇》；信奉释氏，故有《归心篇》。其书与今敦煌石室所出《太公家教》类似。之推文学之士，多学问语。太公不知何人，或为隋唐间老农。学问有深浅，故文笔异雅俗耳。李习之谓《太公家教》与《文中子》为一类，不知《文中子》夸饰礼乐，而《家教》则否，余故谓是《家训》之类也。唐人子部绝少。后理学家用禅宗语录体著书，亦入子部，其文字鄙俚，故顾亭林讥之曰："夫子之文章，不可得而闻矣。"

史部之书，范晔《后汉书》、陈寿《三国志》，皆一手所作。《宋书》、《齐书》、《梁书》、《陈书》亦然。《隋书》，魏征等撰。本纪、列传，出颜师古、孔颖达手（自来经学家作史，惟孔颖达一人）；《天文》、《律历》、《五行》三志，出李淳风手。《新唐书》，宋祁撰列传，欧阳修撰志，虽出两人，文笔不甚相远。《晋书》出多人之手。《旧唐书》，号称刘昫撰，昫实总裁而已。《旧五代史》，薛居正撰，恐亦非一人之作。欧阳修《新五代史》，固出一手，然见闻不广，遗漏太多。辽、金、元三史，皆杂凑而成，惟《东都事略》乃王偁一人之作。《明史》本万斯同所作，但有列传，无本纪、表、志。余弟子朱逖先在北京购得稿本，体裁工整，而纸色如新，未敢决然置信。然文笔简炼，殆非季野不能为。王鸿绪《横云山人明史稿》，纪、表、志、传具备，而删去万历以后列传。乾隆时重修《明史》，则又出多人之手矣。编年史如《汉纪》、《后汉纪》、《十六国春秋》，皆一手所作（《十六国春秋》，真伪不可知）。《通鉴》一书，周、秦、两汉为刘奉世所纂，六朝为刘恕所纂，隋唐为范祖禹所纂，虽出众手，而温公自加刊正。"臣光曰"云云，皆温公自撰，亦可称一手所成者也。大抵事出一手者为著作之文（史部、子部应分言之），反之则非著作之文。宋人称《新五代史》可方驾《史记》，《史记》安可几及？以后世史部独修者少，故特重视之耳。

　　《左》、《国》、《史》、《汉》中之奏议书札，皆独行之文也。西汉以前，文集未著。《楚辞》一类，为辞章之总集。汉人独行之文，皆有为而作，或为奏议，或为书札，鲜有以论为名者。其析理论事，仅延笃《仁孝先后论》一篇耳，其文能分析而未臻玄妙，徒以《解嘲》、《非有先生论》之属皆是设论，非论之正，故不得不以延笃之论为论之首也。魏晋六朝，崇尚清谈。裴𫖯《崇有》，范缜《神灭》，斯为杰构。清谈者宗师老子，以无为贵，故裴𫖯作论以破其说。《宏明集》所收，多扬玄虚之旨，范缜远承公孟（太史公云：学者多言无鬼神），近宗阮瞻，昌论无鬼，谓形之于神，犹刀之于利，未闻刀去而利存，安有人亡而神在？是仍以清谈破佛法也。此种析理精微之作，唐以后不可见。近世曾涤笙言古文之法，无施不可，独短于说理（方望溪有"文以载道"之言，曾氏作此说，是所见过望溪已）。夫著作之文，原可以说理。古人之书，《庄子》奇诡，《孟》、《荀》平易，皆能说理。韩非《解老》、《喻老》，说理亦未尝不明。降格以求，犹有《崇有》、《神灭》之作，何尝短于说理哉？后人为文，不由此道，故不能说理耳。然而宗派不同、门户各别，彼所谓古文，非吾所谓古文也。彼所谓古文者，上攀秦汉，下法唐宋，中间不取魏晋六朝。秦汉高文，本非说理之作，相如、子云，一代宗工，皆不能说理。韩、柳为文，虽云根柢经、子，实则但摹相如、子云耳。持韩较柳，柳犹可以说理，韩尤非其伦矣（柳遭废黜，不能著成一书，年为之限，深可惜也）。盖理有事理、名理之别。事理之文，唐宋人尚能命笔；名理之文，惟晚周与六朝人能为之。古文家既不敢上规周秦，又不愿下取六朝，宜其不能说理矣。要之，文各有体。法律条文，自古至今，其体不变。汉律、唐律，如出一辙。算术说解，自《九章》而下，亦别自成派。良以非此文体，无以说明其理故也，律算如此，事理、名理亦然。上之周秦诸子，下之魏晋六朝，舍此文体不用，而求析理之精、论事之辨，固已难矣。然则古人之文，各类齐备，后世所学，仅取一端。是故，非古文之法独短于说理，乃唐宋八家下逮归、方之作，独短于说理耳。

史部之文，班、马最卓。后世学步，无人能及。传之于碑，文体攸殊。传钝叙事，碑兼文质。而宋人造碑，宛然列传。昌黎以二千余字作《董晋行状》，其他碑志，不及千字，宋人所作神道墓志，渐有长者。子由作《东坡墓志》，字近七千，而散漫沉碎。不能收束。晦庵作《韩魏公志》，文成四万，亦不能收束。持较《史》，《汉》千余字之《李斯列传》，七八千字之《项羽本纪》，皆收束得住，不可同年而语矣。后人无作长篇之力量，则不能不学韩、柳之短篇，以求收束得住，所谓起伏照应之法。凡为作长篇，不易收束而设也（此法宋人罕言，明人乃常言尔）。是故即论单篇独行之作，亦古今人不相及矣。

后世史须官修，不许私撰。学成班马，技等屠龙。惟子书无妨私作，然自宋至今，载笔之士，率留意独行之文，不尚著作。理学之士，创为语录，有意子部，而文采不足。余皆单篇孤行，未有巨制，岂不以屠龙之技为不足学耶？今吴江有宝带桥，绵亘半里，列洞七十，传为胡元时造；福建泉州有万安桥，长及二里，传为蔡襄所造。此皆绝技，后人更无传者。何者？师不以传之弟子，弟子亦不愿受之于师，以学而无所可用也。著作之文，每下愈况，亦犹此矣。

二、骈文散文各有体要。骈文、散文，各有短长。言宜单者，不能使之偶；语合偶者，不能使之单。《周礼》、《仪礼》，同出周公，而《周礼》为偶，《仪礼》则单。盖设官分职，种别类殊，不偶则头绪不清；入门上阶，一人所独，为偶则语必冗繁。又《文言》、《春秋》，同出孔子，《文言》为偶，《春秋》则单。以阴阳刚柔，非偶不优；年经月纬，非单莫属也。同是一人之作，而不同若此，则所谓辞尚体要矣。

骈散之分，实始于唐，古无是也。晋宋两代，骈已盛行。然属对自然，不尚工切。晋人作文，好为迅速。《兰亭序》醉后之作，文不加点，即其例也。昭明《文选》则以沉思翰藻为主，《兰亭》速成，乖于沉思，文采不艳，又异翰藻，是故屏而弗录。然魏晋佳论，譬如渊海，华美精辨，各自擅场。但取华美，而弃精辨，一偏之见，岂为允当，顾《文选》所收对偶之文，犹未极其工切也。

降及隋唐，镂金错采，清顺之气，于焉衰歇，所以然者，北入南学（如温子升辈是），得其皮毛，循流忘返，以至斯极。于是初唐四杰廓清之功，不可没也（颜师古作《等慈寺塔记铭》，有意为文，即不能工；杨盈川作《王子安文集序》，以为当时之文，皆糅之金玉龙凤，乱之青黄朱紫，子安始革此弊）。降及中叶，李义山始专力于对仗，为宋人四六之先导。王子安落霞、孤鹜二语，本写当时眼前景物，而宋人横谓落霞，飞蛾之号以对孤鹜，乃为甚工（宋人笔记中多此语），其可笑有如此者。骈文本非宋人所工，徒以当时表奏皆用四六，故上下风行耳。欧阳永叔以四六得第，虽宗韩柳，不非骈体（永叔举进士，试《左氏失之诬论》有"石言于晋，神降于莘；内蛇斗而外蛇伤，新鬼大而故鬼小"语，颇以自矜）。东坡虽亦作四六，而常讥骈体。平心论之，宋人四六实有可议处也。清乾隆时，作骈体者规摹燕许，斐然可观。李申耆选《骈体文钞》（申耆，姚姬传之弟子，肄业钟山书院，反对师说，乃作是书），取《过秦论》、《报任少卿书》，一切以为骈体，则何以异于桐城耶？阮芸台妄谓古人有文有辞，辞即散体、文即骈体，举孔子《文言》以证文必骈体，不悟《系辞》称辞，亦骈体也。刘申叔文本不工，而雅信阮说。余弟子黄季刚初亦以阮说为是，在北京时，与桐城姚仲实争，姚自以老耄，不肯置辩。或语季刚：呵斥桐城，非姚所惧；诋以末流，自然心服。其后白话盛行，两派之争，泯于无形。由今观之，骈散二者本难偏废。头绪纷繁者，当用骈；叙事者，止宜用散；议论者，骈散各有所宜。不知当时何以各执一偏，如此其固也。

邹阳，纵横家也。观其上书（《邹阳》七篇，《汉志》入纵横家。《史记》，邹阳与鲁仲连同传。周孔之作不论，论汉人之作，相如、子云之文非有为而作，故特数邹阳），行文以骈。而文气之盛，异于后之四六。是故谓骈体气弱，未为笃论。宋子京《笔记》谓作史不应有骈语。刘子玄亦云：史文用骈，似箫笛杂鼙鼓、脂粉饰壮士。此谓叙事不宜用骈也。不仅宋子京、刘子玄如此，六朝人作史，亦无用骈语者。唐诏令皆用骈体，而欧阳永叔撰《新唐书》，一切削去，此则太过。夫诏令以骈而不可录；罪人供状，词旨鄙俚，莫此为甚，何为而可录耶？后人不愿为散体者，谓散体短于说理，不知《崇有》、《神灭》之作，亦非易为。若夫桐城派导源震川（尧峰亦然），阳湖略变其法，而大旨则同。震川之文，好摇曳生姿，一言可了者，故作冗长之语。曾涤笙讥之曰："神乎、味乎？徒辞费耳。"此谓震川未脱八股气息也。至于散之讥骈，谓近俳优，此亦未当。玉溪而后，雕绘满眼，弊固然矣。若《文选》所录，固无襞积拥肿之病也。今以口说衡之，历举数事，不得不骈；单述一理，非散不可。二者并用，乃达神旨。以故，骈散之争，实属无谓。若立意为骈，或有心作散，比于削趾适屦，可无须尔。

骈散合一之说，汪容甫倡之，李申耆和之。然晋人为文，如天马行空，绝无依傍，随笔写去，使人难分段落。今观容甫之文，句句锻炼，何尝有天马行空之致；容甫讥呵望溪，而湘绮并诮汪、方。湘绮之文，才高于汪，取法魏晋，兼宗两汉。盖深知明七子之弊，专学西汉，有所不逮；但取晋宋，又不甘心。故其文上取东汉，下取魏晋，而自成湘绮之文也。若论骈散合一，汪、李尚非其至，湘绮乃成就耳。然湘绮列传碑版，摹拟《史记》，袭其成语，往往有失检之处。如《邹汉勋传》云："如邹汉勋者，又何以称焉？"此袭用《史记·伯夷列传》语而有误也。夫许由、卞随、务光之事，太史疑其非实，故作此问。若邹汉勋者，又何疑焉？

三、周秦以来文章之盛。论历代文学，当自周始。孔子曰："郁郁乎文哉，吾从周。"周初之文，厥维经典，不能论其优劣。春秋而后，始有优劣可言。春秋时文体未备，综其所作，记事、叙言多而单篇论说少。七国时文体完具，但无碑版一体。钟鼎虽与碑版相近，然其文不可索解。故正式碑版，断自秦后起也（任昉《文章缘起》，其书真伪不可知，所论亦未可信据）。概而论之，文章大体备于七国；若其细碎，则在六朝。六朝之后，亦有新体，如墓志，本为不许立碑者设；后世碑与墓志并用，其在六朝，墓志不为正式文章也。又如寿序，宋以前犹未著。然论文学之盛衰，固不拘于文体之损益。

自唐以来，论文皆以气为主。气之盛衰，不可强为。大抵见理清、感情重，自然气盛。周秦之作，未有不深于理者，故篇篇有气。论感情，亦古人重于后人。《颜氏家训》谓："别易会难，古人所重；江南饯送，下泣言离。"梁武帝送弟王子侯出为东郡，云："我年已老，与汝分张，甚以恻怆。"数行泪下。非独爱别离如此，即杯酒失意，白刃相仇，亦惟深于感情者为然。何者？爱深者恨亦深，二者成正比例也。今以《诗经》观之，好贤如《缁衣》，恶恶如《巷伯》，皆可谓甚真。至于《楚辞·离骚》之忠怨，《国殇》之严杀，皆各尽其致。汉人叙战争者，如《项羽本纪》、《李陵列传》，有如目睹，非徒其事迹之奇也，乃其文亦极描写之能事矣。此在后世文人为之，虽有意描写，亦不能几及。何也？其情不至也。大抵抒情之作，往往宜于小说。然自唐以降，小说家但能叙鬼怪，而不能叙战争攻杀。此由实情所无，想像亦有所不逮。惟有男女之情，今古不变，后世小说，类能道之。然人之爱情，岂仅限于男女？君臣、父子、兄弟、朋友，无不有爱情焉。而后世小说之能事，则尽于述男女而已。

汉人之文，后世以为高，然说理之作实寡。魏晋渐有说理之作，但不能上比周秦。今人真欲上拟周秦两汉，恐贻举鼎绝膑之诮。明七子李空同辈，高谈秦汉，其实邯郸学步耳。后七子如李沧溟文，非其至者，而诗尚佳；王凤洲文胜于沧溟，颇能叙战争及奇伟之迹，此亦由于情感激发尔。如杨椒山之事，人人愤慨，故凤洲所作行状，有声有色。顾持较《史》、《汉》，犹不能及。以《史》、《汉》文出无心，凤洲则有意摹拟，着力与不着力，自有间也。

抒情说理之作如此，其非抒情亦非说理如《七发》之类者亦然（《七发》亦赋类）。《七发》气势浩翰，无堆垛之迹，拟作者《七启》、《七命》即大有径庭。相如、子云之赋，往往用同偏旁数字堆垛以成一句，然堆垛而不觉其重。何也？有气行乎其间，自然骨力开张也。降及东汉，气骨即有不逮。然《两都》、《两京》以及《三都》，犹粗具规模，后此则无能为之者矣。此类文字，不关情之深、理之邃，以余度之，殆与体气有关。汉人之强健，恐什佰于今人，故其词气之盛，亦非后世所及。今人发古墓，往往见古人尸骨大于今人，此一证也。武梁祠画像，其面貌虽不可细辨，然鼻准隆起，有如犹太、回回人，此又一证也。汉世尚武之风未替，文人为将帅者，往往而有。又汉行征兵制，而其时歌谣，无道行军之苦者。唐代即不然，杜诗《兵车行》、《石壕吏》之属可征也。由此可见，唐人之体气已不逮汉人，此又一证也。以汉人坚强好勇，故发为文章，举重若轻，任意堆垛而不见堆垛之迹，此真古今人不相及矣。不特文章为然，见于道德者亦然。道德非尽出于礼，亦生于情。情即有关于气体。体气强则情重，德行则厚；体气弱，情亦薄。德行亦衰。孔子曰："仁者必有勇。"知无勇不能行仁也。《吕氏春秋·慎大览》称孔子之劲，举国门之关，而不肯以力闻。《史记·仲尼弟子传》云：子路性鄙，少孔子九岁，好勇力，志伉直，冠雄鸡，佩猳豚，陵暴孔子。孔子设礼诱之，乃儒服委质，因门人请为弟子。今观孝堂山石刻子路像，奋袖抽剑，雄鸡之冠，与《史记》所言符合。知孔子之服子路，非仅用礼，亦能以力胜矣。后世理学家不取粗暴之徒，殆亦为无孔子之力故耳（澹台灭明之斩蛟，亦好勇之征也）。夫并生一时代者，体格之殊，当不甚远。孔子、墨子，时代相接。孔子之勇如此，则墨子之以自苦为极，若救宋之役，百舍重茧而不息，亦可信矣。自两汉以迄六朝，文气日以衰微者，其故可思也。《世说新语》记王子猷、子敬俱坐一室，上忽发火，子猷遽走避，不惶取屐；子敬神色恬然，徐唤左右，扶凭而出，不异平常。尔时膏粱子弟，染于游惰如此，体气之弱可知矣。有唐国势，虽不逮两汉，犹胜于六朝。故燕许大手笔，文虽骈体，气骨特健，自此一变而为韩柳之散文。宋代尚文，讳言武事，欧、曾、王、苏之作，气骨已劣于韩、柳。余常谓文不论骈散，要以气骨为主。曾涤笙倡阴阳刚柔之说，合于东人所谓壮美、优美者。以历代之作程之：周、秦、两汉之文刚，魏、晋南朝之文柔；唐代武功犹著，故其文虽不及两汉，犹有两汉遗风；宋代国势已弱，故欧、苏、曾、王之文，近于六朝；南宋及元，中国既微，文不成文；洪武肇兴，驱逐胡虏，国势虽不如汉唐，优于赵宋实远。其异于汉唐者，汉唐自然强盛，明则有勉强之处耳。明人鉴于宋人外交之卑屈，故特自尊大。凡外夷入贡，表章须一律写华文，朝鲜、安南文化之国，许其称臣；南洋小国及满洲之属，则降而称奴。天使册封，不可径入其国城，须特建天桥，逾城而入；贡使之入中国者，官秩虽高，见典史不可不用手本，不可不称大人。外夷称中国曰天朝者，即始于此。诸如此类，即可见明代国势之盛，出于勉强。国势如此，国人体气恐亦类此。其见于文事者，台阁体不足为代表，归震川闲情冷韵之作，亦不足为代表，所可代表者，为前后七子之作。彼等强学秦汉，力不足以赴之，譬如举鼎绝膑，不自觉其面红耳赤也。归震川生长昆山，王凤洲生长太仓，籍贯同隶苏州，而气味差池。震川与凤洲争名，二人皆自谓学司马子长，然凤洲专取《史记》描摹之笔及浓重之处，震川则以为《史记》佳处在闲情冷韵。盖苏州人好作冷语，震川之文，苏州人之文也。震川殆知秦汉不易学，而又不甘自谓不逮秦汉，故专摹《史记》之冷语欤？由此遂启桐城派之先河。桐城派不皆效法震川，顾其主平淡、不主浓重则同。姚姬传学问之博，胜于方望溪，而文之气魄则更小，谋篇过六七百字者甚罕。梅伯言修饰更精，而气体尤不逮矣。曾涤笙以为学梅伯言而以为未足，颇有粗枝大叶之作，气体近于阳刚。此其故关于国势、体力。清初国势之盛，乃满洲之盛，非汉族之盛。汉人慑伏于满洲淫威之下，绿营兵丁大抵羸劣，营汛武职官俸薄，往往出为贾竖，自谋生活，其权力犹不如今之警察，故汉人皆以当兵为耻。夫不习戎事，则体力弱；及其为文，自然疲苶矣。曾涤笙自办团练，以平洪杨之乱，国势既变，湘军亦俨然一世之雄，故其文风骨遒上，得阳刚之气为多。虽继起无人，然并世有王湘绮，亦可云近于阳刚矣。湘绮与涤笙路径不同，涤笙自桐城入而不为八家所囿；湘绮虽不明言依附七子，其路径实与七子相同，其所为诗，宛然七子作也。惟明人见小欲速，文章之士，不讲其他学问。昌黎云：作文宜略识字。七子不能，故虽高谈秦汉，终不能逮。湘绮可谓识字者矣，故其文优于七子也。由上所论，历代文章之盛衰，本之国势及风俗，其彰彰可见者也。

文之变迁，不必依骈散为论，然综观尚武之世，作者多散文，尚文之世，作者多骈文。秦、汉尚武，故为散文，骈句罕见。东汉崇儒术，渐有骈句。魏、晋、南朝，纯乎尚文，故骈俪盛行。唐代尚武，散体复兴（唐人散体。非始于韩柳。韩、柳之前，有独孤及、梁肃、萧颖士、元结辈，其文渐趋于散。惟魄力不厚。至昌黎乃渐厚耳。譬之山岭脉络，来至独孤、萧、梁，至韩柳乃结成高峰也）。宋不尚武，故其文通行四六。作散文者，仅欧、曾、王、苏数人而已（姚姬传云：论文章，虽朱子亦未为是。大抵南宋之文，为后世场屋之祖。吕东莱、陈止斋、叶水心，学问虽胜，文则不工。《东莱博议》，纯乎场屋之文。陈止斋、叶水心之作，当时所谓对策八面锋，亦仅可应试而已）。余波及于明、清。桐城一派，上接秦、汉，下承韩、柳固不足，以继北宋之轨则有余，胜于南宋之作远矣。

唐、宋以来之散文，导源于独孤及、萧颖士辈，是固然矣。然其前犹可推溯，人皆不措意耳。《文中子》书，虽不可信，要不失为初唐人手笔。其书述其季弟王绩（字无功，号东皋子），作《五斗先生传》（见《事君》篇），其文今不可见。以意度之，殆拟陶渊明之《五柳先生传》。其可见者，《醉乡记》、《负苓者传》，皆散漫而不用力，于陶氏为近，不可不推为唐代散文之发端。又马、周所作章奏，摹拟贾太傅《治安策》，于散体中为有骨力。唐人视周为策士一流，不与文学之士同科，实亦散文之滥觞也。大凡文品与当时国势不符者，文虽工而人不之重。燕许庙堂之文，当时重之，而陆宣公论事明白之作，见重于后世者，当时反不推崇。萧颖士之文，平易自然。元结始为谲怪，独孤及、梁肃变其本而加之厉。至昌黎始明言词必己出，凡古人已用之语，必屏弃不取，而别铸新词。昌黎然，柳州亦然，皇甫湜、孙樵，无不皆然。风气既成，宜乎宣公奏议之不见崇矣。然造词之风，实非始于昌黎。《唐阙史》云："左将军吐突承璀（昌黎同时人）方承恩顾，及将败之岁，有妖生所居。先是，承璀尝华一室，红梁粉壁，为谨诏敕藏机务之所。一日，晨启其户，有毛生地，高二尺许，承璀大恶之，且恐事泄，乃躬执箕帚，芟除以瘗，虽防口甚固，而娓娓有知者。承璀尤不欲达于班列。一日，命其甥尝所亲附者曰：'姑为我微行省闼之间，伺其丛谈，有言者否。'甥禀教敛躬而往，至省寺，即诃诘守卫，辄不许进。方出安上门，逢二秀士，自贡院回，笑相谓曰：'东广坤毳可以为异矣。'甥驰告曰：'醋大知之久矣，（原注：中官谓南班，无贵贱皆呼醋大）且易其名呼矣。'谓左军为东广、地毛为坤毳矣。"易左军地毛曰东广坤毳，则与称龙门曰虬户无异，以言之者无碍，闻之者立悟。知唐人好以僻字易常名，乃其素习。故樊宗师作《绛守居园池记》，而昌黎称为文从字顺也。今观其文，代东方以丙、西方以庚，亦东广坤毳之类。昌黎称之者，以其语语生造，合于己意也。盖造词为当时风尚，而昌黎则其杰出者耳。

欧阳永叔号称宗师韩柳，其实与韩、柳异辙。惟以不重四六为学韩、柳耳。永叔《题绛守居园池记》，诋呵樊氏，不遗余力，可知其与昌黎异趣矣。宋子京与永叔同时，皆以学昌黎为名，而子京喜造词，今《新唐书》在，人以涩体称之，可证也。夫自作单篇，未尝不可造词；作史则不当专务生造。子京之文，有盛名于时，及永叔之文行，趋之者皆崇自然；

于是子京之文不复见称道。故知文品不合于时代，虽工亦不行也。

唐末迄于五代，文之衰弊已极。北宋初年，柳河东（开）、穆伯长（修）、稍为杰出。河东文实不工，伯长才力薄弱，而故为诘屈聱牙。于时王禹偁所作，实较柳、穆为胜，惟才力亦薄弱耳。禹偁激赏丁谓、孙何，《宋史·丁谓传》云：谓与何同袖文谒禹偁，禹偁重之，以为自唐韩愈、柳宗元后，三百年始有此作。二人之文，今不可见。穆伯长弟子尹师鲁（洙），文颇可观。苏子美（舜钦）亦佳，师鲁之文，永叔所自出，惟师鲁简炼，永叔摇曳为异。永叔之文，震川一派所自昉也。苏子美仕不得志，颇效柳州之所为，永叔亟称之。此二家较柳、穆、王三家为胜。又永叔同时有刘原父（敞），才力宏大，司马温公文亦醇美。今人率称八家，以余论之，唐宋不止八家。唐有萧颖士、独孤及、韩愈、柳宗元、李翱六家（皇甫湜、孙樵不足数），宋则尹洙、苏舜钦、刘敞、宋祁、司马光、欧阳修、曾巩、王安石、苏洵父子，合十一家（柳、穆、王不必取，苏门如秦观之《淮海集》、苏过之《斜川集》，文非不佳，惟不出东坡之窠臼，故不取。元结瑰怪，杜牧粗豪，亦不取），合之可称唐宋十七家。茅鹿门之所以定为八家者，盖韩柳以前之作，存者无多；宋初人文亦寡。六家之文，于八股为近；韩柳名高，不得不取：故遂定为八家耳。

权德舆年辈高于昌黎，文亦不恶，惟少林下风度耳。明台阁体即自此出。杜牧之文为侯朝宗、魏叔子所自出。惟粗豪太过耳。近桐城、阳湖二派，拈雅健二字以为论文之准。然则权德舆雅而不健，杜牧之健而不雅。雅健并行，二家所短。若依此选文，唐可八家（合权、杜数之），宋可十六家（合柳、穆、王、秦、苏过数之），允为文章楷则矣（雅健者，文章入门之要诀，不仅散文之须雅健，骈文亦须雅健，派别可以不论）。乾嘉间朱竹君（筠）《笥河文集》行于北方，其文亦雅而不健，似台阁一路。姚姬传笑之，以为笥河一生为文学宋景濂，永远是门外汉。是故，雅而不健，不可；健而不雅，亦不可。明于雅健二字，或为独行之文，或为著作之文，各视其人之力以为趣舍，庶乎可以言文。

继此复须讨论者，文章之分类是也。《文心雕龙》分为十九类，《古文辞类纂》则为十三类。今依陆士衡《文赋》为说，取其简要也。自古惟能文之士为能论文，否则皮傅之语，必无是处。士衡《文赋》，区分十类，虽有不足，然语语确切，可作准绳，其言曰："诗缘情而绮靡，赋体物而浏亮，碑披文以相质，诔缠绵而凄怆，铭博约而温润，箴顿挫而清壮，颂优游以彬蔚，论精微而朗畅，奏平彻以闲雅，说炜晔而谲诳。"十类以外，传状序记，士衡所未齿列。今案：家传一项，晋人所作，有《李部传》、《管辂传》，全文今不可见。就唐人所引观之，大抵散漫，无密栗之致。行状一项，《文选》录任彦昇《竟陵文宣王行状》一篇，体裁与后世所作不类。原行状之体，本与传同，而当时所作，文多质少，语率含浑（行状上之尚书，考功司据以拟谥，李翱以为今之行状，文过其质，不可为据，始变文为质，不加藻饰）。游记一项，古人视同小说，不以入文苑。东汉初，马第伯作《封禅仪记》，偶然乘兴之笔。后则游记渐挚，士衡时尚无是也。序录一项，古人皆自著书而自为序。刘向为各家之书作序，此乃在官之作；后世为私家著述作序者，古人无是也。此四项，士衡所不论，今就士衡所赋者论之：

诗、赋：士衡缘情、体物二语，实作诗造赋之要。赋本古诗之流，七国时始为别子之祖。至汉，《子虚》、《上林》，篇幅扩大，而《古诗十九首》仍为短章。盖体物者，铺陈其事，不厌周详，故曰浏亮。缘情者，咏歌依违，不可直言，故曰绮靡。然赋亦有缘情之作，如班孟坚之《幽通》、张平子之《思玄》、王仲宣之《登楼》，皆偶一为之，非赋之正体也。

碑、诔：古人刻石，不以碑名。秦皇刻石，峄山、泰山、琅琊、芝罘、碣石、会稽诸处，皆直称刻石，不称碑。庙之有碑，本以丽牲；墓之有碑，本以下棺。作碑文者，东汉始盛。今汉碑存者百余通，皆属文言。往往世系之下，缀以考语；所治何学，又加考语；每历一官，辄加考语，无直叙其事者。故曰"披文以相质也"。不若是，将与行状、家传无别。魏晋不许立碑；北朝碑文，体制近于汉碑；中唐以前之碑，体制亦未变也。独孤及、梁肃始为散文，然犹不直叙也。韩昌黎作《南海神庙碑》，纯依汉碑之体；作《曹成王碑》，用字瑰奇，以此作碑则可，作传即不可。桐城诸贤不知此，以昌黎之碑为独创，不知本袭旧例也（昌黎犹知文体，宋以后渐不然）。宋人作碑，一如家传，惟首尾异耳。此实非碑之正体。观夫蔡中郎为人作碑，一人作二三篇，以其本是文言，故属辞可以变化；若为质言，岂有一人之事迹，可作二三篇述之耶？至汉碑有称"诔曰"者。知碑与诔本不必分，然大体亦有区别。碑虽主于文饰，仍以事实为重。诔则但须缠绵凄怆而已。后世作诔者少，潘安仁《马汧督诔》，乃是披文相质之作。碑与诔故是同类。后世祭文，则与诔同源。

铭、箴：碑亦有铭。此所谓铭，则器物之铭也。崔子玉《座右铭》，多作格言，乃《太公家教》之类，取其义，不取其文耳。张孟阳《剑阁铭》云："敢告梁益。"是箴体也。所谓博约温润者，语不宜太繁，又不宜太露。然则《剑阁铭》是铭之正轨也。箴之由来已久。官箴王阙，本以刺上，后世作箴，皆依《虞箴》为法，扬子云、崔亭伯官箴、州箴，合四十余篇。所与铭异者，有顿挫之句，以直言为极，故曰"顿挫而清壮"也。张茂先《女史箴》，笔路渐异，尚能合法；至昌黎《五箴》，则失其步趋者也。

颂、论：三颂而外，秦碑亦颂之类也。刻石颂德，斯之谓颂矣。惟古代之颂，用之祭祀。生人作颂，始于秦碑，及后人作碑亦称"颂曰"是也。柳子厚作《平淮西雅》，其实颂也。颂与雅，后世不甚分耳。要以优游炳蔚为贵。论者，评议臧否之作。人之思想，愈演愈深，非论不足以发表其思想，故贵乎精微朗畅也。士衡拟《过秦》作《辩亡论》，议封建作《五等论》。二者皆论政之文，故为粗枝大叶，而非论之正体。当以诸子为法，论名理不论事理，乃为精微朗畅者矣。庄荀之论。无一不合精微朗畅之旨。韩非亦有之，但不称论耳（论事之作，不以为正体，王褒《四子讲德论》作于汉代，周秦无有也）。《文选》录王褒《四子讲德论》，论事本非正体，当为士衡所不取。盖周秦而后，六朝清谈佛法诸论，合乎正轨。《崇有论》反对清谈，《神灭论》反对佛法，此亦非朗畅不能取胜。此种论，唐以后不能作。盖唐以后人只能论事理，不能论名理矣。刘梦得、柳子厚作《天论》，似乎精细，要未臻精微朗畅之地。宋儒有精微之理，而作文不能朗畅，故流为语录。

奏、说：七国时游说，多取口说而鲜上书，上书即奏也。纵横家之作，大抵放恣，苏秦、范雎是矣，即李斯《谏逐客》亦然。自汉人乃变为平彻闲雅之作，以天下统一，纵横之风替也。平则易解，雅则可登于庙堂。此种体式，自汉至唐不变。至明人奏议，辄以痛骂为能事，故焦里堂谓温柔敦厚之教至明人而尽。如杨椒山劾严嵩曰贼嵩，虽出忠愤，甚非法式。又如刘良佐、刘泽清称福王拘囚太子是无父子，不纳童氏是无夫妇。又如万历时御史献酒、色、财、气四箴，此皆乖于进言之道。自唐以来，奏议以陆宣公为最善，既平彻又闲雅，可谓正体；所不足者，微嫌繁冗耳。唐人好文，三四千言之奏，人主犹能遍览，若在后世，正恐无暇及此。曾涤笙自谓学陆宣公，今观其文，类于八股，平固有之，雅则未能。甲午战后，王湘绮尝代李少荃奏事，多引《诗》、《书》，摹拟汉作，雅则有余，平则不足。于是知平彻闲雅之难也。说者古人多为口说，原非命笔为文，《文心雕龙》讥评士衡，谓"自非谲敌，则惟忠与信，披肝胆以献主，飞文敏以济辞，此说之本也"。不悟七国游士，纵横捭阖，肆口陈言，取快一时，确有炜晔谲诳之观，然其说必与事实相符，乃得见听。苏秦之合纵，非易事也。而六国之君听之者，固以其口辩捷给，亦为有其实学耳。《国策》言苏子去秦而归，揣摩大公阴谋之符，然后出说人主。由今观之，苏子亦不徒恃阴谋，盖明于地理耳。七国时地图难得，惟涉路远者，知舆地大势。荀子游于列国，故《议兵篇》所言地理不误，自余若孟子之贤，犹不知淮泗之不入江（《孟子》："决汝汉、排淮泗而注之江。"不知淮泗不入江也）。汉兴，萧何入关，收秦图籍，故能知天下形势。否则，高祖起自草莽，何由知之？惟苏秦居洛阳，必尝见地图，故每述一国境界，悉中事情，然后言其财赋之多寡，兵力之强弱，元元本本，了然无遗。其说赵肃侯也，谓"臣请以天下之地图按之"。夫以草泽匹夫，而深知国情如此，宜乎六国之君不敢不服其说矣。后世口说渐少，惟战争时或有之，留侯之借箸、武侯之求救于孙权，皆所谓谲诳者。后杜牧之作《燕将录》，载诨忠为燕牧刘济使，说魏牧田季安；又元和十四年说刘济子忠，皆慷慨立谈，类于苏秦。颇疑牧之所文饰，非当时实事。昌黎作《董晋行状》，述晋对李怀光语，亦口若悬河。晋服官无闻，此亦疑昌黎所文饰也。然则苏秦而后，口说可信者，惟留侯、诸葛二事。要皆炜晔谲诳，不尽出于忠信，以此知士衡之说为不可易也。

综上所论，知士衡所举十条，语语谛当，可作准绳。至其所未及者，祭文准诔，传状准史（今人如欲作传，不必他求，只依《史》、《汉》可矣。行状与传，大体相同，惟首尾为异。且行状所以议谥，明以来议谥不据行状，则行状无所用之，不作可也）。序记之属，古人所轻。官修书库，序录提要，盖非一人所能为。若私家著述，于古只有自序；他人作之，亦当提挈纲首，不可徒为肤泛。记惟游记可作，《水经注》、马第伯《封禅仪记》，皆足取法。宋人游记叙山水者，多就琐碎之处著笔，而不言大势，实无足取。余谓《文赋》十类之外，补此数条已足。姚氏《古文辞类纂》分十三类，大旨不谬。然所见甚近，以唐宋直接周秦诸子、《史》、《汉》，置东汉、六朝于不论，一若文至西汉即斩焉中绝，昌黎之出真似石破天惊者也，天下安有是事耶（桐城派所说源流不明，不知昌黎亦有师承）？余所论者，似较姚氏明白。

章炳麟 国学概论

目录

第一章 概 论

　　我在东京曾讲演过一次国学，在北京也讲演过一次，今天是第三次了。国学很不容易讲，有的也实在不能讲，必须自己用心去读去看。即如历史，本是不能讲的，古人已说"一部十七史从何处说起"，现在更有二十四史，不止十七史了。即《通鉴》等书似乎稍简要一点，但还是不能讲；如果只像说大书那般铺排些事实，或讲些事实夹些论断，也没甚意义。所以这些书都靠自己用心去看，我讲国学，只能指示些门径和矫正些近人易犯的毛病。今天先把"国学概论"分做两部研究：

甲、国学之本体

　　一、经史非神话

　　二、经典诸子非宗教

　　三、历史非小说传奇

乙、治国学之方法

　　一、辨书籍的真伪

　　二、通小学

　　三、明地理

　　四、知古今人情的变迁

　　五、辨文学应用

甲、国学之本体

一、经史非神话

在古代书籍中，原有些记载是神话；若《山海经》、《淮南子》中所载，我们看了，觉得是怪诞极了。但此类神话，在王充《论衡》里已有不少被他看破，没有存在的馀地了。而且正经正史中本没有那些话，如盘古开天辟地，天皇、地皇、人皇等，正史都不载。又如"女娲炼石补天"、"后羿射日"那种神话，正史里也都没有。经史所载，虽在极小部分中还含神秘的意味，大体并没神奇怪离的论调。并且，这极小部分的神秘记载，也许使我们得有理的解释。

《诗经》记后稷的诞生，颇似可怪。因据《尔雅》所释"履帝武敏"，说是他的母亲，足蹈了上帝的拇指得孕的。但经毛公注释，训帝为皇帝，就等于平常的事实了。

《史记·高帝本纪》，说高祖之父太公，雷雨中至大泽，见神龙附高祖母之身，遂生高祖。这不知是太公捏造这话来骗人，还是高祖自造。即使太公真正看见如此，我想其中也可假托。记得湖北曾有一件奸杀案："一个奸夫和奸妇密议，得一巧法，在雷雨当中，奸夫装成雷公怪形，从屋脊而下，活活地把本夫打杀。"高祖的事，也许是如此。他母亲和人私通，奸夫饰做龙怪的样儿，太公自然不敢进去了。

从前有人常疑古代圣帝贤王都属假托；即如《尧典》所说"钦明文思安安，克明俊德……"等等的话，有人很怀疑，以为那个时候的社会，哪得有像这样的完人。我想，古代史家叙太古的事，不能详叙事实，往往只用几句极混统的话做"考语"，这种考语原最容易言过其实。譬如今人做行述，遇着没有事迹可记的人，每只用几句极好的考语；《尧典》中所载，也不过是一种"考语",事实虽不全如此,也未必全不如此。

《禹贡》记大禹治水,八年告成;日本有一博士,他说:"后世凿小小的运河,尚须数十年或数百年才告成功,他治这么大的水,哪得如此快?"因此,也疑禹贡只是一种奇迹。我却以为大禹治水,他不过督其成,自有各部分工去做;如果要亲身去,就游历一周也不能,何况凿成!在那时人民同受水患,都有切身的苦痛,免不得合力去做,所以"经之营之,不日成之"了。《禹贡》记各地土地腴瘠情形,也不过依报告录出,并不必由大禹亲自调查的。

太史公作《五帝本纪》,择其言尤雅驯者,可见他述的确实;我们翻看经史中,却也没载盘古、三皇的事;所以经史并非神话。

其他经史以外的书,若《竹书纪年》、《穆天子传》,确有可疑者在。但《竹书纪年》今存者为明代伪托本,可存而不论。《穆天子传》也不在正经正史之列,不能以此混彼。后世人往往以古书稍有疑点,遂全目以为伪,这是错了!

二、经典诸子非宗教

经典诸子中有说及道德的,有说及哲学的,却没曾说及宗教。近代人因为佛经及耶教的《圣经》都是宗教,就把国学里的"经",也混为一解,实是大误。"佛经"、"圣经"的那个"经"字,是后人翻译时随意引用,并不和"经"字原意相符。经字原意只是一经一纬的经,即是一根线,所谓经书只是一种线装书罢了。明代有线装书的名目,即别于那种一页一页散着的八股文墨卷,因为墨卷没有保存的价值,别的就称做线装书了。古代记事书于简。不及百名者书于方,事多一简不能尽,遂连数简以记之。这连各简的线,就是"经"。可见"经"不过是当代记述较多而常要翻阅的几部书罢了。非但没含宗教的意味;就是汉时训"经"为"常道",也非本意。后世疑经是经天纬地之经,其实只言经而不言天,便已不是经天的意义了。

中国自古即薄于宗教思想，此因中国人都重视政治；周时诸学者已好谈政治，差不多在任何书上都见他们政治的主张。这也是环境的关系：中国土地辽广，统治的方法，急待研究，比不得欧西地小国多，没感着困难。印度土地也大，但内部实分着许多小邦，所以他们的宗教易于发达。中国人多以全力着眼政治，所以对宗教很冷淡。

老子很反对宗教，他说："以道莅天下，其鬼不神。"孔子对于宗教，也反对；他虽于祭祀等事很注意，但我们味"祭神如神在"的"如"字的意思，他已明白告诉我们是没有神的。《礼记》一书很考究祭祀；这书却又出自汉代，未必是可靠。

祀天地社稷，古代人君确是遵行；然自天子以下，就没有与祭的身分。须知宗教是须普及于一般人的，耶稣教的上帝，是给一般人膜拜的；中国古时所谓天，所谓上帝，非人君不能拜，根本上已非宗教了。

九流十家中，墨家讲天、鬼，阴阳家说阴阳生克，确含宗教的臭味；但墨子所谓天，阴阳家所谓"龙"、"虎"，却也和宗教相去很远。

就上讨论，我们可以断定经典诸子非宗教。

三、历史非小说传奇

后世的历史，因为辞采不丰美，描写不入神，大家以为是记实的；对于古史，若《史记》、《汉书》，以其叙述和描写的关系，引起许多人的怀疑：

《刺客列传》记荆轲刺秦王事，《项羽本纪》记项羽垓下之败，真是活龙活现；大家看了，以为事实上未必如此，太史公并未眼见，也不过如《水浒传》里说武松、宋江，信手写去罢了。实则太史公作史择雅去疑，慎之又慎。像伯夷、叔齐的事，曾经孔子讲及，所以他替二人作传；那许由、务光之流，就缺而不录了。项羽、荆轲的事迹，昭昭在人耳目，太史公虽没亲见，但传说很多，他就可凭着那传说写出了。《史记》中详记武略，原不止项羽一人；但若夏侯婴、周勃、灌婴等传，对于他们的战功，只书得某城，斩首若干级，升什么官，竟像记一笔账似的；这也因没有特别的传说，只将报告记了一番就算了。如果太史公有意伪述，那么《刺客列传》除荆轲外，行刺的情形，只曹沫、专诸还有些叙述，豫让、聂政等竟完全略过，这是什么道理呢？《水浒传》有百零八个好汉，所以施耐庵不能个个描摹，《刺客列传》只五个人，难道太史公不能逐人描写么？这都因荆轲行刺的情形有传说可凭，别人没有，所以如此的。

"商山四皓"一事，有人以为四个老人哪里能够使高祖这样听从，《史记》所载未必是实。但须知一件事情的成功，往往为多数人所合力做成，而史家常在甲传中归功于甲，在乙传中又归功于乙。汉惠免废，商山四皓也是有功之一，所以在《留侯世家》中如此说，并无可疑。

史书原多可疑的地方，但并非像小说那样的虚构。如刘知几《史通》曾疑更始刮席事为不确；因为更始起自草泽时，已有英雄气概，何至为众所拥立时，竟羞惧不敢仰视而以指刮席呢？这大概是光武一方面诬蔑更始的话。又如史书写王莽竟写得同骇子一般，这样愚骇的人怎能篡汉？这也是因汉室中兴，对于王莽当然特别贬斥。这种以成败论人的习气，史家在所不免，但并非像小说的虚构。

老《汉书·艺文志》已列小说于各家之一，但那只是县志之类，如所谓《周考》、《周纪》者。最早是见于《庄子》，有"饰小说以干县令"一语。这所谓"小说"，却又指那时的小政客不能游说六国侯王，只能在地方官前说几句本地方的话。这都和后世小说不同。刘宋时有《世说新语》一书，所记多为有风趣的魏晋人的言行；但和正史不同的地方，只时日多颠倒处，事实并非虚构。唐人始多笔记小说，且有囚爱憎而特加揄扬或贬抑者，去事实稍远；《新唐书》因《旧唐书》所记事实不详备，多采取此等笔记。但司马温公作《通鉴》对于此等事实必由各方面搜罗证据，见有可疑者即删去，可见作史是极慎重将事的。最和现在小说相近的是宋代的《宣和遗事》，彼记宋徽宗游李师师家，写得非常生动，又有宋江等三十六人，大约《水浒传》即脱胎于此书。古书中全属虚构者也非没有，但多专记神仙鬼怪，如唐人所辑《太平广记》之类；这与《聊斋志异》相当，非《水浒传》可比，而且正史中也向不采取。所以正史中虽有些叙事很生动的地方，但决与小说、传奇不同。

乙、治国学之方法

一、辨书籍的真伪

对于古书没有明白哪一部是真，哪一部是伪，容易使我们走入迷途；所以研究国学第一步要辨书籍的真伪。

四部的中间，除了集部很少假的；其馀经、史、子三部都包含着很多的伪书，而以子部为尤多。清代姚际恒《古今伪书考》，很指示我们一些途径。

先就经部讲：《尚书》现代通行本共有五十八篇；其中只有三十三篇是汉代时的"今文"所有，另二十五篇都是晋代梅颐所假造。这假造的《尚书》，宋代朱熹已经怀疑他，但没曾寻出确证；直到清代，才明白地考出，却已雾迷了一千多年。经中尚有为明代人所伪托，如"汉魏丛书"中的《子贡诗传》系出自明丰坊手。诠释经典之书，也有后人伪托，如孔安国《尚书传》、郑氏《孝经注》、《孟子》孙奭疏……之类，都是晋代的产品。不过"伪古文尚书"和"伪孔传"，比较的有些价值，所以还引起一部分人一时间的信仰。

以史而论，正史没人敢假造，别史中就有伪书。《越绝书》，汉代袁康所造，而托名子贡；宋人假造《飞燕外传》、《汉武内传》，而列入"汉魏丛书"；《竹书纪年》本是晋人所得，原已难辨真伪，而近代通行本，更非晋人原本，乃是明人伪造的了。

子部中伪书很多，现在举其最著者六种，前三种尚有价值，后三种则全不足信。

（一）《吴子》 此书中所载器具，多非当时所有；想是六朝产品。但从前科举时代把他当作"武经"，可见受骗已久。

（二）《文子》 《淮南子》为西汉时作品，而《文子》里面大部分抄自《淮南子》，可见本书系属伪托；已有人证明他是两晋六朝人做的。

（三）《列子》 信《列子》的人很多，这也因本书做得不坏，很可动人的缘故。须知列子这个人虽见于《史记·老庄列传》中，但书中所讲，多取材于佛经，"佛教"在东汉时始入中国，哪能在前说到？我们用时代证他，已可水落石出。并且《列子》这书，汉人从未有引用一句，这也是一个明证。造《列子》的也是晋人。

（四）《关尹子》 这书无足论。

（五）《孔丛子》 这部书是三国时王肃所造。《孔子家语》一书也是他所造。

（六）《黄石公三略》 唐人所造。又《太公阴符经》一书，出现在《黄石公三略》之后，系唐人李筌所造。

经、史、子三部中的伪书很多，以上不过举个大略。此外，更有原书是真而后人参加一部分进去的，这却不能疑他是假。《四子书》中有已被参入的；《史记》中也有，如《史记》中曾说及扬雄，扬在太史公以后，显系后人加入，但不能因此便疑《史记》是伪书。

总之，以假为真，我们就要陷入迷途，所以不可不辨别清楚。但反过来看，因为极少部分的假，就怀疑全部分，也是要使我们彷徨无所归宿的。如康有为以为汉以前的书都是伪的，都被王莽、刘歆改窜过，这话也只有他一个人这样说。我们如果相信他，便没有可读的古书了。

二、通小学

韩昌黎说："凡作文章宜略识字"；所谓"识字"，就是通小学的意思。作文章尚须略通小学，可见在现在研究古书，非通小学是无从下手的了。小学在古时，原不过是小学生识字的书；但到了现代，虽研究到六七十岁，还有不能尽通的；何以古易今难至于如此呢？这全是因古从今语言变迁的缘故。现在的小学，是可以专门研究的，但我所说的"通小学"，却和专门研究不同；因为一方面要研究国学，所以只能略通大概了。

《尚书》中《盘庚》、《洛诰》，在当时不过一种告示，现在我们读了，觉得"佶屈聱牙"，这也是因我们没懂当时的白话，所以如此。《汉书·艺文志》说："《尚书》直言也。"直言就是白话。古书原都用当时的白话，但我们读《尚书》，觉得格外难懂，这或因《盘庚》、《洛诰》等都是一方的土话，如殷朝建都在黄河以北，周朝建都在陕西，用的都是河北的土话，所以比较的不能明白。《汉书·艺文志》又说，"读《尚书》应用《尔雅》"，这因《尔雅》是诠释当时土话的书，所以《尚书》中于难解的地方，看了《尔雅》就可明白。

总之，读唐以前的书，都非研究些小学，不能完全明白；宋以后的文章和现在差不多，我们就能完全了解了。

研究小学有三法：

一、通音韵　古人用字，常同音相通；这大概和现在的人写别字一样。凡写别字都是同音的，不过古人写惯了的别字，现在不叫他写别字罢了。但古时同音的字，现在多不相同，所以更难明白。我们研究古书，要知道某字即某字之转讹，先要明白古时代的音韵。

二、明训诂　古时训某字为某义，后人更引申某义转为他义；可见古义较狭而少，后义较广而繁。我们如不明白古时的训诂，误以后义附会古义，就要弄错了。

三、辨形体　近体字中相像的，在篆文未必相像，所以我们要明古书某字的本形，以求古书某字的某义。

历来讲形体的书，是《说文》；讲训诂的是《尔雅》；讲音韵的书，是《音韵学》。如能把《说文》、《尔雅》、《音韵学》都有明确的观念，那么，研究国学就不至犯那"意误"、"音误"、"形误"等弊病了。

宋朱熹一生研究"五经"、《四子》诸书，连寝食都不离，可是纠缠一世，仍弄不明白；实在他在小学没有工夫，所以如此。清代毛西河（按名奇龄）事事和朱子反对，但他也不从小学下手，所以反对的论调，也都错了。可见通小学对于研究国学是极重要的一件事了。清代小学一门，大放异彩，他们所发见的新境域，着实不少！

三国以下的文章，十之八九我们能明了，其不能明了的部分，就须借助于小学；唐代文家如韩昌黎、柳子厚的文章，虽是明白晓畅，却也有不能了解的地方。所以我说，看唐以前的文章，都要先研究一些小学。

桐城派也懂得小学，但比较的少用工夫，所以他们对于古书中不能明白的字，便不引用，这是消极的免除笑柄的办法，事实上总行不去的。

哲学一科，似乎可以不通小学，但必专凭自我的观察，由观察而发表自我的意思，和古人完全绝缘，那才可以不必研究小学。倘仍要凭借古人，或引用古书；那么，不明白小学就要闹笑话了。比如朱文公研究理学（宋之理学即哲学），释"格物"为"穷至事物之理"，便召非议。在朱文公原以"格"可训为"来"，"来"可训为"至"，"至"可训为"极"，"极"可训为"穷"，就把"格物"训为"穷物"；可是训"格"为"来"是有理，辗转训"格"为"穷"，就是笑话了。又释"敬"为"主一无适"之谓（这原是程子说的），他的意思是把"适"训作"至"；不知古时"适"与"敌"通，《淮南子》中的主"无适"，所谓"无适"实是"无敌"之谓，"无适"乃"无敌对"的意义，所以说是"主一"。

所以研究国学，无论读古书或治文学、哲学，通小学都是一件紧要的事。

三、明地理

近顷所谓"地理"，包含地质、地文、地志三项，原须专门研究的。中国本来的地理，算不得独立的科学，只不过做别几种（史、经）的助手，也没曾研究到地质、地文的。我们现在要研究国学，所需要的也只是地志，且把地志讲一讲。

地志可分两项：天然的和人为的。天然的就是山川脉络之类；山自古至今，没曾变更；大川若黄河，虽有多次变更，我们在历史上可以明白考出；所以，关于天然的，比较的容易研究。人为的就是郡县建置之类；古来封建制度至秦改为郡县制度，已是变迁极大，数千年来，一变再变，也不知经过多少更张；那秦汉时代所置的郡，现在还能大略考出，所置的县就有些模糊了；战国时各国的地界，也还可以大致考出，而各国战争的地点和后来楚汉战争的地点，却也很不明白了；所以，人为的比较的难以研究。

历来研究天然的，在乾隆时有《水道提纲》一书；书中讲山的地方甚少，关于水道，到现在也变更了许多，不过大致是对的。在《水道提纲》以前，原有《水经注》一书，这书是北魏人所著，事实上已用不着，只文采丰富，可当古董看罢了。研究人为的，有《读史方舆纪要》和《乾隆府厅州县志》；民国代兴，废府留县，新置的县也不少，因此更大有出入。在《方舆纪要》和《府厅州县志》以前，唐人有《元和郡县志》，也是研究人为的，只是欠分明。另外还有《大清一统志》、《李申耆五种》，其中却有直截明了的记载，我们应该看的。

我们研究国学，所以要研究地理者，原是因为对于地理没有明白的观念，看古书就有许多不能懂。譬如看到春秋战国的战争和楚汉战争，史书上已载明谁胜谁败；但所以胜所以败的原因，关于形势的很多，就和地理有关了。

二十四史中，古史倒还可以明白，最难研究的，要推《南北史》和《元史》。东晋以后，五胡阉入内地，北方的人士，多数南迁；他们数千人所住的地，就侨置一州；侨置的地方，大都在现在镇江左近；因此有南通州、南青州、南冀州的地名产生。我们研究《南史》，对于侨置的地名，实在容易混错。元人灭宋，统一中国，在二十四史就有《元史》的位置。元帝成吉思汗拓展地域很广，关于西伯利亚和欧洲东部的地志，《元史》也有阉入，因此使我们读者发生困难。关于《元史》地志有《元史译文证补》一书，因著者博证海外，故大致不错。

不明白地理而研究国学，普通要发生三种谬误。南北朝时南北很隔绝。北魏人著《水经注》，对于北方地势，还能正确；记述南方的地志，就错误很多。南宋时对于北方大都模糊，所以福建人郑樵所著《通志》，也错得很多。——这是臆测的谬误。中国土地辽阔，地名相同的很多，有人就因此纠缠不清。——这是纠缠的错误。古书中称某地和某地相近，往往考诸实际，相距却是甚远。例如：诸葛亮五月渡泸一事，是大家普通知道的；泸水就是现今金沙江，诸葛亮所渡的地，就是现在四川宁远；后人因为唐代曾在四川置泸州，大家就以为诸葛亮五月渡泸，是在此地，其实相去千里，岂非大错吗？——这是意会的错误。至于河阴、河阳当在黄河南北，但水道已改，地名还是仍旧，也容易舛错的。

我在上节曾讲过"通小学"，现在又讲到"明地理"；本来还有"典章制度"也是应该提出的，所以不提出者，是因各朝的典章制度，史书上多已载明，无以今证古的必要；我们看哪一朝史知道哪一朝的典章制度就够了。

四、知古今人情的变迁

社会更迭地变换，物质方面继续地进步，那人情风俗也随着变迁，不能拘泥在一种情形的。如若不明白这变迁的理，要产生两种谬误的观念。

一、道学先生看做道德是永久不变，把古人的道德，比做日月经天、江河行地，墨守而不敢违背。

二、近代矫枉过正的青年，以为古代的道德是野蛮道德。

原来道德可分二部分——普通伦理和社会道德——前者是不变的，后者是随着环境变更的。当政治制度变迁的时候，风俗就因此改易，那社会道德是要适应了这制度这风俗才行。古今人情的变迁，有许多是我们应该注意的！

第一，封建时代的道德，是近于贵族的；郡县时代的道德，是近于平民的；——这是比较而说的。《大学》有"欲治其国者，先齐其家"一语，《传》第九章里有"其家不可教而能教人者，无之"一语，这明是封建时代的道德。我们且看唐太宗的历史，他的治国，成绩却不坏——世称"贞观之治"；但他的家庭，却糟极了，杀兄、纳弟媳；这岂不是把《大学》的话根本打破吗？要知古代的家和后世的家大不相同；古代的家，并不只包含父子夫妻兄弟……这等人；差不多和小国一样，所以孟子说"千乘之家"、"百乘之家"。在那种制度之下，《大学》里的话自然不错；那不能治理一县的人，自然不能治理一省了。

第二，古代对于保家的人，不管他是否尸位素餐，都很恭维；史家论事，对于那人因为犯事而灭家，不问他所做的是否正当，都没有一句褒奖。《左传》里已是如此；后来《史》、《汉》也是如此。晁错创议灭七国，对于汉确是尽忠；但因此夷三族，就使史家对他生怪了。大概古代爱家和现代爱国的概念一样，那亡家也和亡国一样，所以保家是大家同情的。这种观念，到汉末已稍稍衰落，六朝又复盛了。

第三，贵族制度和现在土司差不多，只比较的文明一些。凡在王家的人，和王本身一样看待；他的兄弟在王去位的时候都有承袭的权利。我们看《尚书》到周公代成王摄政，觉得很可怪。他在摄政时代，也俨然称王。在《康诰》里有"王若曰孟侯朕其弟小子封"的话，这王明是指周公。后来成王年长亲政，他又可以把王号取消。《春秋》记隐公、桓公的事，也是如此。这种摄政可称王，退位可取消的情形，到后世便不行。后世原也有兄代弟位的，如明英宗被掳，景泰帝代行政事等。但代权几年，却不许称王；既称王却不许取消的。宋人解释《尚书》，对于这些，没有注意到，所以强为解释，反而愈释愈使人不能解了。

第四，古代大夫的家臣，和天子的诸侯一样，凡是家臣对于主人有绝对服从的义务。这种制度，西汉已是衰落一些，东汉又复兴盛起来；功曹、别驾都是州郡的属官。这种属官，既要奔丧；还要服丧三年，俨有君臣之分。三国时代的曹操、刘备、孙权，他们虽未称王，但他属下的官对于他都是皇帝一般看待的。

第五，丁忧去官一件事在汉末很通行，非但是父母三年之丧要丁忧，就是兄弟姊妹期功服之丧也要丁忧。陶渊明诗有说及奔妹丧的，潘安仁《悼亡诗》也有说及奔丧的，可见丁忧的风，在那时很盛。唐时此风渐息，到明代把他定在律令，除了父母丧不必去官。

总之，道德本无所谓是非，在那种环境里产生适应的道德，在那时如此便够了。我们既不可以古论今，也不可以今论古。

五、辨文学应用

文学的派别很多，梁刘勰所著《文心雕龙》一书，已明白罗列，关于这项，将来再仔细讨论，现在只把不能更改的文体讲一讲。

文学可分二项：有韵的谓之诗，无韵的谓之文。文有骈体、散体的区别；历来两派的争执很激烈：自从韩退之崛起，推翻骈体，后来散体的声势很大，宋人就把古代经典都是散体，何必用骈体，做宣扬的旗帜；清代阮芸台（按即阮元）起而推倒散体，抬出孔老夫子来，说孔子在《易经》里所著的《文言》、《系辞》，都是骈体的。实在这种争执，都是无谓的。

依我看来，凡简单叙一事不能不用散文；如兼叙多人多事，就非骈体不能提纲。以《礼记》而论，同是周公所著，但《周礼》用骈体，《仪礼》却用散体，这因事实上非如此不可的。《仪礼》中说的是起居跪拜之节，要想用骈也无从下手。更如孔子著《易经》用骈，著《春秋》就用散，也是一理。实在，散、骈各有专用，可并存而不能偏废。凡列举纲目的以用骈为醒目，譬如我讲演"国学"，列举各项子目，也便是骈体。秦汉以后，若司马相如、邹阳、枚乘等的骈文，了然可明白；他们用以序叙繁杂的事，的确是不错。后来诏诰都用四六，判案亦有用四六的——唐宋之间，有《龙筋凤髓判》——这真是太无谓了。

凡称之为诗，都要有韵，有韵方能传达情感，现在白话诗不用韵，即使也有美感，只应归入散文，不必算诗。日本和尚娶妻食肉，我曾说他们可称居士等等，何必称做和尚呢？诗何以要有韵呢？这是自然的趋势。诗歌本来脱口而出，自有天然的风韵，这种韵，可达那神妙的意思；你看，动物中不能言语，他们专以幽美的声调传达彼等的感情，可见诗是必要有韵的。"诗言志，歌永言，声依咏，律和声"，这几句话，是大家知道的：我们仔细讲起来，也证明诗是必要韵的。我们更看现今戏子所唱的二黄西皮，文理上很不通，但彼等也因有韵的原故。

白话记述，古时素来有的，《尚书》的诏诰全是当时的白话，汉代的手诏，差不多亦是当时的白话，经史所载更多照实写出的。《尚书·顾命篇》有"奠丽陈教则肄肄不违"一语，从前都没能解这两个"肄"字的用意，到清代江艮庭（按即江声）始说明多一肄字，乃直写当时病人垂危舌本强大的口吻。《汉书》记周昌"臣期期不奉诏"、"臣期期知其不可"等语，两"期期"字也是直写周昌口吃。但现在的白话文只是使人易解，能曲传真相却也未必。"语录"皆白话体，原始自佛家，宋代名儒如二程、朱、陆亦皆有语录，但二程为河南人，朱子福建人，陆象山（按即陆九渊）江西人，如果各传真相，应所纪各异，何以语录皆同一体例呢？我尝说，假如李石曾、蔡孑民、吴稚晖三先生会谈，而令人笔录，则李讲官话，蔡讲绍兴话，吴讲无锡话，便应大不相同，但记成白话文却又一样。所以说白话文能尽传口语的真相，亦未必是确实的。

第二章　国学之派别（一）

——经学之派别

　　讲"国学"而不明派别，将有望洋兴叹、无所适从之感。但"国学"中也有无须讲派别的，如历史学之类；也有不够讲派别的，则为零碎的学问。现在只把古今学者哓哓争辩不已的，分三类讨论：一，经学之派别；二，哲学之派别；三，文学之派别。依顺序先研究经学之派别。

　　"'六经'皆史也"，这句话详细考察起来，实在很不错。在"六经"里面，《尚书》、《春秋》都是记事的典籍，我们当然可以说他是史；《诗经》大半部是为国事而作——《国风》是歌咏各国的事，《雅》、《颂》是讽咏王室的——，像歌谣一般的，夹入很少，也可以说是史；《礼经》是记载古代典章制度的——《周礼》载官制，《仪礼》载仪注——在后世本是史的一部分。《乐经》虽是失去，想是记载乐谱和制度的典籍，也含史的性状。只有《易经》一书，看起来像是和史没关，但实际上却也是史。太史公说："《易》本隐以之显，《春秋》推见以至隐"。引申他的意思，可以说《春秋》是胪列事实中寓褒贬之意；《易经》却和近代"社会学"一般，一方面考察古来的事迹，得着些原则，拿这些原则，可以推测现在和将来；简单说起来，《春秋》是显明的史，《易经》是蕴着史的精华的。因此可见"六经"无一非史，后人于史以外，别立为经，推尊过甚，更有些近于宗教。实在周末还不如此，此风乃起于汉时。

秦始皇焚书坑儒，"六经"也遭一炬，其后治经者遂有今文家、古文家之分。今文家乃据汉初传经之士所记述的。

现在要讲今文家，先把今文家的派别，立一简单的表：

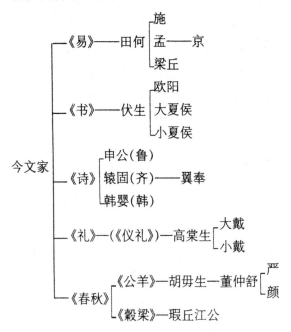

汉初，田何传《易经》，伏生口授《尚书》，齐、鲁、韩三家治《诗经》，高棠生传《礼经》，胡毋生治《公羊》，瑕丘江公治《穀梁》，那时除了《乐经》以外，"五经"都已完备；后来《易》分四家，《诗》、《书》各分三家，《礼》分二家，《公羊》分二家，汉室设学官，立十四博士——《穀梁》不在内——即以上十四家。十四博士在汉初还没十分确定，在西汉末年才确定下来。

今文家所讲的，虽非完全类乎宗教，但大部分是倾向在这一面的。《易》四家中，施和梁丘二家，我们已不能见，且莫论他；京氏治《易》，专重卜筮，传至汉末虞翻，则更多阴阳卜筮之说。《尚书》三家中欧阳也不可考，大、小夏侯则欢喜讲《洪范》五行之说，近于宗教；汉人治《尚书》，似乎最欢喜《洪范篇》。《诗经》三家中，申公所说，没甚可怪；

《韩诗外传》——《内传》已失——也没甚可怪的地方；惟翼奉治诗，却拿十干十二支比附《诗经》了。高棠生的《仪礼》，已不可知；大、小戴中——现在所谓二戴，非汉时的大、小戴——也有不少离奇的话。《公羊》的记载，虽和事实相差很远，还没甚么可怪，但治《公羊》的今文家，却奇怪极了。胡毋生的学说，我们已不能见；即颜、严二家的主张也无从考出；但董仲舒的《春秋繁露》，却多怪话。汉末何休注《公羊》，不从颜、严二家之说，自以为是胡毋生嫡派，他的怪话最多，照他说来，直是孔子预知汉室将兴而作《春秋》，简直是为汉预制宪法；所以那时有"《春秋》为汉制法"的话。孔子无论是否为预言家，孔子何至和汉家有这么深厚的感情呢？

汉代学者以为古代既有"经"必有"纬"，于是托古作制，造出许多"纬"来；同时更造"谶"。当时"纬书"，种类繁多，现在可查考的只有《易纬》八种；明孙毂《古微书》中辑有纬书很多。《易纬》所讲的是时令节气，仅如《月令》之类；《春秋纬》载孔子著《春秋》、《孝经》告成，跪告天，天生彩云，下赐一玉等话，便和耶稣《创世纪》相类了。"谶"是"河图"一类的书，专讲神怪，说能先知未来，更近于宗教了。"纬书"西汉末年才出现，大概今文学家弟子迎合当时嗜好推衍出来的。

"经"有兼今古文的，也有无今文而有古文的，也有无古文而有今文的。汉代古文学家，可以列如下表：

古文学 ⎧
《易》——费氏
《书》——孔氏
《诗》——毛氏
《礼》——桓公（据刘歆语）
《春秋》——左氏
⎭

《仪礼》——当时称为《士礼》——在古文今文，只为文字上的差别。《周礼》在汉初不以为经典，东汉始有杜子春和二郑替彼注释。此外，今古文便各自为别了。

今古文的区别，本来只在文字版本上。因为"六经"遭秦火，秦代遗老就所能记忆的，用当代语言记出，称为今文；后来从山崖屋壁发现古时原本，称为古文；也不过像近代今板古板的分别罢了。但今文所记忆，和古文所发现的篇幅的多少，已有不同；今文家所主张和古文家所说，根本上又有不同；因此分道扬镳。古文家异于今文家之点，在下文细说：

一、《易》以费氏为古文家，是刘向定的；因为刘向校书时，就各家《易经》文字上看，只有费氏相同，所以推为古文家。以《易》而论，今古文也还只文字上的不同。

二、鲁恭王发孔壁得《尚书》，《尚书》的篇数就发生问题；据《书传》——太史公曰"《书传》、《礼记》自孔氏"，可见孔安国家藏《书传》，确自孔壁得来。——称《书序》有百篇，而据伏生所传只有二十九篇（可分为三十四篇）；壁中所得却有四十六篇（可分为五十八篇），相差已十七篇。并且《书传》所载和今文更有许多不同的地方；孟子是当时善治《诗》、《书》的学者，他所引的"葛伯求饷"、"象日以杀舜为事"等等，在今文确是没有的，可见事实上又不同了。

三、《诗》因叶韵易于记忆，当时并未失传，本无今古文之分。毛氏所传《诗》三百十一篇，比三家所传多"笙诗"六篇；而所谓"笙诗"也只有名没有内容的。《毛诗》所以列于古文，是立说不同。他的立说，关于事实和《左传》相同；关于典章制度和《周礼》相同；关于训诂，又和《尔雅》同的。

四、郑康成注《仪礼》，并存古今文。大概高棠生传十七篇和古文无大出入。孔壁得《礼》五十六篇，比高棠生多三十九篇，这三十九篇和今文中有大不同之点：今文治《礼》，是"推士礼致于天子"，全属臆测的；此三十九篇却载士以上的礼很多。二戴的主张，原不可考；但晋人贺循引《礼》，是我们可据以为张本的。

五、"《左氏》多古文古言"。《汉书·艺文志》说：《左氏传》是张苍所献。贾谊事张苍，习《左氏传》，所以《贾谊新书》引《左氏传》的地方很多。《左氏传》的事实，和《公羊》多不相同。《穀梁》中事实较《公羊》确实一些，也和《左氏》有出入。至经文本无不同，但《公羊》、《穀梁》是十一篇，《左氏》有十二篇，因《公》、《穀》是附闵于庄的。闵公只有三年，附于庄公，原无大异；但何休解《公羊》，却说出一番理由来，以为"孝子三年无改于父道"，故此附闵于庄了。

六、《周礼》，汉时河间献王向民间抄来，马融说是"出自山崖屋壁"的。这书在战国时已和诸侯王的政策不对，差不多被毁弃掉；所以孟子说："其详不可得闻也；诸侯恶其害己也，而皆去其籍。"《荀子》中和《周礼》相合的地方很多，或者他曾见过。孟子实未见过《周礼》，西汉人亦未见过；《礼记·王制篇》也和《周礼》不同。孟子答北宫锜说："公侯皆方百里，伯七十里，子男五十里"，《周礼》却说是"公五百里，侯四百里，伯三百里，子二百里，男一百里"。《王制》讲官制是"三公，九卿，二十七大夫，八十一元士"。但古代王畿千里，几和现在江苏一般大小，这一百二十个官员，恐怕不够吧！《周礼》称有三百六十官，此三百六十官亦为官名而非官缺，一官实不止一人，如就府吏胥徒合计，当时固有五万馀员。

又有在汉时称为传记的，就是《论语》和《孝经》二书。《论语古论》、《齐论》、《鲁论》之分，《古论》是出自孔氏壁中的。何晏治《论语》参取三家，不能分为古今文。不过王充《论衡》称《论语》之《古论》有百多篇，文字也难解，删繁节要也有三十篇，而何晏说："《鲁论语》二十篇；《齐论语》别有《问王》、《知道》等，凡二十二篇；《古论》出孔氏壁中，分《尧曰》下章《子张问》以为一篇，凡二十一篇。"篇数上又有出入。《汉书·艺文志》有《孔子家语》及《孔子徒人图法》二书，太史公述仲尼弟子，曾提及《弟子籍》一书，三十篇中或者有以上三书在内。《孝经》，在《汉书·艺文志》也说出自孔壁，汉代治《孝经》的已无可考，我们所见的是唐玄宗的注释。又有《论语谶》、《孝经谶》二书，怪语很多，可存而不论。

宋代所称"十三经"，是合《易》、《尚书》、《周礼》、《仪礼》、《礼记》、《诗》、《左传》、《公羊》、《穀梁》、《论语》、《孝经》、《孟子》、《尔雅》而说的；这只是将诸书汇刻，本无甚么深义，后人遂称为"十三经"了。《汉书·艺文志》扩充"六艺"为九种，除《易》、《诗》、《书》、《礼》、《乐》、《春秋》为"六艺"外，是并《论语》、《孝经》、"小学"在内的。

汉代治经学，崇尚今文家的风气，到了汉末三国之间，渐趋销熄；汉末郑康成治经，已兼重古文和今文；王肃出，极端地相信古文。在汉代没曾立学官的，三国也都列入学官；因此今文家衰，古文家代兴。

三国时古文家的色彩很鲜明，和汉代有不可混的鸿沟：

《诗》——汉用三家，三国时尚毛；

《春秋》——汉用《公羊》，三国时尚《左氏》；

《易》——汉有施、孟、梁丘、京四家；三国只崇尚郑康成和王弼的学说；

《仪礼》——没有大变更；

《周礼》——汉不列学官，三国列入学官。

学者习尚既变，在三国魏晋之间，所有古文家学说都有人研究；就是从前用今文家的，到此时也改用古文家了。

古文家盛行以后，自己又分派别；以《易》而论：王弼主费氏，郑康成也主费氏，各以己意注释，主张大有不同；因为费氏只是文字古体，并无他的学说的。治《毛诗》的，有郑康成、王肃，意见有许多相反。治《左传》的，汉末有服虔——只解传不解经的，晋有杜预，两家虽非大不同，其中却也有抵触之处；原来汉人治《左氏》，多引《公羊》，并由

《公羊》以释经，自己违背的地方很多；杜预《春秋释例》将汉人学说一一驳倒，在立论当中，又有和服虔的主张相反的。《尚书》郑康成有注，郑本称为古文的，但孔安国古本已失，郑本也未必是可靠；我们就和马融、郑康成师生间的立说不同、文字不同，也可明白了。东晋时梅颐的伪古文《尚书》出，托名孔安国，将《汉书·艺文志》所称正十八篇推衍出来，凡今文有的，文字稍有变更，今文所无的，就自己臆造，这书当时很有人信他。

南北朝时南北学者的倾向颇有不同：

《易》——北尊王弼，南尊郑康成；

《毛诗》——南北无十分异同；

《左传》——北尊服虔，南尊杜预；

《尚书》——北尊郑康成，南用伪古文《尚书》。

唐初，孔颖达、贾公彦出而作注疏，产生"五经"、"七经"的名称。"五经"是孔颖达所主张的，贾公彦益以《周礼》、《仪礼》就称"七经"，后更附以《公羊》、《穀梁》（《公羊》用何休，《穀梁》用范宁），就是唐人通称的"九经"。孔颖达，曲阜人，当时北方人多以为北不如南，所以他作注疏多采用南方；因此《易》不用王而用郑，《左》不用服而用杜了。唐人本有"南学"（按即南北朝时南朝的经学。承魏晋学风，兼采众说，不拘家法，随意发挥，又受佛教影响，是宋代理学的渊源）、"北学"（按即南北朝时北朝的经学。墨守东汉旧说，以章句训诂为主，不愿别出新义。学风保守，撰述亦少）之分，后来北并于南，所有王弼、服虔的学说，因此散失无遗。

唐代轻学校而重科举，取士用"明经"、"进士"二科（明经科讨论经典，进士科策论应试），学者对于孔氏的学说不许违背，因此拘束的弊病，和汉代立十四博士不相上下，并且思想不能自由，成就很少；孔、贾而外，竟没有卓异的经学家了。

《仪礼·丧服》是当时所实用的，从汉末至唐，研究的人很多并且很精，立说也非贾《疏》所能包；这是特例。

宋代典章制度，多仍唐时之旧，宋人拘守唐人的注疏，更甚于唐人，就是诗赋以经命名的，也不许抵触孔、贾的主张；当时有人作"当仁不让于师赋"，将"师"训作"众"，就落第了。邢昺作《论语》、《孝经》疏，拘守孔、贾所已引用的，已是简陋，那些追随他们的后尘的，更是陋极。宋代改"明经科"为"学究科"，这"学究"两字是他们无上的诨号。

在思想不能自由发展环境之下，时势所趋，不能不有大变动，因此宋代学者的主张就和以前趋于相反的方向了。揭反向旗帜的人，首推孙复：他山居读书，治《春秋》以为三传都不可靠；这种主张，在唐人已有赵匡、啖助创议于先，孙不过推衍成之。继孙复而起，是欧阳修，他改窜《诗经》的地方很多，并疑《易》的《系辞》非出自孔氏；立说之中很多荒谬，因为他本是文人，非能说经的。同时有刘敞（字原甫）说经颇多，著有《七经小记》，原本今虽不存，但从别书考见他的主张，虽和注疏背驰，却不是妄想臆测。神宗时王安石治经，著有《三经新义》，当时以为狂妄；原书已难考见，但从集中所引用的看来，也不见得比欧阳修更荒谬；想是宋人对于王安石行为上生怨恶，因此嫌弃他的学说。王的学说，传至弟子吕惠卿辈，真是荒谬绝伦，后来黄氏（按即宋人黄朝英）有《缃素杂记》，把《诗经》看作男女引诱的谈论，和《诗经》的本旨就相去千里了。

宋儒治经以意推测的很多。南宋朱文公（按即朱熹）凭他的臆测酿成很多谬误。朱氏治经，有些地方原有功于经，但是功不能掩过；现且分别指明：

一、《易经》本为十二篇，郑、王合《象辞》于经，已非本来面目，朱氏分而出之，是他的功；他取陈抟的《河图》、《洛书》并入《易经》——《河图》、《洛书》由陈抟传至邵康节（按即邵雍），再传至朱文公，他就列入《易经》；有清王懋竑为朱文公强辩，谓《河图》、《洛书》非朱文公所列，那就太无谓了；因为朱文公对于道士炼丹之术，很有些相信，他曾替《参同契》（汉时道家书）作注释，在书上署名"空同道士邹炘"，"邹"、"朱"双声，"炘"、"熹"通训，他的本名已隐在里面了。——这是他的过。分《易》是还原，为功很小；增《河图》、《洛书》是益迷信，过很大；可以说是功不掩过。

二、朱文公从文章上，怀疑伪古文《尚书》，开后人考据的端绪，是他的功，他怀疑《书序》（今文所无、古文所有）也是伪托，他的弟子蔡沈作《集传》，就不信《书序》，是他的过；这可说是功过相当。

三、古人作诗托男女以寓君臣，《离骚》以美人香草比拟，也同此意。朱文公对于《诗序》（唐时《本事诗》相类）解诗指为国事而作，很不满意；他迳以为是男女酬答之诗，这是不可掩的过。当时陈傅良反对朱文公，有"城阙为偷期之所，彤管为行淫之具"等语。（不见于今《诗传》，想已删去。）清人亦有指斥朱文公释《丘中有麻》诗为女人含妒意为不通者。

与朱文公同时有吕东莱（按即吕祖谦）治《毛诗》很精当，却不为时人所重。元代朱子学说大行，明代更甚；在这二代中，经学一无足观，士子受拘束也达极点，就激成清代的大反动。

清初，毛奇龄（号西河）首出反对朱子的主张，毛为文人，于经没彻底的研究，学说颇近王阳明；他驳斥朱子的地方固精当，他自己的主张和朱子一般荒谬；朱子注《四子书》，也有援引原注的，毛也一并指斥无馀了。继起为胡渭（朏明），他精研地理，讲《禹贡》甚精当，对于《河图》、《洛书》有重大的抨击。在那时双方各无所根据，凭主观立论，都不能立在不败之地，汉学便应运而起。

阎若璩力攻古代书籍，已和汉学接近，不过对于朱子，不十分叛离，有许多地方仍援用朱说的。后江慎修（按即江永）出，对于音韵有研究，也倾向到汉学，但未揭明汉学的旗帜。

揭汉学旗帜的首推惠栋（定宇）——苏州学派，他的父亲惠士奇著《礼说》、《春秋说》已开其端，定宇更推扬之，汉学以定。他所谓汉学，是摈斥汉以下诸说而言。惠偏取北学，著有《九经古义》、《周易述》、《明堂大道录》等书，以《周易述》得名。后惠而起有戴震（东原），他本是江永的弟子，和惠氏的学说不十分相同，他著有《诗经小传》等书，不甚卓异。

就惠、戴本身学问论，戴不如惠，但惠氏不再传而奄息，戴的弟子在清代放极大异彩，这也有二种原因：

甲，惠氏墨守汉人学说，不能让学者自由探求、留发展馀地；戴氏从音韵上辟出新途径，发明"以声音合文字，以文字考训诂"的法则；手段已有高下。

乙，惠氏揭汉学的旗帜，所探求的只是汉学，戴氏并非自命为汉学，叫人从汉学上去求新的发见，态度上也大有不同。

戴氏的四弟子，成就都很多，戴氏不过形似汉学，实际尚含朱子的臭味，他的弟子已是摈除净尽了。今将其四弟子分别说明如下：

一、孔广森讲音韵极精，著有《诗声类》一书；

二、任大椿著有《弁服释例》一书，很确实的；

三、段玉裁以《六书音韵表》、《说文解字注》闻名；

四、王念孙本非戴的传经学生，戴在王家教授时，只不过教授些时文八股，王后来自有研究，所发明的比上列三家较多，《广雅疏证》一书，很为学者所重。

上列四家，孔、任尚近汉学，段已和汉学不同，王才高学精，用汉学以推翻汉学，诚如孟子所谓"逢蒙学射于羿，尽羿之道，于是杀羿"了。

王念孙及其子引之著《经义述闻》，引用汉代训诂，善于调换，于诸说中采其可通者，于是诘屈聱牙的古书，一变而为普通人所能懂得了。历来研究经学的，对于名词、动词有人研究；关于助词，都不知讨论；王氏父子著《经传释词》，于古书助词之用法，列举无遗，实于我们研究上有莫大的便利，如《孟子》中"然而无有乎尔，则亦无有乎尔"二句，本不易解，王氏训"乎尔"为"于此"、"于彼"，便豁然可悟了。我以我们不看《经传释词》，也算是虚词不通。

上列二派，在清代称为"汉学"，和"宋学"对立，厥后崛起的为"常州派"，是今文学家。

"常州派"自庄存与崛起，他的外甥刘逢禄、宋翔凤承继他的学说。庄氏治《公羊》，却信东晋《古文尚书》，并习《周礼》；刘氏亦讲《公羊》，却有意弄奇；康有为的离奇主张，是从他的主张演绎出来的；但他一方面又信《书序》。这两人不能说纯粹的今文学家。朱氏（按疑当为宋氏，宋翔凤）以《公羊》治《论语》，极为离奇，"孔教"的促成，是由他们这一班人的。今文学家的后起，王闿运、廖平、康有为辈一无足取，今文学家因此大衰了。

今文学家既衰，古文学家又起，孙诒让是一代大宗，《周礼正义》一书，颇为学者所重；在他以外，考典章制度原有江永、惠士奇（作《礼说》）、金榜（著《礼笺》）、金鹗（作《求古录》）、黄以周（著《礼书通故》）等人，但和他终有上下床之别。自孙诒让以后，经典大衰。像他这样大有成就的古文学家，因为没有卓异的今文学家和他对抗，竟因此经典一落千丈，这是可叹的。我们更可知学术的进步，是靠着争辩，双方反对愈激烈，收效方愈增大。我在日本主《民报》笔政，梁启超主《新民丛报》笔政，双方为国体问题辩论得很激烈，很有色彩；后来《新民丛报》停版，我们也就搁笔，这是事同一例的。

自汉分古、今文，一变而为南、北学之分，再变而为汉、宋学之分，最后复为今、古文，差不多已是反原，经典的派别，也不过如此罢。

第三章　国学之派别（二）

——哲学之派别

　　"哲学"一名词，已为一般人所通用，其实不甚精当；"哲"训作"知"，"哲学"是求知的学问，未免太浅狭了。不过习惯相承，也难一时改换，并且也很难得一比此更精当的。南北朝号"哲学"为"玄学"，但当时"玄"、"儒"、"史"、"文"四者并称，"玄学"别"儒"而独立，也未可用以代"哲学"。至宋人所谓"道学"和"理学"是当时专门名辞，也不十分适用。今姑且用"哲学"二字罢。

　　讨论哲学的，在国学以子部为最多；经部中虽有极少部分与哲学有关，但大部分是为别种目的而作的。以《易》而论，看起来像是讨论哲学的书，其实是古代社会学；只《系辞》中谈些哲理罢了。《论语》，后人称之为"经"，在当时也只算是子书；此书半是"伦理道德学"，半是论哲理的。"九流"的成立，也不过适应当时需求；其中若"纵横家"是政客的技术，"阴阳家"是荒谬的迷信，"农家"是种植的技艺，"杂家"是杂乱的主张，都和哲学无关。至和哲学最有关系的，要算儒、道二家；其他要算"法家"、"墨家"、"名家"了。"道家"出于史官，和《易》相同。老、庄二子的主张，都和哲学有牵涉的。管子也是道家，也有小部分是和哲学有关的。儒家除《论语》一书外，还有《孟子》、《荀子》都曾谈谈哲理。名家是治"正名定分之学"，就是现代的"伦理学"，可算是哲学的一部分。尹文子、公孙龙子，和庄子所称述的惠子，都是治这种学问的。惠子和公孙龙子主用奇怪的论调，务使人为我所驳倒，就是希腊所谓"诡辩学派"。《荀子·正名篇》，研究"名学"也很精当。墨子本为宗教家，但《经上》、《经下》二篇，是极好的名学。法家本为应用的；而韩非子治法家之学，自谓出于老子，他有《解老》、《喻老》二篇，太史公也把他和老、庄合传，其中有一部分也有关哲理的。儒家、道家和法家的不同，就在出发点上；儒、道二家是以哲理为基本而推衍到政治和道德的，法家是旁及哲理罢了。他如宋轻（按即宋钘），《汉书·艺文志》把他归在小说家，其实却有哲理的见解。庄子推宋轻为一家，《荀子·解蔽篇》驳宋轻的话很多，想宋轻的主张，在当时很流行，他是主张非兵的。宋轻所以算做小说家，因为他和别家不同；别家是用高深的学理，和门人研究；他是逢人便说，陈义很浅的。

周秦诸子，道、儒两家所见独到；这两家本是同源，后来才分离的。《史记》载孔子受业于徵藏史，已可见孔子学说的渊源。老子道德的根本主张，是"上德不德"，就是无道德可见，才可谓之为真道德；孔子的道德主张，也和这种差不多。就是孟子所谓"由仁义行，非行仁义也"，也和老子主张一样的。道、儒两家的政治主张，略有异同；道家范围大，对于一切破除净尽；儒家范围狭小，对于现行制度，尚是虚与委蛇；也可以说是"其殊在量，非在质也"。老子为久远计，并且他没有一些名利观念，所以敢放胆说出；孔子急急要想做官，竟是"三月无君，则皇皇如也"，如何敢放胆说话呢！

儒家之学，在《韩非子·显学篇》说是"儒分为八"，有所谓颜氏之儒。颜回是孔子极得意门生，曾承孔子许多赞美，当然有特别造就。但孟子和荀子是儒家，记载颜子的话很少，并且很浅薄；《庄子》载孔子和颜回的谈论却很多。可见颜氏的学问，儒家没曾传，反传于道家了。《庄子》有极赞孔子处，也有极诽谤孔子处；对于颜回，只有赞无议，可见庄子对于颜回是极佩服的。

庄子所以连孔子也要加抨击，也因战国时学者托于孔子的很多，不如把孔子也驳斥，免得他们借孔子作护符。照这样来看，道家传于孔子为儒家；孔子传颜回，再传至庄子，又入道家了。至韩退之以庄子为子夏门人，因此说庄子也是儒家；这是"率尔之论，未尝订入实录"。他因为庄子曾称田子方，遂谓子方是庄子的先生；那么，《让王篇》也曾举曾原、则阳、无鬼、庚桑诸子，也都列名在篇目，都可算做庄子的先生吗？

孟子，《史记》说他是"受业子思之门"；宋人说子思是出于曾子之门，这是臆测之词，古无此说。《中庸》中虽曾引曾子的话，也不能断定子思是出于曾子的。至谓《大学》是曾子所作，也是宋人杜撰，不可信的。子思在《中庸》所主张，确含神道设教的意味，颇近宗教；《孟子》却一些也没有。《荀子·非十二子篇》，对于子思、孟子均有诽议，说他们是信仰五行的。孟子信五行之说，今已无证据可考，或者外篇已失，内篇原是没有这种论调的。子思在《礼记》中确已讲过五行的话。

荀子的学问，究源出何人，古无定论。他尝称仲尼、子弓；子弓是谁，我们无从考出。有人说，子弓就是子张；子张在孔子门人中不算卓异的人才，如何会是他呢？今人考出子弓就是仲弓，这也有理。仲弓的学问，也为孔子所赞许，造就当有可观。郑康成《六艺论》，说仲弓是编辑《论语》的。而《荀子》一书，体裁也是仿效《论语》的，《论语》以《学而》始，以《尧曰》终；荀子也以《劝学》始，以《尧问》终。其中岂非有蛛丝马迹可寻吗？荀子和孟子虽是都称儒家，而两人学问的来源大不同。荀子是精于制度典章之学，所以"隆礼仪而杀《诗》、《书》"，他书中的《王制》、《礼论》、《乐论》等篇，可推独步。孟子通古今，长于《诗》、《书》，而于《礼》甚疏；他讲王政，讲来讲去，只有"五亩之宅，树之以桑；鸡豚狗彘之畜，无失其时；百亩之田，勿夺其时"等话，简陋不堪，那能及荀子的博大！但孟子讲《诗》、《书》，的确好极，他的小学也很精，他所说："庠者，养也；洚水者，洪水也；畜君者，好君也"等等，真可冠绝当代！由他们两人根本学问的不同，所以产生"性善"、"性恶"两大反对的主张；在荀子主礼仪，礼仪多由人为的，因此说人性本恶，经了人为，乃走上善的路。在孟子是主《诗》、《书》；《诗》是陶淑性情的，《书》是养成才气的，感情和才气都自天然，所以认定人性本善的。两家的高下，原难以判定。韩退之以大醇小疵定之，可谓鄙陋之见。实在汉代治儒家之学，没有能及荀、孟两家了。

告子，庄子说他是兼学儒、墨，孟子和他有辩驳，墨子也排斥他的"仁内义外"的主张。墨、孟去近百年，告子如何能并见？或者当时学问是世代相传的。告子的"生之为性，无善无不善"的主张，看起来比荀、孟都高一着。荀、孟是以所学定其主张，告子是超乎所学而出主张的。告子口才不及孟子，因此被孟子立刻驳倒。其实，孟子把"犬之性犹牛之性，牛之性犹人之性与？"一语难告子，告子也何妨说"生之为性，犬之生犹牛之生，牛之生犹人之生"呢？考"性"亦可训作"生"，古人所谓"毁不灭性"的"性"字，就是"生"的意义。并且我们也常说"性命"一语呢！

道家的庄子以时代论，比荀子早些，和孟子同时，终没曾见过一面。庄子是宋人，宋和梁接近；庄子和惠子往来，惠子又为梁相，孟子在梁颇久，本有会面的机会；但孟子本性不欢喜和人家往来，彼此学问又不同，就不会见了。

庄子自以为和老子不同，《天下篇》是偏于孔子的。但庄子的根本学说，和老子相去不远。不过老子的主张，使人不容易捉摸，庄子的主张比较的容易明白些。

庄子的根本主张，就是"自由"、"平等"，"自由平等"的愿望，是人类所共同的，无论哪一种宗教，也都标出这四个字。自由平等见于佛经；"自由"，在佛经称为"自在"。庄子发明自由平等之义，在《逍遥游》、《齐物论》二篇；"逍遥游"者，自由也，"齐物论"者，平等也。但庄子的自由平等，和近人所称的，又有些不同。近人所谓"自由"，是在人和人的当中发生的，我不应侵犯人的自由，人亦不应侵犯我的自由。《逍遥游》所谓"自由"，是归根结底到"无待"两字；他以为人与人之间的自由，不能算数；在饥来想吃，寒来想衣的时候，就不自由了。就是列子御风而行，大鹏自北冥徙南冥，皆有待于风，也不能算"自由"。真自由惟有"无待"才可以做到。近人所谓平等，是指人和人的平等，那人和禽兽草木之间，还是不平等的。佛法（按佛教名词，指佛教各种教义和佛教"真理"）中所谓平等，已把人和禽兽平等。庄子却更进一步，与物都平等了。仅是平等，他还以为未足；他以为"是非之心存焉"，尚是不平等，必要去是非之心，才是平等。庄子临死有"以不平平，其平也不平"一语，是他平等的注脚。

庄子要求平等自由，既如上述。如何而能达到平等自由，他的话很多，差不多和佛法相近。《庄子·庚桑楚篇》，朱文公说他全是禅（宋人凡关于佛法，皆称为"禅"），实在《庚桑楚篇》和"禅"尚有别，和"佛法"真很近了。庄子说"灵台者有持"，就是佛法的"阿陀那识"，"阿陀那"意即"持"；我们申而言之，可以说，眼目口鼻所以能运动自由，都有"持之者"，即谓"持生之本也"。《庄子》又有《德充符篇》，其中有王骀者，并由仲尼称述他的主张；是否有此人，原不可知，或是庄子所假托的。我们就常季所称述"彼为己，以其知得其心；以其心得其常心"等语，是和佛法又相同的。"知"就是"意识"；"心"就是"阿陀那识"，或称"阿赖耶识"，简单说起来就是"我"；"常心"就是"庵摩罗识"，或称"真如心"，就是"不生不灭之心"。佛家主张打破"阿赖耶识"，以求"庵摩那识"。因为"阿赖耶识"存在，人总有妄想苦恼；惟能打破生命之现象，那"不生不灭之心"才出现。庄子求常心，也是此理。他也以为常心是非寻常所能知道的。庄子"无我"的主张，也和佛法相同。庄子的"无我"和孔子的"毋我"、颜子的"克己复礼"也相同，即一己与万物同化，今人所谓融"小我"于"大我"之中。这种高深主张，孟、荀见不到此；原来孔子也只推许颜回是悟此道的。所以庄子面目上是道家，也可说是儒家。

自孔子至战国，其间学说纷起，都有精辟的见解，真是可以使我们景仰的。

战国处士横议，秦始皇所最愤恨，就下焚书坑儒等凶辣手段。汉初虽有人治经学，对于"九流"，依旧怀恨，差不多和现在一般人切齿政客一般。汉武帝时，学校只许读经学，排斥诸子百家了。

汉初经学，一无可取，像董仲舒、公孙弘辈，在当时要算通博之儒，其他更何足论！西汉一代，对于哲理有精深研究的，只有扬雄一人。韩退之把荀、扬并称，推尊他已达极点。实在扬雄的学说，和荀、孟相差已多；秦汉以后的儒家，原没有及荀、孟的。不过扬雄在当时自有相当的地位和价值。西汉学者迷信极重，扬雄能够不染积习，已是高人一着。他的《法言》，全仿《论语》，连句调都有些模拟；但终究不及《荀子》。宋人说："荀子才高，扬子才短"，可称定评。

东汉学者迷信渐除，而哲理方面的发现仍是很少。儒家在此时渐出，王符《潜夫论》、王充《论衡》，可称为卓异的著述。王符专讲政治，和哲理无关。王充（也有归入杂家的）在《论衡》中几于无迷不破，《龙虚》、《雷虚》、《福虚》等篇，真是独具只眼。他的思想，锐敏已极，但未免过分，《问孔》、《刺孟》等篇，有些过当之处。他又因才高不遇，命运一端，总看不破，也是遗恨。王充破迷信高出扬雄之上，扬雄新见解也出王充之上，这两人在两汉是前后辉映的。

汉人通经致用，最为曹操所不欢喜；他用移风易俗的方法，把学者都赶到吟咏一途；因此三国的诗歌，很有声色。这是曹操手段高出秦始皇处。

魏晋两朝，变乱很多，大家都感着痛苦，厌世主义因此产生。当时儒家迂腐为人所厌，魏文帝辈又欢喜援引尧舜，竟要说"舜禹之事，吾知之矣"。所以，"竹林七贤"便"非尧舜，薄汤武"了。七贤中嵇康、阮籍辈的主张和哲学没有关系，只何晏、王弼的主张含些哲学。何晏说"圣人无情"，王弼说"圣人茂于人者神明，同于人者五情"，这是两个重要的见解。郭象承何晏之说以解《庄子》，他说："子哭之恸，在孔子也不过人哭亦哭，并非有情的。"据他的见解，圣人竟是木头一般了。佛法中有"大乘"、"小乘"（按大乘、小乘是佛教派别名），习"小乘"成功，人也就麻木，习"大乘"未达到成佛的地位，依旧有七情的。

自魏晋至六朝，其间佛法入中国，当时治经者极少，远公（按即晋释慧远）是治经的大师。他非但有功佛法，并且讲《毛诗》、讲《仪礼》极精；后来治经者差不多都是他的弟子。佛法入中国，所以为一般人所信仰，是有极大原因：学者对于儒家觉得太浅薄，因此弃儒习老、庄，而老、庄之学，又太无礼法规则，彼此都感受不安；佛法合乎老、庄，又不猖狂，适合脾胃，大家认为非此无可求了。当时《弘明集》治佛法，多取佛法和老、庄相引证；才高的人，都归入此道，猖狂之风渐熄。

历观中国古代，在太平安宁之时，治哲学的极少，等到乱世，才有人研究。隋唐统一天下，讲哲理的只有和尚，并且门户之见很深，和儒家更不相容。唐代读书人极不愿意研究，才高的都出家做和尚去。我们在这一代中，只能在文人中指出三人：一、韩昌黎，二、柳子厚，三、李翱。韩昌黎见道不明，《原道》一篇，对于释、老只有武断的驳斥。柳子厚较韩稍高，他以为天是无知的。李翱（韩昌黎的侄倩）是最有学识的文人，他著《复性篇》说"斋戒其心，未离乎情；知本无所思，则动静皆离"，和禅宗（按禅宗为中国佛教宗派，以专修"禅定"而得名）很近了。李后来事药山（按唐代名僧），韩后来事大颠（按佛教禅宗南派惠能三传弟子，自号大颠和尚）；李和药山是意气相投，韩贬潮州以后，意气颓唐，不得已而习佛法的。韩习佛法，外面还不肯直认；和朋友通信，还说佛法外形骸是他所同意的。儒家为自己的体面计，往往讳言韩事大颠，岂不可笑！实在韩自贬潮州以后，人格就堕落，上表请封禅，就是献媚之举，和扬雄献符命有甚么区别呢？大颠对于韩请封禅一事，曾说："疮痍未起，安请封禅！"韩的内幕又被揭穿，所以韩对于大颠从而不敢违。韩对于死生利禄之念，刻刻不忘：登华山大哭、作《送穷文》，是真正的证据。韩、柳、李而外，王维、白居易也信佛，但主张难以考见，因为他们不说出的。

七国、六朝之乱，是上流社会的争夺；五代之乱，是下流社会崛起，所以五代学术衰微极了。宋初，赵普、李沆辈也称知理之人，赵普并且自夸"半部《论语》治天下"，那时说不到哲理。后来周敦颐出，才辟出哲理的新境域。在周以前有僧契嵩，著有《镡津文集》，劝人读《中庸》、《文中子》、扬子《法言》等书，是宋学（按宋儒理学，为别于汉学，称为宋学。也称为道学）的渊源。周从僧寿崖，寿崖劝周只要改头换面，所以周所著《太极图说》、《周子通书》，只皮相是儒家罢了。周的学说很圆滑，不易捉摸，和《老子》一般，他对二程只说："寻孔、颜乐处。"他终身寡言，自己不曾标榜，也可以说是道学以外的人。

二程都是周的弟子，对于"寻孔、颜乐处"一话，恐怕只有程明道（按即程颢）能做到。明道对人和颜悦色，无事如泥木人，他所著《定性篇》、《识仁篇》，和李翱相近；他说"不要方检穷索"，又说"与其是外而非内，不如内外两忘"；见解是很精辟的。伊川（按即程颐）陈义虽高，但他自尊自大，很多自以为是之处，恐怕不见得能得孔、颜乐处。邵康节（按即邵雍）以"生姜树头生"一语讥伊川，就是说他自信过甚。

邵康节本为阴阳家，不能说是儒家，他的学问自陈抟传来，有几分近墨子。张横渠（按即张载）外守礼仪颇近儒，学问却同于回教。佛家有"见病"一义，就是说一切所见都是眼病；张对此极力推翻，他是主张一切都是实有的。考回纥自唐代入中国，奉摩尼教，教义和回相近；景教在唐也已入中国，如清虚一大为天，也和回教相同；张子或许是从回教求得的。

北宋诸学者，周子浑然元气，邵子迷于五行，张子偏于执拗，二程以明道为精深，伊川殊欠涵养，这是我的判断。

南宋永嘉派承二程之学，专讲政治；金华派吕东莱辈，专讲掌故，和哲理无关。朱文公师事延平（按即李侗），承"默坐证心，体认天理"八字的师训。我们在此先把"天理"下一定义。"天"就是"自然"，"天理"

就是"自然之理"，朱文公终身对于"天理"，总没曾体认出来；生平的主张，晚年又悔悟了。陆象山（按即陆九渊）和朱相反对，朱是揭"道学问"一义，陆是揭"尊德性"一义。比较起来，陆高于朱，陆"先立乎其大者"，谓"'六经'注我，我不注'六经'"，是主张一切皆出自心的。朱主张"无极太极"，陆则以为只有"太极"，并无"无极"的。两人通信辩论很多，虽未至诋毁的地步，但悻悻之气，已现于词句间。可见两人的修养都没有功夫。陆象山评二程，谓"明道尚疏通，伊川锢蔽生"；实在朱、陆的锢蔽，比伊川更深咧。朱时守时变，陆是一生不变的。王荆公（按即王安石）为宋人所最嫉恶，惟陆以与王同为江西人，所以极力称颂，也可见他的意气了。明王阳明之学，本高出陆象山之上，因为不敢自我作古，要攻讦朱文公，不得不攀附于陆象山了。

陆象山的学生杨慈湖（简），见解也比陆高，他所著的《绝四记》、《己易》二书，原无甚精采，《己易》中仍是陆氏的主张；但杨氏驳《孟子》"求放心"和《大学》"正心"的主张说："心本不邪，安用正？心不放，安用求？"确是朱、陆所见不到的。黄佐（广东人）指杨氏的学说，是剽窃六祖惠能的主张，六祖的"菩提本非树，明镜亦非台，本来无一物，何处染尘埃？"一偈，确是和杨氏的主张一样的。

宋代的哲学，总括说起来：北宋不露锋芒，南宋锋芒太露了。这或者和南北地方的性格有关。

南宋，朱、陆两派，可称是旗鼓相当。陆后传至杨慈湖，学说是更高一步；在江西，陆的学说很流行，浙西也有信仰他的。朱的学说，在福建很流行，后来金华学派归附于他，浙东士子对朱很有信仰。

元朝，陆派的名儒，要推吴澄（草庐），但其见解不甚高。朱派仅有金华派传他的学说，金履祥（仁山）、王柏（会之）、许谦（白云），是这一派的巨擘。金履祥偶亦说经，立论却也平庸；许谦也不过如此；王柏和朱很接近，荒谬之处也很多，他竟自删《诗》了。

金华派传至明初，宋濂承其学，也只能说他是博览，于"经"于"理"，都没有什么表见。宋之弟子方孝孺（正学）对于理学很少说，灭族（按明成祖为燕王时，兵入南京，方不肯为之草写登极诏书，被杀，并灭十族——九族及方的学生，死者达八百七十馀人）以后，金华派也就式微。明初，陆派很不流行，已散漫不能成派；这也因明太祖尊朱太过之故。

明自永乐后，学者自有研究，和朱、陆都不相同，学说也各有建树。且列表以明之：

永乐时，薛、吴二人，颇有研究，立明代哲学之基。薛瑄（敬轩），陕西人，立论很平正，和朱文公颇相近；明人因为于谦被杀时，他居宰辅地位，不能匡救，很有微词，并且因此轻视他。吴与弼（康斋），家居躬耕，读书虽少，能主苦学力行，很为人所推重；后来他由石亨推荐出仕，对石亨称门下士，士流又引以为耻。

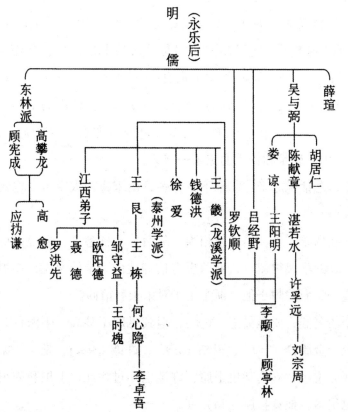

　　薛的学问，很少流传。吴的学问，流传较广；胡居仁、娄谅和陈献章三人，是他的学生。胡自己没有什么新的发明，明人对他也没有反对。娄的著作后来烧毁净尽，已无可考；不过王阳明是他的学生。陈在胡死后才著名，时人称为白沙先生。

　　明代学者和宋儒厘然独立，自成系统，自陈白沙始。宋人欢喜著书，并且有"语录"之类。陈白沙认著书为无谓，生平只有诗和序跋之类。他的性质，也和别人不同；初时在阳春坛静坐三年，后来只是游山赋诗，弟子从学也只有跟他游山。陈生平所最佩服的，只是"浴乎沂，风乎舞雩，咏而归，……吾与点也"这些话；对于宋儒都不看重，就是明道也不甚推重；他自以为濂溪（按濂溪即周敦颐）嫡派，终日无一时不乐的。白沙弟子湛若水，广东人，本"体认天理"一语，他以为无论何事，皆自然之规则。王阳明成进士时，和他交游，那时他学问高出王之上。后来，王别有研究，和他意见不甚相合；他自己讲学，流传颇广，知名的却很少。

　　王守仁（阳明）本是欢喜研究道教的，曾延道士至家，再四拜求。后来从娄谅游，成进士后又和湛往来，见解遂有变更；贬龙场驿丞（按王早年因反对宦官刘瑾被贬官）以后，阳明的学问大进。他看得世间别无可怕，只有死是可怕的，所以造石棺以尝死的况味；所主张的"致良知"，就在卧石棺时悟出。在贵州时有些苗民很崇拜他，从他讲求学问，阳明把"知行合一"和他们说。阳明的"知行合一"，和明道有些相同。明道以为曾经试行过，才算得"知"，没曾试行过，不能称为"知"，譬如不知道虎之凶猛的人，见虎不怕，受了虎的损害的，就要谈虎色变了。这类主张，渐变而为阳明的主张。阳明以为知即是行，也可说"知的恳切处即行，行的精粹处即知"。不过阳明的"知行合一"主张，是在贵州时讲的；后来到南京，专讲静坐；归江西后又讲"致良知"了。《传习录》是他在贵州时的产品，和后来有些不合。

　　阳明自悟得"致良知"以后，和朱文公不能不处于反对地位；并非专和朱反对，才有这些主张的。有人谓"致良知"的主张，宋胡宏在《胡子知言》已有讲起；阳明是否本之于胡，抑自己悟出，这是不能臆断的。阳明讲"良知"，曾攀附到孟子；实在孟子的"良知"，和他的殊不相同。孟子说："人之所不学而能者，其良能也；所不虑而知者，其良知也。孩提之童，无不知爱其亲者，及其长也，无不知敬其兄也。"可见他专就感情立论。阳明以为一念之生，是善是恶，自己便能知道，是溢出感情以外，范围较广了。孟子和阳明的不同，可用佛法来证明，《唯识论》里说：一念的发生，便夹着"相分"、"见分"、"自证分"、"证自证分"四项。且把这四个名词下一解释：

一、相分　"相分"就是"物色"，就是我们所念的。

二、见分　"见分"就是"物色此物色"，也就是我们所能念的。

三、自证分　念时有别一念同时起来，便是"自证分"。譬如我讲了后一句话，自己决不至忘了前一句话。便是"自证分"在那里主之。

四、证自证分　"自证分"的结果，便是"证自证分"。

再用例来说明：譬如，想到几年前的友朋，想到"他姓张或姓李"，后来忽然断定他是姓张，当时并不曾证诸记录或书籍的；这便是"相分，见分，自证分，证自证分"的联合了。依此来判良知，孟子所说是指"见分"，阳明是指"自证分，证自证分"的。可见阳明和孟子是不相关联的，阳明所以要攀附孟子，是儒家的积习：宋人最喜欢的是"喜怒哀乐之未发谓之中"，苏氏兄弟也尝说这话；实在《中庸》所说是专指感情的，宋人以为一切未发都算是中，相去很远了。还有"鸢飞鱼跃，活泼泼地"一语，也为宋人所最爱用，陈白沙更用得多。在《诗经》原意，不过是写景，（按《诗经·大雅·旱麓》第三章：鸢飞戾天，鱼跃于渊。岂弟君子，遐不作人。）《中庸》中"鸢飞戾天，鱼跃于渊，言其上下察也"一节也不过引用诗文来表明"明"的意思。"察，明也"；鸢在上见鱼，很明白地想要攫取；鱼在下见鸢也很明白，立刻潜避了。就是照郑康成的注解，训"察"为

"至"，也只说道之流行，虽愚夫愚妇都能明白，用鸢鱼来表示上下罢了；其中并没含快活的意思。宋人在"鸢飞鱼跃"下面，一定要加"活泼泼地"四字，和原意也不同了。——这些和阳明攀附孟子是一样的。

阳明"致良知"的主张，以为人心中于是非善恶自能明白，不必靠什么典籍，也不必靠旁的话来证明；但是第二念不应念，有了第二念自己便不明了。人以为阳明的学说，很宜于用兵；如此便不至有什么疑虑和悔恨。

晚年阳明讲"天泉证道"，王畿（龙溪）和钱德洪（绪山）是从游的。钱以为"无善无恶心之体，有善有恶心之动，知善知恶为致知，存善去恶为格物。"王和他不同，以为一切都是无善无恶的。阳明对于这两种主张，也不加轩轾于其间。

阳明的弟子，徐爱早死，钱德洪的学问，人很少佩服他。继承阳明的学问，要推王艮和王畿。王艮，泰州人，本是烧银的灶丁，名"银"，"艮"是阳明替他改的。他见阳明时，学问已博，初见时阳明和他所讲论，他尚不满意，以为阳明不足为之师，后来阳明再讲一段，他才佩服。他的学问，和程明道、陈白沙颇相近，有《学乐歌》："学是乐之学；乐是学之乐。"从他游的颇多寻常人，间有上流人，自己真足自命不凡的。王畿是狂放的举人，很诽议阳明的，后来忽又师事阳明了。黄梨洲（按即黄宗羲）《明儒学案》对于二王都有微词；他佩服的是阳明的江西弟子。

阳明的江西弟子，以邹守益、欧阳德、聂德、罗洪先为最有造就。罗自有师承，非阳明弟子，心里很想从阳明游，不能如愿，后来阳明也死了。阳明弟子强罗附王，他也就承认。罗的学问比他弟子高深得多；自己静坐有得，也曾访了许多僧道。他说："极静之时，但觉此心本体如长空云气，大海鱼龙；天地古今，打成一片。"黄佐对于罗的论调，最不赞同；以为是参野狐禅，否则既谓无物，那有鱼龙。实在，心虽无物而心常动；以佛经讲，"阿赖耶识"是恒转如瀑流，就是此意。罗所说"云气"和

"鱼龙"是表示动的意思，罗洪先自己确是证到这个地步，前人没有及他的了。

王时槐的学问自邹守益传来，见解颇精深。他说："纯无念时，是为一念，非无念也，时之至微者也。"譬如吾人入睡，一无所梦，这时真可算无念，但和死却有分别的。就佛法讲"意根恒审思量"，意根念念所想的什么？就是"我"，"我"就是"阿赖耶识"。我所以不忘这"我"，便因有了"意根"之故。"我"，寻常人多不疑，譬如自己说了一句话，决不会疑"这是谁说的？"至于其馀对象，我们总要生一种疑虑的。念念想着，和无念竟是差不多；我们从早晨起来感到热，继续热下去，也就感不到了。所以纯无念时，仍有一念。

王艮弟子王栋主张意与心有分，以为"意非心之所发，意为心之主者"。这种主张，和佛法说有些相同。佛法以"阿赖耶识"自己无作用，有了意根，才能起作用，也就是禅宗所谓"识得主人翁"的意思。刘宗周对于王栋的主张很多采取；栋自己看书不多，这种见解，的是证出的。

阳明、若水两派以外，有许多士子信仰吕泾野的主张。吕，陕西人，笃守礼教，和朱文公最相近；立言很平正，无过人处。当时所以能和湛、王并驾，这也因王的弟子，太不守礼法，猖狂使人生厌；那些自检的子弟，就倾向吕泾野了。原来何心隐习泰州之学，差不多和政客一般，张居正恨而杀之；李卓吾师事何心隐，荒谬益甚，当时人所疾首痛心的。这守礼教和不守礼教，便是宋、明学者的大别。宋儒若陆象山见解之超妙，也仍对于礼教拘守不敢离，既禁止故人子的挟妓，又责备吕东莱的丧中见客。明儒若陈白沙已看轻礼教，只对于名节还重视，他曾说："名节乃士人之藩篱。"王阳明弟子猖狂已甚，二王为更甚，顾亭林（按顾炎武）痛骂"王学"（即王阳明所创学派）也是为此。

湛、王学问，晚年已不相同，但湛弟子许孚远，却合湛、王为一。再传至刘宗周（蕺山），自己又别开生面，和湛、王都有些不同。刘主张"意非心之所发"，颇似王栋；"常惺惺"，也是他的主张；这主张虽是宋人已讲过，但他的功夫是很深的。

阳明附会朱文公《晚年定论》，很引起一般人的攻讦；同时有罗钦顺（整庵）和他是对抗的。罗的学问，有人说他是朱派，实在明代已无所谓纯粹朱派。罗的见解，又在朱之上，就说是朱派，也是朱派之杰出者。罗本参禅，后来归入理学，纠正宋儒之处很多。朱文公所谓"气质之性，义理之性"，罗表示反对，他说："义理乃在气质之中。"宋人于天理人欲纠缠不清；罗说："欲当即理。"这种见解，和王不同，较朱又高一着，所以能与阳明相抗衡。清戴东原（按即戴震）的主张，是师承罗的学说的。

明末，东林派高攀龙、顾宪成等也讲宋人学问，较阳明弟子能守规矩；他们有移风易俗的本意，所以借重礼法。不过党派的臭味太重，致召魏忠贤杀害的惨劫。清初，东林派还有流传，高愈、应㧑谦辈也只步武前人罢！

此外尚有李颙（二曲）也是名儒。李，陕西人，出身微贱，原是一个差役。他自己承认是吕派，实际是近王派的，所发见很不少。他每天坐三炷香，"初则以心观心，久之心亦无所观"，这是他的功夫。他尝说"一念万念"一句话。这话很像佛法，但是究竟的意思，他没有说出。我们也不知道他是说"一念可以抵万念呢"？抑或是"万念就是一念呢"？在佛法中谓：念念相接则生时间；转念速，时间长，转念慢，时间短；一刹那可以经历劫。李的本意，或许是如此。李取佛法很多，但要保持礼教面目，终不肯说出。"体用"二字，本出于佛法；顾亭林以此问他，他也只可说"宝物出于异国，亦可采取"了。

清代，理学可以不论，治朱之学远不如朱。陆陇其（稼书）、汤斌等隶事两朝，也为士林所不齿，和吴澄事元有什么分别呢？江藩作《宋学渊源记》，凡能躬自力行的都采入，那在清廷做官的，都在摈弃之列。

颜元（习斋）、戴震（东原），是清代大儒。颜力主"不骛虚声"，劝学子事礼、乐、射、御、书、数，和小学很相宜。戴别开学派，打倒宋学；他是主张"功利主义"，以为欲人之利于己，必先有利于人，并且反对宋人的遏情欲。

罗有高（台山）、彭绍升（尺木）研究王学的。罗有江湖游侠之气，很佩服李卓吾（按即李贽）；彭信佛法，但好扶乩；两人都无足取。

哲学的派别，既如上述，我们在此且总括地比较一下：以哲学论，我们可分宋以来之哲学、古代的九流、印度的佛法和欧西的哲学四种。欧西的哲学，都是纸片上的文章，全是思想，并未实验。他们讲唯心论，看着的确很精，却只有比量，没是现量，不能如各科学用实地证明出来。这种只能说是精美的文章，并不是学问。禅宗说"猢狲离树，全无伎俩"，是欧西哲学绝佳比喻；他们离了名相，心便无可用了。宋、明诸儒，口头讲的原有，但能实地体认出来，却也很多；比欧西哲学专讲空论是不同了。

再就宋以来的理学和九流比较看来，却又相去一间了。黄梨洲说："自阳明出，儒释疆界，邈若山河。"实在儒、释之界，宋已分明；不过儒、释有疆界，便是宋以后未达一间之遗憾。宋以后的理学，有所执着，专讲"生生不灭之机"，只能达到"阿赖耶恒动如瀑流"，和孔子"逝者如斯夫，不舍昼夜"地步；那"真如心"便非理学家所能见。孔子本身并非未尝执着，理学强以为道体如此，真太粗心了！

至于佛法所有奥妙之处，在九流却都有说及，可以并驾齐驱。佛法说"前后际断"；庄子的"无终无始，无几无时；见独而后，能无古今"，可说是同具一义的。佛法讲"无我"，和孔子的"毋我"、"克己复礼"，庄子的"无己恶乎得有有"，又相同了。佛家的"唯识唯心说"："心之外无一物；心有境无；山河大地，皆心所造"，九流中也曾说过；战国儒家公孙尼子说："物皆本乎心"，孟子说："万物皆备于我"，便是佛家的立意。佛家大乘断"所知障"，断"理障"；小乘断"烦恼障"，断"事障"。孔子说："我有知乎哉？无知也"；老子说："玄之又玄，众妙之门"，又说

"涤除玄览"；便是断"所知"和"理"障的了。佛法说："不生不灭"；庄子说："无古今而后入于不死不生"；"不死不生"就是"不生不灭"。佛法说"无修无证，心不见心，无相可得"。孟子说："望道而未之见"（道原是不可见，见道即非道）；庄子说："斯身非吾有也，胡得有乎道？"又相同了。照这么看来，"九流"实远出宋、明诸儒之上，和佛法不相出入的。

　　我们研究哲学，从宋人入手，却也很好，因为晋人空谈之病，宋人所无，不过不要拘守宋学，才有高深的希望。至于直接研究佛法，容易流入猖狂。古来专讲佛而不讲儒学的，多不足取；如王维降安禄山，张商英和蔡京辈往来，都是可耻的。因为研究佛法的居士，只有五戒，在印度社会情形简单，或可维持；中国社会情形复杂，便不能维持了。历来研究儒家兼讲佛法的，如李习之（按即李翱）、赵大州口不讳佛，言行都有可观。可见研究佛法，非有儒学为之助不可。

第四章　国学之派别（三）

——文学之派别

什么是文学？据我看来，有文字著于竹帛叫做"文"，论彼的法式叫做"文学"。文学可分有韵无韵二种：有韵的今人称为"诗"，无韵的称为"文"。古人却和这种不同。《文心雕龙》说："今之常言，有文有笔，有韵者文也，无韵者笔也。"范晔自述《后汉书》说："文患其事尽于形，情急于藻，义牵其旨，韵移其意"，"政可类工巧图缋，竟无得也"，"手笔差易，文不拘韵故也。"可见有韵在古谓之"文"，无韵在古谓之"笔"了。不过做无韵的固是用笔，做有韵的也何尝不用笔，这种分别，觉得很勉强，还不如后人分为"诗""文"二项的好。

古时所谓文章，并非专指文学；孔子称"尧、舜焕乎其有文章"，是把"君臣朝廷尊卑贵贱之序，车舆衣服宫室饮食嫁娶丧祭之分"叫做"文"，"八风从律，百度得数"叫做"章"；换句话说：文章就是"礼"、"乐"。后来范围缩小，文章专指文学而言。

文学中有韵无韵二项，后者比前者多。我们现在先讨论无韵的文。在讨论文的派别之先，把文的分类讲一讲，并列表以清眉目：

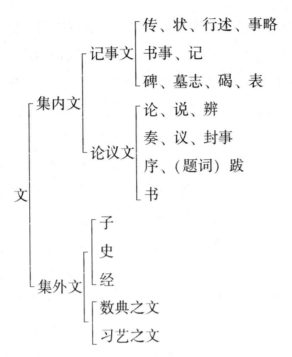

我们普通讲文，大概指集部而言，那经、史、子，文非不佳，而不以文称。但上表所列文的分类中，以"传"而论，"四史"（按即《史记》、《汉书》、《后汉书》、《三国志》的总称）中列传已在集部以外，"本纪"、"世家"和"传"是同性质的，也非集部所有；集部只有"家传"。以"论"而论，除了文人单篇的论文，也有在集部以外的；譬如：庄子《齐物论》，荀子《礼论》、《乐论》，贾谊《过秦论》都是子部所有的。以"序"而论，也只单篇的，集中所已备；那连合的序，若《四库提要》，就非集部所有。至如"编年史"中《左传》、《资治通鉴》之类和"名人年谱"，都是记事文，也非集部所能包了。

"传"是记述某人的一生或一事，我们所普通见到的。明人以为没曾做过史官，不应替人做"传"；我以为太拘了。史官所做，是卿相名人的"传"。那普通人的"传"，文人当然可以做的。"行述"、"状"和"传"各不相同。"状"在古时只有几句考语，用以呈诸考功之官，凭之以定谥法。自唐李翱以为"状"仅凭考语不能定谥法，乃定"状"亦须叙事，就与"传"相同。"行述"须叙事，形式与"传"虽相同而用处不同。

"碑"原非为个人而作，若秦"峄山碑"是纪始皇的功绩，汉裴岑"纪功碑"是记破西域的事迹，差不多都是关于国家大事的。就以"庙碑"而论，虽为纪事，也不是纯为纪事的。只有墓上之碑，才是为个人而作。"碑"、"碣"实质是一样的，只大小长短不同。唐五品以上可用"碑"，六品以下都用"碣"的。"表"和"碑"、"碣"都不同，没有大小长短的区别。说到彼等的内质，"传"是纪事的；"状"是考语兼纪事的；"碑"是考语多，后附有韵的铭，间有纪事，也略而不详；宋以后"碑"和"传"只有首尾的不同了。"表"，宋后就没有"铭"；在汉时有"表记"、"表颂"的不同，"表颂"是有"铭"的。汉以前没有"墓志"，西晋也很少，东晋以后才多起来。这也因汉人立碑过多，东晋下令禁碑；"墓志"藏在墓内，比较便当一些。北朝和唐并不禁碑，而墓志很流行；一、官品不及的；二、官品虽大曾经犯罪的；三、节省经费的，都以此为便。"墓志"的文章，大都敷衍交情，没有什么精彩。至很小的事，记述大都用"书事"或"记"等。

单篇论文，在西汉很少，就是《过秦论》也见贾子《新书》中的。东汉渐有短论，延笃《仁孝先后论》可算是首创。晋人好谈名理，"论说"乃出。这种论文，须含陆士衡《文赋》所说"精微流畅"那四字的精神。

"奏"，秦时所无，有之自汉始。汉时奏外尚有"封事"，是奏密事用的。奏，有的为国家大事，有的为个人的事，没有定规的。"议"，若西汉《石渠议》、《盐铁论》、《白虎通》，都是合集许多人而成的；后来，凡议典礼，大都用"议"的。

"书"，在古时已有，差不多用在私人的往还，但古人有"上书"，则和"奏记"差不多，也就是现今的"说帖"和"禀"。至如刘歆《移让太常博士书》，却又和"移文"一样了。

"序"，也是古所已有，如《序卦》、《书序》、《诗序》都是的；刘向

《别录》和《四库提要》也是这一类。后人大概自著自作，或注释古书附加一序的。古人的"题词"和"序"相同，赵岐注《孟子》，一"序"一"题词"，都用在前面。"跋"，大都在书后，体裁和序无不同之处。

纪事论议而外，尚有集部所无的，如：

（壹）数典之文：

甲、官制　如《周礼》、《唐六典》、《明清会典》之类。

乙、仪注　《仪礼》、《唐开元礼》等皆是。

丙、刑法　如《汉律》、《唐律》、《明律》、《清律》之类。

丁、乐律　如宋《律吕正义》、清《燕乐考原》等。

戊、书目　如刘向《别录》，刘歆《七略》，王俭、阮孝绪《七录》、《七志》，宋《崇文书目》，清《四库提要》之类。

（贰）习艺之文：

甲、算术　如《九章算法》、《圜法》之类。

乙、工程　如《周礼·考工记》，徐光启的《龙骨车》、《玉衡车》之类。

丙、农事　如北魏《齐民要术》、元王桢《农书》、明徐光启《农政全书》之类。

丁、医书　如《素问》、《灵枢》、《伤寒论》、《千金要方》之类。

戊、地志　如《禹贡》、《周礼·职方志》、《水经》、《水道提纲》、《乾隆府厅州县志》、《方舆志略》之类。

以上各种，文都佳绝，也非集部所具的，所以我们目光不可专注在集部。

文学的分类既如右述，我们再进一步讨论文学的派别：

经典之作，原非为文；诸子皆不以文称。《汉书·贾谊传》称贾谊"善属文"，文乃出。西汉一代，贾谊、董仲舒、太史公、枚乘、邹阳、司马相如、扬雄、刘向，称为"文人"；但考《汉书》所载赵充国的奏疏，都卓绝千古，却又不以"文人"称，这是什么缘故呢？想是西汉所称为"文人"，并非专指行文而言，必其人学问渊博，为人所推重，才可算文人的。东汉班彪著《王命论》，班固著《两都赋》，以及蔡邕、傅毅之流，是当时著称的文人。但东汉讲政治若崔实《政论》，仲长统《昌言》，说经若郑康成之流，行文高出诸文人上，又不以文名了。在西汉推尊文人，大概注目在淹博有学问一点，东汉推尊的文人，有些不能明白了。东、西汉文人在当时并无派别，后人也没曾有人替他们分成派别的。

三国时曹家父子三人（操、丕、植）文名甚高。操以"诏令"名，丕以《典论》名，植以《求自试表》等称；人们所以推尊他们，还不以其文，大都是以诗推及其文的。徐干诗不十分好，《中论》一书也不如仲长统所著而为当时所称；吴中以张昭文名为最高，我们读他所著，也无可取，或者以道德而推及其文的。陆家父子（逊、抗、凯、云、机）都以文名，而以陆机为尤，他是开晋代文学之先的。晋代潘、陆虽并称，但人之尊潘终不如陆，《抱朴子》中有赞陆语，《文中子》也极力推尊他，唐太宗御笔赞也只有陆机、王羲之二人，可见人们对他的景仰了。自陆出，文体大变：两汉壮美的风气，到了他变成优美了；他的文，平易有风致，使人生快感的。晋代文学和汉代文学，有大不同之点。汉代厚重典雅，晋代华妙清妍，差不多可以说一是刚的、一是柔的。东晋好谈论而无以文名者，骈文也自此产生了。南北朝时傅季友（宋人）骈体殊佳，但不能如陆机一般舒卷自如，后此任昉、沈约辈每况斯下了。到了徐、庾之流，去前人更远，对仗也日求精工，典故也堆叠起来，气象更是不雅淡了。至当时不以文名而文极佳的，如著《崇有论》的裴颜，著《神灭论》的范缜等；更如孔琳（宋）、萧子良（齐）、袁翻（北魏）的奏疏，干宝、袁宏、孙盛、习凿齿、范晔的史论，我们实在景仰得很。在南北朝，文家亦无派别，只北朝人好摹仿南朝，因此有推尊任昉的有推尊沈约的等不同。北朝至周，文化大衰，到了隋代，更是文不成文了。

唐初文也没有可取，但轻清之气尚存，若杨炯辈是以骈兼散的。中唐以后，文体大变，变化推张燕公（按即张说，玄宗时封燕国公）、苏许公（按即苏颋，袭封许国公）为最先，他们行文不同于庾，也不同于陆，大有仿司马相如的气象。在他们以前，周时有苏绰，曾拟《大诰》，也可说是他们的滥觞。韩、柳的文，虽是别开生面，却也从燕、许出来，这是桐城派不肯说的。中唐萧颖士、李华的文，已渐趋于奇；德宗以后，独孤及的行文，和韩文公更相近了。后此韩文公、柳宗元、刘禹锡、吕温，都以文名。四人中以韩、柳二人最喜造词，他们是主张词必己出的。刘、吕也爱造词，不过不如韩、柳之甚。韩才气大，我们没见他的雕琢气；柳才小，就不能掩饰。韩之学生皇甫湜、张籍，也很欢喜造词。晚唐李翱别具气度，孙樵诘屈聱牙，和韩也有不同。骈体文，唐代推李义山（按即李商隐），渐变为后代的"四六体"，我们把他和陆机一比，真有天壤之分。唐人常称孟子、荀卿，也推尊贾谊、太史公，把晋人柔曼气度扫除净尽，返于汉代的"刚"了。

宋苏轼称韩文公"文起八代之衰"，人们很不佩服。他所说八代，也费端详。有的自隋上推，合南朝四代及晋、汉为八代，这当然不合的；有的自隋上推，合北朝三代及晋、汉、秦为八代，那是更不合了。因为司马迁、贾谊是唐人所极尊的，东坡何至如此糊涂？有的自隋上推，合南朝四代、北朝三代为八代，这恰是情理上所有的。

宋初承五代之乱，已无文可称；当时大都推重李义山，"四六体"渐盛，我们正可以说李义山是承前启后的人，以前是骈体，以后变成"四六"了。北宋初年，柳开得《韩昌黎集》读之，行文自以为学韩，考之实际，和韩全无关系；但宋代文学，他实开其源。以后穆修、尹洙辈也和"四六"离异，习当时的平文（古文一名，当时所无），尹洙比较前人高一着。北宋文人以欧阳修、三苏、曾、王为最著。欧阳本习四六，后来才走入此途；同时和他敌对，首推宋祁。祁习韩文，著有《新唐书》，但才气不如韩。他和欧阳交情最深，而论文极不合。他的长兄宋郊，习燕、许之文，和他也不同。

明人称"唐宋八大家"，因此使一般人以为唐宋文体相同。实在唐文主刚，宋文主柔，极不相同；欧阳和韩，更格格不相入。韩喜造词，所以对于李观、樊宗师的文很同情；欧阳极反对造词，所以"天地轨，万物苗，圣人发"等句，要受他的"红勒帛"（按即红帛做的腰带，此指批改文字时用笔涂抹的痕迹。欧阳修涂抹上述文字，见《梦溪笔谈·九·人事》）。并且"黈纩塞耳，前旒蔽明"二语，见于《大戴礼》，欧阳未曾读过，就不以为然，它无论矣。"三苏"以东坡为最博，洵、辙不过尔尔。王介甫（按即王安石）才高，读书多，造就也较多。曾子固（按即曾巩）读书亦多；但所作《乐记》，只以大话笼罩，比《原道》还要空泛。有人把他比刘原甫，一浮一实，拟于无伦了。宋人更称曾有经术气，更堪一笑！

南宋文调甚俗，开科举文之端。这项文东坡已有雏形，只未十分显露，后来相沿而下，为明初宋濂辈的"台阁体"；中间在元代虽有姚燧、虞集辈尚有可观，但较诸北宋已是一落千丈。

宋代不以文名而文佳者，如刘敞、司马光辈谨严厚重，比欧阳高一等，但时人终未加以青目，这也是可惜的。

明有"前七子"、"后七子"之分。"前七子"（李梦阳等）恨"台阁体"；"后七子"（王世贞）自谓学秦、汉，也很庸俗。他们学问都差于韩、苏，摹拟不像，后人因此讥他们为伪体。归有光出，和"后七子"中王世贞相抗敌，王到底不能不拜他的下风。归所学的是欧、曾二家，确能入其门庭，因此居伪体之上；正如孟子所说："五谷不熟，不如荑稗"的了！

桐城派，是以归有光为鼻祖，归本为崑山人，后来因为方、姚（按方即方苞，姚即姚鼐）兴自桐城，乃自为一派，称文章正宗。归讲格律、气度甚精工，传到顾亭林有《救文》一篇，讲公式禁忌甚确，规模已定。清初汪琬学归氏甚精，可算是归氏的嫡传，但桐城派不引而入之，是纯为地域上的关系了。

方苞出，步趋归有光，声势甚大，桐城之名以出。方行文甚谨严，姚姬传承他的后，才气甚高，也可与方并驾。但桐城派所称刘大櫆，殊无足取；他们竟以他是姚的先生，并且是桐城人，就凭意气收容了，因此引起"阳湖"和他对抗。阳湖派以恽敬、张惠言为巨子；惠言本师事王灼，也是桐城派的弟子；他们嫉恶桐城派独建旗帜，所以分裂的；可惜这派传流不能如桐城派的远而多。姚姬传弟子甚多，以管同、梅曾亮为最。梅精工过于方、姚，体态也好，惜不甚大方，只可当作词曲看。曾国藩本非桐城人，因为声名煊赫，桐城派强引而入之。他的著作，比前人都高一着；归、汪、方、姚都只能学欧、曾（按此指曾巩）；曾（按此指曾国藩）才有些和韩相仿佛；所以他自己也不肯说是桐城的。桐城派后裔吴汝纶的文，并非自桐城习来，乃自曾国藩处授得的。清代除桐城而外，汪中的文也卓异出众，他的叙事文与姚相同，骈体文又直追陆机了。

我们平心论之，文实在不可分派；言其形式，原有不同，以言性情才力，各各都不相同，派别从何分起呢？我们所以推重桐城派，也因为学习他们的气度格律，明白他们的公式禁忌，或者免除那"台阁派"和"七子派"的习气罢了。

他们所告诉我们的方式和禁忌，就是：

（一）官名、地名应用现制。

（二）亲属名称应仍《仪礼·丧服》、《尔雅·丧服》之旧。（按《尔雅》无此篇，疑当为《尔雅·释亲》。）

（三）不俗——忌用科举滥调。

（四）不古。

（五）不枝。

我们在此可以讨论有韵文了。有韵文是什么？就是"诗"；有韵文虽不全是诗，却可以归在这一类。在古代文学中，诗而外，若"箴"，全是有韵的；若"铭"，虽杂些无韵，大部分是有韵的；若"诔"，若"像赞"，若"史述赞"，若"祭文"，也有有韵的，也有无韵的。那无韵的，我们可归之于文；那有韵的可归之于诗了。至于《急就章》、《千字文》、《百家姓》、医方歌诀之类，也是有韵的，我们也不能不称之为诗。——前次曾有人把《百家姓》可否算诗来问我，我可以这么答道："诗只可论体裁，不可论工拙，《百家姓》既是有韵，当然是诗。"——总之，我们要先确定有韵为诗，无韵为文的界限，才可以判断什么是诗，像《百家姓》之流，以工拙论，原不成诗，以形式论，我们不能不承认他是诗。

诗以广义论，凡有韵是诗；以狭义论，则惟有诗可称诗。什么可称诗？《周礼·春官》称六诗，就是风、赋、比、兴、雅、颂。但是后来赋与诗离，所谓比、兴也不见于《诗经》。究竟当日的赋、比、兴是怎样的？已不可考。后世有人以为赋、比、兴就在风、雅、颂之中，《郑志》张逸问："何诗近于比、赋、兴？"答曰："比、赋、兴，吴札观诗时，已不歌也。孔子录诗，已合风、雅、颂中，难复摘别，篇中义多兴，此谓比、赋、兴各有篇什。自孔子毁杂第次而毛公独旌表兴，其比、赋俄空焉。圣者颠倒而乱形名，大师偏弼而失邻类。"郑康成《六艺论》也说：风、雅、颂中有赋、比、兴。《毛传》在诗的第一节偶有"兴也"二字；朱文公也就自我作古，把"比也"、"赋也"均添起来了。我以为诗中只有风、雅、颂，没有赋、比、兴。左氏说："《彤弓》、《角弓》，其实《小雅》也；吉甫作诵，其风肆好，其实《大雅》也。"考毛公所附"兴也"的本义，也和赋、比、兴中的"兴"不同，只不过像《乐府》中的"引"、"艳"一样。

"六诗"（按《诗经》学名词）本义何在？我们除比、兴不可考而外，其馀都可溯源而得之：

一、风　《诗·小序》："风者，上以风化下，下以风刺上。"我以为"风"的本义，还不是如此。风是空气的激荡，气出自口就是风，当时所谓"风"，只是口中所讴唱罢了。

二、颂　"颂"在《说文》就是"容"字，《说文》中"容"只有纳受的意义，这"颂"字才有形容的意义。《诗·小序》谓："颂者，美盛德之形容。"我们于此可想见古人的"颂"是要"式歌式舞"的。

三、赋　古代的"赋"，原不可见，但就战国以后诸赋看来都是排列铺张的。古代凡兵事所需，由民间供给的谓之"赋"，在收纳民赋时候，必须按件点过。赋体也和按件点过一样，因此得名了。

四、雅　这项的本义，比较的难以明白。《诗·小序》说："雅者，正也。""雅"何以训作正？历来学者都没有明白说出，不免引起我们的疑惑。据我看来，"雅"在《说文》就是"鸦"，"鸦"和"乌"音本相近，古人读这两字也相同的，所以我们也可以说"雅"即"乌"。《史记·李斯传·谏逐客书》、《汉书·杨恽传·报孙会宗书》均有"击缶而歌乌乌"之句，人们又都说"乌乌"秦音也，秦本周地，乌乌为秦声，也可以说乌乌为周声。又商有"颂"无"雅"，可见"雅"始于周。从这两方面看来，"雅"就是"乌乌"的秦声，后人因为他所歌咏的都是庙堂大事，因此说"雅"者正也。《说文》又训"雅"为"疋"，这两字音也相近。"疋"的本义，也无可解，说文训"疋"为"足"，又说："疋，记也。"大概"疋"就是后人的"疏"，后世的"奏疏"，也就是记。《大雅》所以可说是"疋"，也就因为《大雅》是记事之诗。

我们明白这些本义，再去推求《诗经》，可以明白了许多。

太史公在《孔子世家》说："古者诗三千馀篇，及至孔子，去其重，取可施于礼义；上采契、后稷，中述殷、周之盛，至幽、厉之缺，始于衽席。故曰《关雎》之乱以为《风》始。《鹿鸣》为《小雅》始，《文王》为《大雅》始，《清庙》为《颂》始，三百五篇，孔子皆弦歌之以求合韶武、雅、颂之音。"可见古诗有三千馀篇。有人对于三千馀篇有些怀疑，以为这是虚言。据我看来，这并非是虚言。风、雅、颂已有三百馀篇，考他书所见逸诗，可得六百馀篇；若赋、比、兴也有此数，就可得千二百篇了。《周礼》称九德（按指九种品德）六诗之歌，可见六诗以外，还有所谓九德之歌。在古代盛时，"官箴、占繇皆为诗，所以序《庭燎》称'箴'，《沔水》称'规'，《鹤鸣》称'诲'，《祈父》称'刺'，诗外更无所谓官箴，辛甲诸篇，也在三千之数。"（按《庭燎》、《沔水》、《鹤鸣》、《祈父》为《诗经》篇名）我们以六诗为例，则九德也可得千八百篇：合之已有三千篇之数，更无庸怀疑。至于这三千篇删而为三百篇，还是孔子所删，还是孔子以前已有人删过呢？我们无从查考。不过孔子开口就说诵诗三百，恐怕在他以前，已有人把诗删过了！大概三千篇诗太复杂，其中也有诵世系以劝诚人君，若《急就章》之流，使学者厌于讽诵；至若比、赋、兴，虽依情志，又复广博多华，不宜声乐；因此十五流中删取其三，到了孔子不过整齐彼的篇第不使凌乱罢了。

《诗经》只有《风》、《雅》、《颂》，赋不为当时所称，但是到了战国，赋就出来了。屈原、孙卿（按即荀子）都以赋名：孙卿以《赋》、《成相》分二篇，题号已别；屈原《离骚》诸篇，更可称为卓立千古的赋。《七略》次赋为四家：一曰屈原赋，二曰陆贾赋，三曰孙卿赋，四曰杂赋。屈原的赋，是道情的，孙卿的赋是咏物的，陆贾赋不可见，大概是"纵横"之变。后世言赋者，大都本诸屈原。汉代自从贾生《惜誓》上接《楚辞》、《鹏鸟》仿佛《卜居》，司马相如自《远游》流变而为《大人赋》，枚乘自《大招》、《招魂》散而为《七发》，其后汉武帝《悼李夫人》、班婕好《自悼》，以及淮南、东方朔、刘向辈大都自屈、宋脱胎来的。至摹拟孙卿的，也有之，如《鹦鹉》、《焦鹩》诸赋都能时见一端的。

三百篇（按即《诗经》）以后直至秦代，无诗可见。一到汉初，诗便出来了。汉高祖《大风歌》，项羽《虞兮歌》，可说是独创的诗。此后五言诗的始祖，当然要推《古诗十九首》；这十九首中据《玉台新咏》指定九首是枚乘作的，可见这诗是西汉的产品。至苏武、李陵赠答之诗，有人疑是东汉时托拟的。这种五言诗多言情，是继四言诗而起的，因为四言诗至三百篇而至矣尽矣，以后继作，都不能比美，汉时虽有四言诗，若韦、孟之流，才气都不及，我们总觉得很淡泊。至碑铭之类——《峄山碑》等——又是和颂一般，非言情之作，其势非变不可，而五言代出。

汉代雅已不可见，《郊祀歌》之流，和颂实相类似，四言而外，也有三言的，也有七言的。此后颂为用甚滥，碑铭称"颂"，也是很多的。

汉代文人能为赋未必能以诗名，枚乘以诗长，他的赋却也不甚著称。东汉一代，也没有卓异的诗家；若班固等，我们只能说是平凡的诗家。

继《十九首》而振诗风，当然要推曹孟德（按即曹操）父子；孟德的四言，上不摹拟《诗经》，独具气魄，其他五言、七言诸诗，虽不能如《十九首》的冲淡，但色味深厚，读之令人生快。魏文帝和陈思王的诗，也各有所长，同时刘桢、王粲辈毕竟不能和他们并驾。钟嵘《诗品》评《古诗十九首》说是"一字千金"，我们对于曹氏父子的诗，也可以这样说他；真所谓："其气可以抗浮云，其诚可以比金石。"

语曰："在心为志，发言为诗。"可见诗是发于性情。三国以前的诗，都从真性情流出，我们不能指出某句某字是佳；他们的好处，是无句不佳、无字不佳的。曹氏父子而后，就不能如此了。

曹氏父子而后，阮籍以《咏怀诗》闻于世；他本好清谈，但所作的诗，一些也没有这种气味。《诗品》称阮诗出于《离骚》，真是探源之论；不过陈思王的诗，也出自《离骚》，阮的诗还不能如他一般痛快。

晋初，左思《咏史诗》、《招隐诗》风格特高，与曹不同，可说是独开一派。在当时他的诗名不著，反而陆机、潘岳辈以诗称。我们平心考察：陆诗散漫，潘诗较整饬，毕竟不能及左思；他们也只可以说是作赋的能手罢了。当时所以不看重左思，也因他出身微贱，不能像潘、陆辈身居贵胄的缘故。《诗品》评诗，也不免于徇俗，把左思置在陆、潘之下，可为浩叹！其他若张华的诗，《诗品》中称他是"儿女情多，风云气少"；我们读他的诗意，只觉得是薄弱无力量；所谓儿女情多，也不知其何所见而云然，或者我们没曾看见他所著的全豹，那就未可臆断了！

东晋清谈过甚，他们的"清谈诗"，和宋时"理学诗"一般可厌。他们所做的诗，有时讲讲庄、老，有时谈谈佛理，像孙绰、许询辈都是如此。孙绰《天台山赋》有"大虚辽廓而无阂，运自然之妙有"等句，是前人所不肯用的。《诗品》说他们的诗，已是"风骚体尽"，的是不错。在东晋一代中无诗家可称，但刘琨《扶风歌》等篇，又是诗中佳品，以武人而能此，却也可喜！

陶渊明出，诗风一振；但他的诗终不能及古人，《诗品》评为"隐逸之诗"。他讲"田舍风味"，极自然有风致，也是独树一帜。在他以前，描写风景的诗很少；至他专以描写风景见长，如"采菊东篱下，悠然见南山"之句，真古人所不能道。渊明以后，谢灵运和颜延之二家继他而起。谢描摹风景的诗很多，句调精炼，《诗品》说他是"初出芙蓉"。颜诗不仅描风景，作品中也有雕刻气，所以推为诗家，或以颜学问淹博之故。《诗品》评颜谓为"镂金错彩"。陶诗脱口自然而出，并非揉作而成，虽有率尔之词，我们总觉得可爱。如谢诗就有十分聱牙之处，我们总可以觉得他是矫作的。小谢（谢朓）写风景很自然，和渊明不相上下；而当时学者终以小谢不及大谢（按即谢灵运），或者描写风景之诗，大家都爱工巧，所以这般评论。梁代诗家推沈约——永明体自他出——律诗已有雏形了。古诗所以变为律诗，也因谢、颜诗不可讽诵，他因此故而定句调。沈约的律诗，和唐后律诗又不相同。《隋书·经籍志》载他的《四声谱》有一卷，可见谱中所载调是很多的，并不像唐后律诗这么简单。他的《四声谱》，我们虽不能见，但读他的诗，比谢、颜是调和些，和陶、小谢却没有什么分别呢。

宋鲍照、齐江淹，也以诗名。鲍有汉人气味，以出身微贱，在当时不甚著称。江善于拟古，自己的创作却不十分高明。

南北朝中，我们只能知道南朝的作品，北朝究竟有无诗家，久已无从考得，但《木兰诗》传自北朝，何等高超，恐怕有些被淹没了呢！

梁末，诗又大变，如何逊、阴铿的作品，只有一二句佳绝了。在此时，古今诗辟下一大界限，全篇好是古诗的特色，一二句好是此后的定评。隋杨素诗绝佳，和刘琨可仿佛。此时文人习于南北朝的诗风，爱用典故，并喜雕琢；杨素武人不爱雕琢，亦不能雕琢，所以诗独能过人。当时文人专着眼在一二句好处，对于杨素不甚看重。所以隋炀帝为了忌嫉"空梁落燕泥"、"庭草无人随意绿"二佳句，就杀两诗人了。

唐初，律诗未出，唐太宗和魏徵的诗，和南北朝相去不远。自四杰（骆宾王、王勃、杨炯、卢照邻）出，作品渐含律诗的气味，不过当时只有五言律，并未有七言律。四杰之文很卑微，他们的诗，却有气魄。成就五言的是沈佺期、宋之问，他们的诗，气魄也大，虽有对仗，但不甚拘束。五言古诗到此时也已穷极，五律、七古不能不产生了。——唐以前七古虽有，但不完备，至唐始备全。七古初出，若李太白、崔颢的诗，都苍苍茫茫，信笔写去，无所拘忌。李诗更含复古的气味，和同时陈子昂同一步骤。

盛唐诗家以王维、孟浩然、张九龄为最。张多古诗，和李、陈同有复古的倾向。王、孟诗与陶相近，作品中有古诗、有律诗，以描写风景为最多，都平淡有意趣。

李、陈、张三家都是复古诗家，三人中自然推李为才最高。他生平目空古人，自以为在古人之上，在我们看来，他的气自然盛于前人，说他是高于前人恐怕未必。王、孟两家是在古今之间，到了杜甫，才开今派的诗。

杜甫的诗，元稹说他高于李，因为杜立排律之体，为李所不及的。据我看来，李诗是成线的，杜诗是成面的；杜诗可说是和"赋"有些相像，必要说杜胜于李却仍不敢赞同。并且自杜诗开今，流于典故的堆叠，自然的气度也渐渐遗失，为功为罪，未可定论！至于杜的古诗，和古人也相去不远；只排律一体，是由他首创，"子美别开新世界"，就是这么一个世界罢！在杜以前诸诗家，除颜延之而外，没有一个以多用书为贵的；自杜以后，才非用典故，不能夸示于人。或者后人才不如古，以典故文饰，可掩了自己的短处！正如天然体态很美的女子，不要借力于脂粉；那些体态不甚美的，非藉此不可了。昌黎的诗，习杜之遗风，更爱用典故，并爱用难识的字，每况愈下了，但自然之风尚存，所以得列于诗林。

韦应物、柳宗元两家，和昌黎虽同时，而作品大不相同。他们有王、孟气味，很自然平淡的。我们竟可以说柳的文和诗截不相同。同时有元微之、白居易二家，又和别家不同；他们随便下笔，说几句民情，有《小雅》的风趣，他们所以见称也以此。

晚唐，温庭筠、李义山两家爱讲对仗，和杜甫爱典故是一样的，结合便成宋代的诗风。"西昆体"染此风甚深，所以宋代诗话，专在这些地方留意。

宋初，欧阳修、梅圣俞对于"西昆体"很反对；但欧阳修爱奇异的诗句，如"水泥行郭索（这句是咏蟹；"郭索"两字见扬子《太玄经》），云木叫钩辀（这句是咏鹧鸪；"钩辀"两字见陆机《毛诗草木鸟兽虫鱼疏》）"二句，已不可解，他却大加赞赏；和他的论文大相抵触的。梅圣俞的诗，开考古之源；和古人咏古的诗，又大不相同了。总之，宋人的诗，是合"好对仗、引奇字、考据"三点而成，以此病入膏肓。苏轼的诗，更打破唐诗的规模，有时用些佛典之法理，太随便了。王荆公爱讲诗律，但他的诗律，忽其大者而注重小者，竟说："上句用《汉书》，下句也要用《汉书》的。"（按原话为："用汉人语，止可以汉人语对。"见《石林诗话》）自此大方气象全失；我们读宋祁"何言汉朴学（见《汉书》），反似楚技官（见《史记·吴起传》）"之句，再看王维"正法调狂象（见佛法），玄言问老龙（见《庄子》）"之句，真有天壤之判呢！有宋一代，诗话很多，无一不深中此病。惟《沧浪诗话》和众不同，他说"诗有别才，不关学也；诗有别趣，不关理也"。此种卓见，可扫宋人的习气了。

南宋，陆放翁含北宋习气也很深，惟有范石湖（按即范成大）、刘复村（按疑为刘克庄，号后村之误）自有气度，与众不同。黄山谷（按即黄庭坚）出，开江西诗派之源。黄上学老杜，开场两句必对仗，是他们的规律，这一派诗无足取。

元、明、清三代诗甚衰，一无足取。高青邱（按明诗人高启，号青邱子）的诗失之靡靡，七子的诗失之空门面，王渔洋、朱彝尊的诗失之典泽过浓，到了翁方纲以考据入诗，洪亮吉爱对仗，更不成诗。其间稍可人意的，要推查初白（按即查慎行）的，但也不能望古人之项背。洪亮吉最赏识"足以乌孙涂上茧，头几黄祖座中枭"二句，我们读了只作三日呕！

诗至清末，穷极矣，穷则变，变则通；我们在此若不向上努力，便要向下堕落。所谓向上努力就是直追汉、晋，所谓向下堕落就是近代的白话诗；诸君将何取何从？提倡白话诗人自以为从西洋传来；我以为中国古代也曾有过，他们如要访祖，我可请出来。唐代史思明——夷狄——的儿子史朝义，称怀王，有一天他高兴起来，也咏一首樱桃的诗："樱桃一篮子，一半青，一半黄；一半与怀王，一半与周贽。"

那时有人劝他，把末两句上下对调，作为"一半与周贽，一半与怀王"，便与"一半青，一半黄"押韵；他怫然道：周贽是我的臣，怎能在怀王之上呢？如在今日，照白话诗的主张，他也何妨说"何必用韵呢"？这也可算白话诗的始祖罢。一笑！

第五章　结　论

——国学之进步

中国学术，除文学不能有绝对的完成外，其馀的到了清代，已渐渐告成，告一结束。清末诸儒，若曾国藩、张之洞辈都以为一切学问已被前人说尽，到了清代，可说是登峰造极，后人只好追随其后，决不再能超过了。我以为后人仅欲得国学中的普通学识，则能够研究前人所已发明的，可算已足，假使要求真正学问，怕还不足罢！即以"考据"而论，清代成就虽多，我们依着他们的成规，引而申之，也还可以求得许多的知识。在他们的成规以外，未始没有别的途径可寻；那蕴蓄着未开辟的精金正多呢！总之，我们若不故步自封，欲自成一家言；非但守着古人所发明的于我未足，即依律引申，也非我愿，必须别创新律，高出古人才满足心愿——这便是进步之机。我对于国学求进步之点有三：

1. 经学　以比类知原求进步。

2. 哲学　以直观自得求进步。

3. 文学　以发情止义求进步。——毕竟讲来，文学要求进步，恐怕难能呢？

清代治经学较历代为尤精，我在讲经学之派别时已经讲过；我们就旧有成规再加讲讨，原也是个方法。不过"温故知新"仅"足以为师"，不足语于进步。我们治经必须比类知原，才有进步。因前人治经，若宋、明的讲大体，未免流于臆测妄断；若清代的订训诂，又仅求一字的妥当，一句的讲明，一制的考明，"擘绩补苴"，不甚得大体。我们生在清后，那经典上的疑难，已由前人剖析明白，可让我们融会贯通再讲大体了。

从根本上讲，经史是决不可以分的。经是古代的历史，也可以说是断代史。我们治史，当然要先看通史，再治断代的史，才有效果，若专治断代史，效果是很微细的。治经，不先治通史，治经不和通史融通，其弊与专治断代史等，如何能得利益？前人正犯此病。所以我主张比类求原，以求经史的融会，以谋经学的进步。如何是比类求原？待我说来！经典中的《尚书》、《春秋》，是后代"编年"、"纪传"两体之先源。刘知几曾说"纪传"是源于《尚书》，"编年"是源于《春秋》；章学诚也曾说后代诸史皆本于《春秋》。这二人主张虽不同，我们考诸事实，诸史也不尽同于《尚书》、《春秋》，而诸史滥觞于彼，是毫无疑义的。所以治经：对于"制度"，下则求诸《六典》、《会典》诸书，上以归之于《周礼》、《仪礼》；对于地理，下则考诸史及地舆志，上以归之于《禹贡》及《周礼·职方志》；即风俗道德，亦从后代记载上求源于经典。总之，把经看作古代的历史，用以参考后世种种的变迁，于其中看明古今变迁的中心。那么，经学家最忌的武断、琐屑二病，都可免除了。未来所新见的，也非今日所可限量呢！

中国哲学在晋代为清谈，只有口说，讲来讲去，总无证据。在宋、明为理学，有道学问、尊德性之分，自己却渐有所证。在清代专在文字上求，以此无专长者，若戴东原著《孟子字义疏证》，阮芸台讲性命，陈兰甫（按即陈澧）著《汉儒通义》，也仅在文字上求、训诂上求，有何可取！要知哲理非但求之训诂为无用，即一理为人人所共明而未证之于心，也还没有用处的，必须直观自得，才是真正的功夫。王阳明辈内证于心，功夫深浅各有不同，所得见解，也彼此歧异，这也是事实上必有的。理，仿佛是目的地，各人所由的路，既不能尽同，所见的理，也必不能尽同；不尽同和根源上并无不合呢！佛家内证功夫最精深，那些堕落的就专在语言文字上讲了。西洋哲学，文字虽精，仍是想象如此，未能证之于心，一无根据，还不能到宋学的地步，所以彼此立论，竟可各走极端的。这有理论无事实的学问，讲习而外，一无可用了！近代法国哲学家柏格森渐注重直觉，和直观自得有些相近了。总之，讲哲理决不可像天文家讲日与地球的距离一样，测成某距离为已精确了。因为日的距离，是事实上决不能量，只能用理论推测的；那心象是在吾人的精神界，自己应该觉得的。所以，不能直观自得，并非真正的哲理；治哲学不能直观自得便不能进步。

　　文学如何能求进步？我以为要"发情止义"。何为发情止义？如下述："发情止义"一语，出于《诗序》；彼所谓"情"是喜怒哀乐的"情"，所谓"义"是礼义的"义"。我引这语是把彼的意义再推广之："情"是"心所欲言，不得不言"的意思，"义"就是"作文的法度"。桐城派的文章，并非没有法度；但我们细读一过，总觉得无味；这便因他们的文，虽止乎义，却非发乎情；他们所作游记、论文，也不过试试自己的笔墨罢了。王渔洋（按即王士祯）的诗，法度非不合，但不能引人兴趣；也因他偶到一处，即作一诗，仿佛日记一般，并非有所为而作的。清初侯方域、魏叔子（按即魏禧）以明代遗民，心有不平，发于文章，非无感情，但又绝无法度。明末大儒黄梨洲、王船山（按即王夫之），学问虽博，虽有兴亡感慨，但黄文既不类白话，又不类语录，又不类讲章，只可说是像批语；王船山非常生硬，又非故意如此；都可说是不上轨道的。所以文学非但要"止乎义"，还要"发乎情"。那初作文，仅有法度，并无情，用以练习则可，用以传世则不可；仿佛习字用九宫格临帖，是不可以留后的。韩昌黎自以为因文生道，顾亭林对于这话有所批评。实在昌黎之文，并非无情无义，若《书张中丞传后》，自是千古必传的，可惜他所作碑志太多，就多止于义、不发于情的了。苏东坡的史论，有故意翻案的、有不必作的，和场屋文一般，也非发于情之作。古文中非无此流，比较的少一些。诗关于情更深，因为诗专以写性情为主的。若过一处风景，即写一诗，诗如何能佳？宋代苏、黄的诗，就犯此病。苏境遇不佳，诗中写抑郁不平的还多，而随便应酬的诗也很多，就损失他的价值了。唐代杜工部身遇乱世，又很穷困，诗中有情之作，可居半数，其他也不免到一处写一首的。杜以前诸诗家，很少无情之作，即王、孟也首首有情的。至古代诗若《大风歌》、《扶风歌》全是真性情流出，一首便可传了！

诗文二项中：文有有法无情的，也有无法有情的；诗却有情无法少，有法无情多；近代诗虽浅鄙，但非出乎轨外。我们学文学诗，初步当然要从法上走，然后从情创出；那初步即欲文学太史公，诗学李太白的，可称狂妄之人呢！我们还要知文学作品忌多，太多必有无情之作，不足贵了。

二三十年前，讲文学，只怕无情，不怕无义。梁任公（按即梁启超）说我是正统派，这正统派便能不背规则的。在现在有情既少，益以无义，文学衰堕极了。我们若要求进步，在今日非从"发情止义"下手不可；能发情止义，虽不必有超过古人之望；但诗或可超过宋以下诸诗家，文或可超过清以下诸文家！努力！

图书在版编目（CIP）数据

章炳麟国学讲演录；章炳麟国学概论 / 章炳麟著 .
-- 北京：北京联合出版公司，2013.10（2025.1 重印）
（民国大师文库）
ISBN 978-7-5502-2123-9

Ⅰ. ①章…　Ⅱ. ①章…　Ⅲ. ①国学—文集　Ⅳ.
①Z126.27- 53

中国版本图书馆 CIP 数据核字（2013）第 253297 号

章炳麟国学讲演录　章炳麟国学概论

作　　者：章炳麟
选题策划：北京三联弘源文化传播有限公司
责任编辑：张　萌

北京联合出版公司出版
（北京市西城区德外大街 83 号楼 9 层　100088）
天津海德伟业印务有限公司印制　　新华书店经销
字数 219 千字　710 毫米 ×1000 毫米　1/16　16.25 印张
2014 年 1 月第 1 版　2025 年 1 月第 3 次印刷
ISBN 978-7-5502-2123-9
定价：80.00 元